KB094624

용선생

교과서

한국사

사회평론

용선생 교과서 한국사 1 | 선사 시대부터 조선 전기까지

1판 1쇄 발행   2020년 1월 2일
1판 10쇄 발행   2024년 5월 20일

글	송용운, 정윤희, 이지혜, 한슬기, 김세림, 이상민, 정지은
그림	뭉선생, 윤효식
감수	전국초등사회교과모임
캐릭터	이우일
어린이사업본부	이승필
편집	김형겸, 오영인
마케팅	조수환, 홍진혁
경영지원	나연희, 주광근, 오민정, 정민희, 김수아, 장재민
디자인	Kafieldesign
조판 디자인	최한나
사진	북앤포토

펴낸이	윤철호
펴낸곳	(주)사회평론
전화	02-326-1182
팩스	02-326-1626
주소	03993 서울시 마포구 월드컵북로6길 56 사평빌딩
용선생 클래스	yongclass.com
출판 등록	1993년 10월 6일 제10-876호

© 사회평론, 2020

ISBN 979-11-6273-076-8 63900
ISBN 979-11-6273-141-3 (세트)

• 이 책 내용의 일부나 전부를 다시 사용하려면 저작권자와 사회평론의 동의를 받아야 합니다.
• 잘못 만들어진 책은 구입하신 곳에서 바꾸어 드립니다.

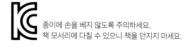

종이에 손을 베지 않도록 주의하세요.
책 모서리에 다칠 수 있으니 책을 던지지 마세요.

저자 소개

글 **송용운** | 사회평론 역사연구소 연구원

연세대학교에서 경제학을 공부하고, 같은 학교 대학원에서 한국사(고려 시대사)를 전공했습니다. 명지대학교 등에서 강의하면서 '교육'에 대해 고민하기 시작했습니다. 『용선생의 시끌벅적 한국사』, 『용선생 만화 한국사』, 『용선생 처음 한국사』(이상 공저)를 썼습니다.

글 **정윤희** | 사회평론 역사연구소 연구원

연세대학교 대학원에서 한국사(조선 시대사)를 전공하고, 『한국대학신문』 기자로 활동했습니다. 아이들이 역사를 통해 삶의 지혜를 길러 나갈 수 있도록 쉽고 재밌는 역사책을 만들고 있습니다. 『용선생의 시끌벅적 한국사』, 『용선생 만화 한국사』, 『용선생 처음 한국사』(이상 공저)를 썼습니다.

글 **이지혜** | 서울 미동초등학교 교사

우리 아이들이 '오늘이 행복하고 내일이 기대되는 어린이'로 자랄 수 있도록 노력하고 있습니다. 더 나은 세상을 만드는 시민 양성에 관심을 갖고 서울교육대학교 대학원에서 사회과 교육을 전공하였습니다. 어린이 역사교육 방법을 계속 연구하고 있습니다.

글 **한슬기** | 효명중학교 역사 교사

연세대학교에서 한국사와 사회학을 공부하고 여의도고등학교에서 교직 생활을 시작하였습니다. 학생들과 당대를 살아간 이들의 고민까지 함께할 수 있는 수업을 만들고자 노력해 왔습니다. 중학교 학습서인 『셀파 역사 중 1-1』(공저)를 썼습니다.

글 **김세림** | 연세대학교 박사 과정

연세대학교 대학원에서 한국사(현대)를 전공했습니다. 만인만색연구자네트워크에서 시민강좌팀 팀장을 맡고 있고, 대학에서 강의하며 '역사를 재미있게 말하는 법'을 고민하게 됐습니다. 요즘은 다양한 사람들의 이야기를 발굴하기 위해 각지를 발로 뛰고 있습니다.

글 **이상민** | 연세대학교 박사 과정

연세대학교에서 역사학을 공부했고, 같은 학교 대학원에서 한국사(한국 중세사)를 전공했습니다. 수준 높은 역사 글쓰기는 어떻게 할 수 있을까에 대해 고민하며 연구 중입니다.

글 **정지은** | 동국대학교 박사 과정

홍익대학교에서 경영학을 공부하고, 외국 친구와의 만남에서 '올바른 역사 교육'에 대한 고민을 갖게 되었습니다. 제대로 된 역사를 다음 세대에게 전달하는 사람이 되고 싶다는 생각으로 동국대학교 대학원에서 한국 고대사를 공부했습니다. 『용선생 처음 한국사』(공저)를 썼습니다.

그림 **뭉선생**

2006년 LG·동아 국제 만화 공모전 극화 부분 당선으로 작품 활동을 시작하였습니다. 『우주를 여는 열쇠』, 『용선생 만화 한국사』, 『용선생 처음 한국사』 등을 그렸습니다.

감수 **전국초등사회교과모임**

전국 초등학교 선생님들이 모여 활동하는 교과 연구 모임입니다. 역사, 사회, 경제 수업을 연구하고, 학습 자료를 개발하며, 아이들과 박물관 체험 활동을 해 왔습니다. 『용선생의 시끌벅적 한국사』, 『옹주의 결혼식』, 『서찰을 전하는 아이』, 『역사로드 한국사』 시리즈, '웅진 사회학습만화 Think' 시리즈의 감수를 맡았습니다.

캐릭터 **이우일**

이 책의 캐릭터는 이우일 작가가 그린 『용선생의 시끌벅적 한국사』의 그림입니다.

안녕, 난 용선생이야! 역사반에 온 걸 환영해!

교과서가 쉬워지는 용선생식 강의

오늘부터 선생님은 사회 교과서의 한국사 내용을 쉽게 설명해 줄 거야. 사회 교과서는 어렵다고? 걱정 마! 수업을 다 듣고 나면 사회만큼 재미있고 신나는 시간도 없을걸! 그러면 이 책을 100% 활용하는 방법을 알려 줄게. 역사반 친구들도 도와줄 거야.

선생님이 강의한 본문은 꼼꼼히 읽어 줘. 중간중간에 나오는 **빨간색** 글씨는 전체 내용을 이해하기 위해 필요한 중요한 말이야. 또 '**☆시험에 꼭 나와!**', '**✔서술형 단골 문제야!**' 표시는 특별히 눈여겨보길 바라. 내가 여러 시험 문제들을 분석해서 그 가운데서 단골 문제로 나오는 부분을 표시해 둔 것이거든. 학교 **단원 평가** 문제나 **한국사 능력 검정 시험**, 그리고 중학교 **학업 성취도 시험**에서도 자주 등장하는 문제들이니까 꼭 기억해두자.

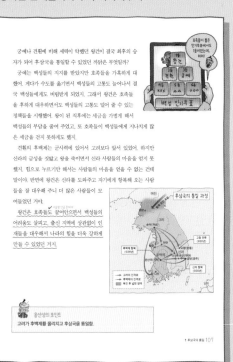

안녕,
난 곽두기라고 해.
발음 조심해!
깍두기 아니야.

이해를 돕는 정보 박스와 이미지 자료

역사반 막내지만 한자만큼은 내가 최고지. 한자를 잘 아니까 우리말에 대해서도 잘 알게 되더라고. 초록색으로 표시된 낱말은 조금 어려운 말인데, 바로 옆에 내가 만든 사전이 있을 거야. 읽는 데 참고하길 바라.

나는 본문 옆에 있는 글도 꼼꼼히 읽어. 어려운 **낱말과 개념** 풀이는 물론이고, 역사 인물과 **중·고등학교 수준**의 깊이 있는 역사 이야기도 담겨 있더라구. 누나, 형들 책에 나오는 이야기라는데 난 오히려 어렵지 않고 재밌던데!

내 이름은
허영심이야.

나는 아름다운 것에 눈이 먼저 가더라. 너희들 커다란 **사진**부터 작은 **지도**까지 다 챙겨 본 거야? 모두 각종 시험에 잘 나오는 중요한 자료이니 낯설지 않도록 꼼꼼히 봐야 해. 사진과 지도를 보고 있으면 당시 상황이 어렵지 않게 한눈에 들어와. 게다가 **그림**들은 또 어떻고. 그냥 재밌기만 한 그림이라고 생각하면 큰 오산이지. 잘 보면 사건의 핵심을 찌르는 삽화들이거든. 이런 삽화들 때문에 본문 내용도 더 기억에 잘 남는 것 같아.

파란색
곤룡포를 입은 왕은
나방에 없지!

이성계의 아들들이 왕위를 두고 싸우다

이성계가 새 나라의 왕이 되는 데 가장 큰 공을 세운 사람은 정도전과 이방원이었어. 정도전은 신진 사대부를 대표하면서 각종 개혁 정책을 시행했고, 한양 건설도 책임졌지. 반면 이방원은 조선 건국의 가장 큰 걸림돌이었던 정몽주를 제거했어.

그런데 이들은 조선의 정치를 어떻게 이끌어 나가야 할 것인가를 두고 생각이 전혀 달랐어. 정도전은 신하들 가운데 가장 뛰어난 인물을 재상으로 임명해서 재상을 중심으로 나라를 운영해야 한다고 주장했어.

"왕은 타고나는 것이니 현명할 수도 있고 그렇지 않을 수도 있습니다. 만약 현명하지 못한 사람이 왕이 되어 정치를 이끈다면 이 나라는 어떻게 되겠습니까?"

반면 이방원은 왕이 강력한 권한을 가져야 한다고 생각했지.

"신하들은 사적인 욕심에 얽매일 수 있지만, 왕은 곧 나라와 마찬가지이니 공명정대하게 나라를 이끌 수 있지요."

이렇게 생각이 정반대로 달랐던 둘은 태조에 이어 다음 왕이 될 세자를 책봉하는 데서 크게 갈등했어. 이성계가 큰 아들을 놔두고

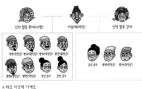

신의 왕후 한씨(사별)　이성계(태조)　신덕 왕후 강씨

방우(진안군) 방과(영안군) 방의(익안군) 방간(회안군)
방원(정안군) 방연(덕안군)　방번(무안군) 방석(의안군)　경순 공주

▲ 태조 이성계 가계도

190

중종이 왕위에 올랐을 때는 반정의 공신들이 엄청난 권력을 누렸어. 중종은 이들을 견제하기 위해서 성종과 마찬가지로 3사의 권한을 강화하고 사림을 등용했지. 이때 조광조와 같은 신진 학자가 뽑혀 개혁을 주도해 나갔어.

조광조는 현량과라는 새로운 관리 선발 방법을 시행하여 젊은 사림들이 벼슬에 오를 수 있는 길을 열었어. 그리고 이들을 이끌고 도교나 민간 신앙과 관련된 행사나 관청을 없앴어. 유교에서는 다른 종교를 옳지 않은 사상이라고 생각했거든. 또 공신들의 권한을 크게 약화시키기도 했지.

하지만 이런 조광조의 개혁에 대해 중종은 너무 급진적인 방법이라고 생각했던 것 같아. 고위 대신들이 조광조를 헐뜯자 중종도 이에 동조해 결국 조광조와 그를 따르던 사림들을 조정에서 쫓아내 버렸어. 이 사건이 세 번째 사화인 기묘사화야.

마지막 사화는 중종의 아들인 명종 때에 일어났어. 명종의 어머니인 문정 왕후와 명종의 외삼촌인 윤원형이 반대파들을 대거 숙청한 사건이 네 번째 사화인 을사사화야.

이렇게 사화를 거치면서 많은 사림들이 희생되었어. 하지만 사림은 계속해서 자라나고 있었어. 이들은 유교적 질서를 백성들에게 보급하면서 힘을 키워 갔어.

[오른쪽 말풍선 정보 박스]
장학퀴즈 용 정보

사화가 겁이 나와 헷갈린다고? 네 사화를 한번 정리해 볼까?

무오사화·연산군의 세조에 대한 비판을 빌미로 사림이 화를 입었음

갑자사화·연산군이 자신의 어머니의 죽음과 관련된 신하들을 더러 처벌함

기묘사화·중종과 대신들이 개혁 정책을 추진하던 조광조와 그의 세력을 쫓아냄

을사사화·문정 왕후의 동생 윤원형이 반대파를 없앰

[하단 말풍선]
커험,
재를 시킬까까요?

이게 더
쉽지?

▶ 용선생의 포인트
네 번의 사화를 통해 많은 사림이 희생됨.

223

3 조선 전기의 정치와 사회

중학교 교과 과정까지 대비한
역사 노트와 실력 다지기

책을 읽으면 내용이 정리되어야겠지? 그래서 이 몸이 중요한 부분만 쏙쏙 뽑아 깔끔하게 필기를 했어. 〈**왕수재의 역사 노트**〉를 보면 본문에서 읽은 내용을 머릿속에 잘 정리할 수 있지. 본문을 다 읽고 나의 역사 노트까지 봤다면 이제 어떤 문제가 나와도 끄떡없을 거야!

수재의 역사 노트까지 읽었단 말이지? 그렇다면 내가 내는 퀴즈들도 한번 풀어 볼래? 나는 중요 문제들만 가려 뽑아 실력 다지기 코너를 준비했어. 〈**나선애의 실력 다지기**〉에는 학교 단원 평가에 자주 나오는 문제부터 한국사 능력 검정 시험뿐만 아니라 중학교 학업 성취도 평가와 대학수학능력평가까지 다양한 문제가 실려 있어. 물론 우리한테 맞게 말을 조금 바꿔서 말이야. 어려워 보인다고? 걱정마! 용선생님의 강의를 꼼꼼히 읽고 도전한다면 어렵지 않게 술술 풀 수 있을 테니까 말이야.

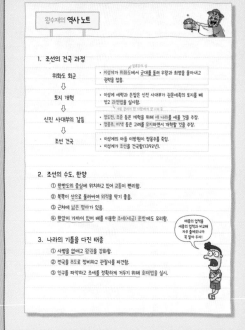

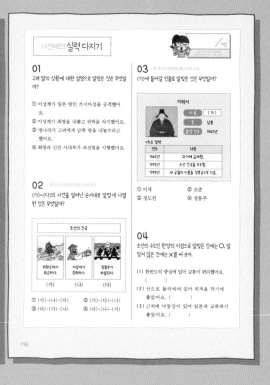

교과서 속 질문을 역사반 탐구 활동으로

나는 장하다야.

혹시 사회 교과서에서 해결 못한 문제들 있어? 그렇다면 우리 역사반의 활동을 담은 〈역사반 탐구 활동〉을 잘 봐 줘. 우리 역사반은 선생님의 강의만 듣는 게 아니라 연극도 하고 영화도 제작하고 체험 학습도 다녀. 그러다 보니까 교과서의 문제들이 자연스럽게 해결되는 거 있지? 어느새 교과서의 문제들도 해결하고, 교실 밖의 역사 지식도 쌓을 수 있게 되더라고. 열심히 공부하고 나서는 〈역사반 탐구 활동〉으로 한숨 돌리고 또 열심히 공부해 보자고!

마지막으로 당부하고 싶은 말이 있어!

얘들아, 혹시 학습 내용이 술술 잘 읽힌다고 벼락같이 금방 읽고 내버려 두어선 안 돼. 『용선생 교과서 한국사』는 **세 번 읽어 보기를 바라**. 학교에서 한국사를 배우기 전에 한 번 읽고, 사회 교과서와 또 한 번 읽고, 마지막으로 한국사를 정리한다는 마음으로 또 한 번 읽어 봐. 그러면 학교 시험은 물론 중고등학교에서도 한국사 박사로 통할걸! 선생님이 정말 여러 친구들에게 확인한 거니까 이 선생님 말을 꼭 한번 믿어 보렴.

세 번 보면

당장 시험 봐도 100점!

차례

자 이제 시작해 볼까? 읽은 날짜를 써 두면 얼마나 열심히 공부했는지 한눈에 확인할 수 있을 거야!

1

고대의 여러 나라

교과서 단원

초등 사회(3-2)
2. 시대마다 다른 삶의 모습

초등 사회(5-2)
1-1. 나라의 등장과 발전

중학 역사 ②
I. 선사 문화와 고대 국가의 형성
II. 남북국 시대의 전개

1	선사 시대의 생활 모습	12	월	일
	왕수재의 역사 노트	25		
	나선애의 실력 다지기	26		
	역사반 탐구 활동	28		

2	고조선과 여러 나라	30	월	일
	왕수재의 역사 노트	43		
	나선애의 실력 다지기	44		
	역사반 탐구 활동	46		

3	삼국과 가야의 건국과 발전	48	월	일
	왕수재의 역사 노트	65		
	나선애의 실력 다지기	66		
	역사반 탐구 활동	68		

4	삼국 통일과 발해의 건국	70	월	일
	왕수재의 역사 노트	89		
	나선애의 실력 다지기	90		
	역사반 탐구 활동	92		

2

민족 문화를 발전시킨 고려

교과서 단원

초등 사회(5-2)
1-2. 독창적 문화를 발전시킨 고려

중학 역사 ②
III. 고려의 성립과 변천

1 후삼국의 통일 96
왕수재의 역사 노트 111
나선애의 실력 다지기 112
역사반 탐구 활동 114
월   일

2 고려의 발전과 활발한 대외 교류 ... 116
왕수재의 역사 노트 131
나선애의 실력 다지기 132
역사반 탐구 활동 134
월   일

3 잇따른 반란으로 흔들리는 고려 ... 136
왕수재의 역사 노트 151
나선애의 실력 다지기 152
역사반 탐구 활동 154
월   일

4 몽골과의 전쟁과 고려의 개혁 156
왕수재의 역사 노트 173
나선애의 실력 다지기 174
역사반 탐구 활동 176
월   일

3

조선의 건국과 발전

교과서 단원

초등 사회(5-2)
1-3. 민족 문화를 지켜 나간 조선

중학 역사 ②
IV. 조선의 성립과 발전

1 조선의 건국 180
왕수재의 역사 노트 195
나선애의 실력 다지기 196
역사반 탐구 활동 198
월   일

2 세종 대의 문화와 과학 200
왕수재의 역사 노트 213
나선애의 실력 다지기 214
역사반 탐구 활동 216
월   일

3 조선 전기의 정치와 사회 218
왕수재의 역사 노트 233
나선애의 실력 다지기 234
역사반 탐구 활동 236
월   일

4 임진왜란과 병자호란 238
왕수재의 역사 노트 253
나선애의 실력 다지기 254
역사반 탐구 활동 256
월   일

한국사-세계사 연표 258
정답 및 해설 260
찾아보기 266
사진 제공 268

1 고대의 여러 나라

교과 연계

초등 사회(3-2) 2. 시대마다 다른 삶의 모습
초등 사회(5-2) 1-1. 나라의 등장과 발전
중학 역사 ② I. 선사 문화와 고대 국가의 형성
　　　　　　　 II. 남북국 시대의 전개

서울 북한산 신라 진흥왕 순수비(복제)
진흥왕이 한강 유역을
차지한 뒤 세운 비석이야.

70만 년 전
한반도에서 구석기 시대 시작

기원전 57년 ~ 기원후 42년
삼국과 가야 건국

기원전 〉 600

기원전 2333년
고조선 건국(『삼국유사』)

676년
신라의 삼국 통일

강화 부근리 고인돌
청동기 시대 군장의 무덤이야.

나는 용단군이다!

석굴암 본존불
사람이 돌을 쌓아 굴처럼 만든 절이야.

발해 용머리 상
발해 때 만들어진 건축 장식이야.
무서운 용이 악귀를 막아 준대.

751년
불국사와 석굴암 건설 시작

700

800

698년 발해 건국

828년 청해진 설치

고대에는
어떤 나라들이
있었을까?

1. 선사 시대의 생활 모습
2. 고조선과 여러 나라
3. 삼국과 가야의 건국과 발전
4. 삼국 통일과 발해의 건국

장보고 동상

1. 선사 시대의 생활 모습

서울 암사동 움집(복원)
서울 강동구 암사동에서 신석기 시대의 주거지가 발굴되었어.
이곳에서 20여 채의 움집터와 빗살무늬 토기, 돌도끼 등이 나왔지.
지금은 신석기 시대의 움집이 일부 복원돼 있어. 사적.

우아,
술래잡기하면
딱 좋겠다!

신석기 시대
움집을 복원한
거야.

그야
땅을 움푹 파고
그 위에 집을 지었기
때문이지!

왜 움집이라고
할까?

으이구,
여기는 놀이터가
아니거든!

70만 년 전
한반도에서
구석기 시대 시작

1만 년 전
신석기 시대 시작

기원전 2000
청동기 시대 시작

역사란 무엇일까?

애들아, 안녕? 나는 역사반 용선생이야. 지금부터 나와 함께 과거 사람들이 기록해 놓은 옛날 옛적 이야기들을 살펴볼 거야. 이런 이야기를 '역사'라고 해.

그렇다면 여기서 문제! 우리가 어젯밤 일기를 썼다면 이 일기도 역사가 될까? 답은 '그렇다'야. 과거에 있었던 모든 일과 기록은 역사라고 부를 수 있어. 하지만 이 일기는 '나'의 역사이지만, 역사책에는 실리지 않아. 이건 왜일까? 생각해 봐. 지나간 무수히 많은 일들, 한 사람 한 사람의 시시콜콜한 일들을 적으려면 그 양이 엄청나겠지? 이걸 모두 기록하는 건 불가능한 일일 거야. 그래서 역사가는 수많은 과거의 일 중 의미나 가치가 있다고 생각하는 일을 골라서 역사책에 기록해. 그리고 이렇게 기록된 사건들도 '역사'라고 부르지.

그러니까 역사는 두 가지 뜻을 가지고 있는 거야. 첫 번째는 과거에 있었던 사실들을 뜻하는 '사실로서의 역사'이고, 두 번째는 과거의 사실 중 역사가가 의미가 있다고 여겨 기록한 '기록으로서의 역사'인 거지.

역사가들이 사용하는 자료는 문자로 남긴 기록뿐만 아니라 옛날 사람들이 쓰던 물건이나 집터 등도 포함돼. 이러한 **유물**과 **유적**을 통해 우리는 글자가 없던 아주 먼 옛날의 일도 알 수 있어. 이런 역사의 자료들을 **사료**라고 해.

 곽두기 사전

유물과 유적 유물은 과거의 사람들이 남긴 물건을, 유적은 사람들이 남긴 흔적이 있는 자리를 말해.

인류의 역사는 문자로 기록이 남아 있는 시대와 남아 있지 않은 시대로 나눌 수 있어. 문자로 쓰인 기록이 있는 시대를 '역사 시대', 문자 기록 없이 유물과 유적만 남아 있는 먼 옛날을 '선사 시대'라고 해.

인류가 생겨난 게 수백만 년 전이니, 그 역사도 어마어마하게 긴 시간에 걸친 이야기겠지? 그래서 역사를 얘기할 때 '세기'라는 단위를 많이 써. 세기는 긴 시간을 백 년씩 쪼갠 단위야. 예를 들어, 1년 ~100년은 1세기, 101년~200년은 2세기가 되는 거지. 이 방법으로 계산하면 현재 우리는 21세기에 살고 있는 거야. 이때 기준이 되는 1년을 '기원'이라고 하고 '서기' 1년이라고 불러. 그리고 1년보다 앞선 시기를 '기원전'이라고 해.

곽두기 사전

선사 시대 먼저 선(先), 역사 사(史). 역사보다 먼저 있었던 시대라는 뜻이야.

더 알려 줄게!

연도를 세는 다양한 방법
서양에서 연도를 세는 방법인 서기 외에도 부처님이 돌아가신 해를 기준으로 한 '불기'나 단군이 고조선을 세운 해를 기준으로 한 '단기'도 있어. 중국이나 일본에서는 왕이 즉위한 해를 기준으로 연도를 세기도 했어. 또 100년이 단위가 아니라 60년을 단위로 연도를 세는 나라도 있었단다. 즉 나라마다 연도를 세는 기준이 달랐던 거야.

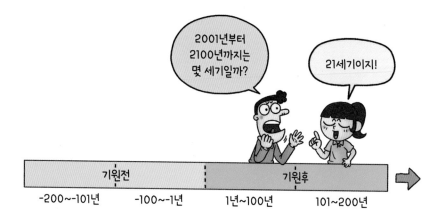

기원은 무엇을 기준으로 했을까? 바로 예수님이 태어난 해야. 이런 시간 구분은 서양에서 먼저 사용한 방법이기 때문에, 서양에서 믿던 예수님이 태어난 해가 기준이 된 거야.

우리 조상들은 수천 년 동안 한반도와 그 주변 지역에 살았어. 현재 대한민국과 북한이 있는 땅을 한반도라고 부르는 건 알고 있지?

한반도 위로 압록강과 두만강 북쪽의 넓은 땅을 **만주**라고 불러. 현재는 중국 땅이지만 옛날에는 우리 조상들이 살았던 곳이지. 또 서쪽으로는 랴오허강이라는 큰 강이 흐르는데, 강의 동쪽은 **요동**, 서쪽은 **요서**라고 불러. 이 지명들은 우리 역사를 이야기할 때 자주 나오는 이름들이니 머릿속에 잘 넣어 두자.

자, 그럼 이제 본격적인 역사 여행을 떠나 볼까?

용선생의 포인트

역사는 '사실로서의 역사'와 '기록으로서의 역사'가 있음. 우리 역사는 한반도와 그 주변 지역을 배경으로 함.

구석기 시대, 인류의 등장

한반도와 만주 지역에 사람이 살기 시작한 건 언제부터일까? 무려 70만 년 전이라고 해! 상상할 수도 없을 만큼 옛날이지? 수십만 년 전의 사람들은 어떻게 살았을까?

사람은 동물과 다르게 두 발로 걸었기 때문에 남는 손으로 여러 도구를 만들어 사용할 수 있었어. 처음에 도구는 돌로 만들었어. 그저 돌을 쪼개고 떼어 내서 사용하는 단순한 상태였는데, 이를 **뗀석기**라고 해. 그리고 이렇게 뗀석기를 만들어 사용한 시대를 **구석기 시대**라고 하지.

구석기 시대 사람들은 무리지어 다니며 뗀석기를 이용해 동물이나 물고기를 **사냥**하고, 조개를 캐거나 열매, 식물의 뿌리를 **채집**해 먹었어.

"주변의 먹을거리를 전부 다 먹었더니 이제 먹을 게 없어. 산 너머로 가 봐야겠다."

☆ 시험에 꼭 나와!

사람들은 먹을거리가 떨어지면 다른 곳으로 옮겨 다니며 살아야 했어. 그러니 굳이 집을 지을 필요성도 못 느꼈고, 주로 근처에 있는 동굴이나 **바위** 그늘에 살았어. 강가에 간단하게 집을 짓기도 했지만, 이건 아주 드문 경우였지.

불을 피우는 방법도 알게 되었어. 불 덕분에 어두운 밤이나 추운 겨울도 이겨 낼 수 있게 되었지. 게다가 불을 무서워하는 동물들을 쫓아 내 주었어. 날고기도 익혀 먹고 말이야!

구석기 시대 사람들은 처음엔 채집을 주로 했지만, 시간이 지날수

슴베 —

▲ 슴베찌르개
나무 자루에 꽂기 위해 뾰족하게 만든 부분을 슴베라고 해. 슴베찌르개는 창이나 화살에 꽂아 썼어.

▲ 주먹도끼
동물을 사냥하고 가죽을 벗기는 등 다양한 용도로 사용되었어.

▲ 스페인의 알타미라 동굴 벽화

스페인의 동굴에서 발견된 구석기 시대 그림이야. 구석기 시대 사람들은 동굴에 그림을 그리거나 돌, 진흙, 동물의 뼈로 조각상을 만들어 사냥이 잘되고 아이를 많이 낳기를 기원했어.

록 사냥을 중요하게 생각했어. 사냥한 동물에서 고기뿐만 아니라 가죽, 뼈도 얻을 수 있기 때문이야. 동물의 가죽을 덮으면 따뜻했고, 튼튼한 동물 뼈로는 다양한 도구를 만들 수 있었거든.

당시 한반도와 만주 지역에는 동굴곰, 쌍코뿔이처럼 커다란 동물들이 많이 살았는데, 이들을 잡으려면 많은 사람과 사냥 기술이 필요했어. 그래서 가장 똑똑한 사람이 무리를 이끌게 되었지. 하지만 무리를 이끄는 사람이 더 많이 가지거나 다른 사람을 지배하지는 않았어. 즉 모든 사람이 평등한 사회였지.

▲ 구석기 시대 유적지

구석기 유적이 발견된 곳이야. 청원 두루봉 동굴에서는 구석기 시대 어린아이의 뼈가 발견되었어. 이 뼈를 발견한 사람의 이름을 따서 '흥수아이'라고 부르지. 또 연천 전곡리에서는 주먹도끼가 발견되었어.

용선생의 포인트

구석기 시대에는 뗀석기를 사용해 사냥과 채집을 하며 생활함.

신석기 시대, 농사가 시작되다

▲ 갈돌과 갈판
곡식이나 열매를 가는 도구야. 갈판 위에 곡식을 놓고 갈돌로 그 위를 왕복해서 잘게 부수었지.

▲ 이음낚시
신석기 시대의 낚시 도구야. 몸체는 돌, 바늘은 동물의 뼈를 갈아 만들었어. 돌과 바늘을 끈으로 이은 거야.

▲ 돌낫과 돌괭이
돌낫은 곡식의 이삭을 따거나 풀을 뜯는 데 주로 사용된 농기구야. 돌괭이는 땅을 평평하게 고르고 흙덩이를 부수는 데 사용되었지. 모두 청동기 시대까지 널리 사용되었어.

떼석기를 사용하던 사람들은 돌을 갈면 더 날카로워진다는 걸 알게 됐어. 석기가 더 날카로워지면서 많은 곳에 유용하게 쓸 수 있었지. 그러자 사람들은 차츰 갈아서 만든 간석기를 쓰게 되었어. 이 시기를 새로운 석기를 사용한 시대라고 해서 구석기 시대와 구분해 신석기 시대라고 불러.

마침 이때는 지구의 날씨도 바뀌었어. 약 1만 년 전부터 날이 따뜻해지자 식물들이 더 잘 자라나고, 얼음이 녹으면서 물도 풍부해졌지. 불어난 물에 물고기와 조개도 많아졌어.

게다가 신석기 시대에는 인류의 역사를 뒤바꾼 매우 중요한 발견이 있었어. 바로 농사의 시작이야! 사람들은 어느 날, 자신들이 먹고 버린 식물의 씨앗에서 싹이 난 걸 알아차렸어.

"아니, 이 싹은…! 우리가 음식 찌꺼기 버리는 곳에서 싹이 자랐네. 혹시 씨앗을 땅에 뿌리면 다시 자라나는 걸까? 씨앗을 땅에 심어 봐야겠어!"

시간이 지나자 씨앗을 심은 땅에서 진짜 곡식과 열매가 자란 거야. 이때부터 사람들은 먹을거리를 스스로 만들어 낼 수 있게 되었어.

◀ **신석기 시대 움집터**
서울 암사동 유적에는 움집터가 많이 남아 있어. 움집은 땅을 파고 풀이나 갈대 등으로 덮어 만들었어. 움집 가운데에 화덕을 두고 불을 피워 요리도 하고 집 안을 따뜻하게 데웠지.

사람들의 생활은 농사로 완전히 바뀌었지. 신석기 시대에는 콩, 조, 팥, 수수 등을 식량으로 삼았다고 해. 그래도 아직은 생산량이 많지 않았기 때문에, 먹고살기 위해서는 여전히 채집과 사냥이 중요했어.

농사를 지은 덕분에 사람들은 더 이상 먹을거리를 찾아 이동하지 않아도 되었지. 먹을거리가 풍족한 강이나 바닷가에 움집을 짓고 살며 마을을 이루었어.

움집은 땅을 파서 그 위에 나무로 기둥과 서까래를 세우고 풀이나 갈대 등을 덮어 만든 집이야. 땅을 파서 집을 만든 이유는 땅속이 바깥보다 온도의 변화가 작기 때문이었지. 그래서 여름에는 시원하고 겨울에는 따뜻하게 지낼 수 있었어. 또 땅을 파면 기둥을 높게 세우지 않아도 더 넓게 생활할 수 있었겠지? 게다가 강가나 바닷가의 거센 바람에도 더 잘 견딜 수 있었다고 해.

신석기 시대에는 날이 따뜻해지면서 추위에 강한 큰 동물 대신 몸집이 작은 동물들이 많아졌지. 사람들은 작은 동물을 잡아다가 길들여 마을에서 키우기도 했어. 이제 고기도 쉽게 얻을 수 있게 된 거야.

신석기 시대에는 도구의 모양이나 쓰임새도 더욱 다양해졌어. 돌낫, 돌괭이는 땅을 갈거나 잡초를 뽑는 데 쓰였지. 갈돌과 갈판은 곡식의 껍질을 벗기거나 가루를 만드는 데 사용한 물건이야.

또 가락바퀴와 막대를 사용해 식물에서 섬유를 빼내 돌돌 꼬아서 실을 만들기도 했지. 이렇게 만든 실로 옷감을 짜서 뼈바늘로 옷을 만들어 입기도 했어. 조개껍데기 등으로 팔찌나 목걸이를 만들어 몸을 치장하기도 했지.

✔ 서술형 단골 문제야!

구석기 시대와 신석기 시대는 모두 돌을 도구로 썼다는 점에서 비슷해 보이지만, 다른 점도 많아.

▲ 가락바퀴와 뼈바늘
신석기 시대 사람들은 식물의 줄기를 길게 쪼개 가락바퀴로 꼬아 실을 만들었어. 이 실로 옷감을 짜서 뼈바늘로 꿰매어 옷을 만들어 입었지.

구석기 시대

구석기 시대 사람들은 동물의 가죽으로 옷을 만들어 입었지만, 그냥 말려서 몸에 걸치는 정도였어. 하지만 신석기 시대 사람들은 실과 바늘로 옷감을 짜서 옷을 만들어 입을 수 있었지.

신석기에 들어서도 사냥이나 채집을 계속했지만, 농사를 짓게 되면서 곡물을 많이 섭취하게 된 것도 달라진 점이야. 동물을 길들인 것도 신석기 시대부터고 말이야.

구석기 시대 사람들도 죽음에 대해 생각하고 동굴에 벽화를 남겼지만, 신석기 시대에 들어서는 종교가 더욱 발달해서 자연에 영혼이 있다고 믿거나 동물들이 부족을 지켜 준다는 믿음도 생겨났어.

 더 알려 줄게!

애니미즘과 토테미즘
옛날 사람들은 태양이나 구름, 산, 강, 바위와 같은 자연물에도 영혼이 있다고 믿었어. 그래서 태양신이나 구름신이 화가 나면 가뭄이 들거나 홍수가 난다고 생각했지. 이를 '애니미즘'이라고 해. 또 호랑이, 곰 같은 동물들이 자신의 부족을 지켜 준다고 믿기도 했지. 이건 '토테미즘'이라고 불러.

신석기 시대

농사를 지으니 더 이상 떠돌아다니지 않아도 된다구!

꿀 꿀

아직도 원시인처럼 동굴에서 사냐?

추수한 곡식은 토기에 보관해야지!

빗살무늬 토기

갈돌과 갈판

▲ 빗살무늬 토기
신석기 시대에는 표면에 빗살 모양을 새긴 빗살무늬 토기를 사용해 음식을 저장하고 조리해 먹을 수 있었지.

 용선생의 포인트
신석기 시대에는 간석기를 사용했고, 농사와 목축이 시작되어 정착 생활을 함.

청동기 시대, 고인돌의 주인

인류는 도구를 더욱 발전시켰고, 금속을 사용하는 데까지 이르렀어. 바로 **청동기 시대**가 열린 거야. 청동은 구리와 주석을 섞어 만든 금속을 말해. 이 청동으로 만든 도구를 청동기라고 하지. 청동기 시대 사람들은 청동으로 칼, 거울, 방울 등 여러 도구를 만들어 썼어.

한편 농업이 발달하면서 생산량도 늘어났어. 이제는 먹고 남는 음식을 어떻게 나눌 것인가 하는 문제가 생겼지.

무리를 이끌던 사람은 나름의 기준을 가지고 남은 곡식들을 나눠 줬을 거야. 일을 많이 한 사람에게 더 주거나 자신에게 충성한 사람에게 더 많이 나눠 줄 수도 있지. 그러면서 차츰 더 많이 가진 사람과 적게 가진 사람이 생겨났어. 그리고 그 차이가 점점 커지면서 사람들 사이에 위, 아래인 계급이 생기기 시작했지.

☆시험에 꼭 나와!

> **곽두기 사전**
>
> 계급 청동기 시대에 사람들 사이에 생기기 시작한 위, 아래의 구분을 계급이라고 해.

청동기 제작 방법

1단계 구리와 주석 등을 도가니에 넣고 센 불로 가열한다.

2단계 구리와 주석 등이 녹으면 청동물이 된다. 이것을 거푸집이라는 틀에 붓는다.

3단계 거푸집이 식으면 청동기를 꺼내 숫돌에 갈아 다듬는다.

청동기 시대에도 농사를 지을 때는 석기 시대처럼 돌과 나무로 만든 도구를 사용했어. 왜냐하면 구리와 주석은 돌처럼 쉽게 구할 수 있는 재료가 아니었거든. 그래서 이런 물건을 가진 사람은 마을에서 힘이 있는 사람이었지.

마을을 이끌던 사람은 점차 힘이 강해져서 청동으로 만든 물건을 가지고 사람들을 다스리기 시작했어. 이런 지배자를 군장이라고 해. 군장은 더 많은 힘을 갖기 위해 마을에 울타리를 쳐서 자기 마을의 사람과 재산은 지키고, 다른 마을을 공격해 사람을 잡아 와 노예로 부리고 재산을 빼앗았지.

 장하다의 꿀 정보

구이, 신농, 청계!

구석기, 신석기, 청동기 각 시대 별로 하나씩만 외워 두자고!

구석기 - 이동 생활
신석기 - 농사
청동기 - 계급 생김

청동기 시대

▲ 청동 방울

청동기 시대에는 하늘을 모시는 제사가 매우 중요했어. 이 청동 방울은 군장이 제사에 사용했던 것으로 보여.

▲ 반달 돌칼

돌로 만든 칼이야. 두 구멍에 줄을 달아 손에 끼고 사용해. 곡식의 이삭을 따는 데 주로 썼어.

▲ 탁자식 고인돌

▲ 바둑판식 고인돌

한반도는 세계에서 고인돌이 가장 많이 남아 있는 곳이야. 특히 전북 고창, 전남 화순, 인천 강화 지역이 대표적이지. 거대한 탁자처럼 생긴 탁자식 고인돌은 주로 한반도 북부 지역에, 바둑판처럼 생긴 바둑판식 고인돌은 한반도 남쪽에 많이 있어.

☆ 시험에 꼭 나와!

군장은 사람들을 시켜 고인돌을 세우기도 했어. 고인돌은 군장의 무덤으로 돌 위에 커다란 돌을 얹은 모습이야. 이런 고인돌은 몇천 명의 사람이 있어야 만들 수 있대. 고인돌을 만들 수 있었다는 건 당시 군장이 많은 사람들을 다스리고 있었다는 증거인 셈이지.

청동기 시대에는 이웃 마을과의 싸움이 끊이질 않았어. 전쟁으로 어떤 마을은 사라졌지만, 다른 마을은 더 크게 성장해서 마을보다 훨씬 큰 규모가 되기도 했지. 이런 과정을 거치며 마침내 나라가 세워졌는데, 우리 역사에서 처음 세워진 나라가 바로 고조선이야.

용선생의 포인트

청동기 시대부터 금속으로 도구를 만들어 사용했고, 계급이 발생해서 군장이 마을을 다스렸음.

왕수재의 **역사 노트**

1. 과거 사람들이 남긴 이야기 역사

① 역사는 '사실로서의 역사'와 '기록으로서의 역사'로 나뉨.

② 인류의 역사는 문자로 쓰인 기록의 유무로 '역사 시대'와 '선사 시대'로 나눔.

③ 우리 역사는 한반도와 그 주변 지역(만주, 랴오허강 등)에서 전개되었음.

2. 돌로 만든 도구를 사용하던 석기 시대

구석기 시대	신석기 시대
돌을 쪼개고 떼어 낸 석기	돌을 갈아서 만든 석기
• 뗀석기를 사용함. • 채집과 사냥으로 먹을거리를 얻음. • 이동 생활을 하며 동굴이나 바위 그늘에서 생활함. • 불을 사용함.	• 간석기를 사용함. • 농사와 목축이 시작됨. • 강이나 바닷가에 움집을 짓고 정착해 생활함. • 가락바퀴, 빗살무늬 토기 등을 사용함.

3. 청동으로 만든 도구를 사용하던 청동기 시대

① 청동으로 칼, 거울, 방울 등을 만들어 사용함.

② 농사를 지을 때는 돌과 나무로 만든 도구를 사용함.

③ 농업의 발달에 따라 사람들 사이에 계급이 생김.

④ 마을의 지배자인 군장이 등장해 사람들을 다스림.

⑤ 군장이 사람들을 시켜 고인돌을 세움.

청동기 시대에 사람들 사이에 계급이 생긴 것을 기억해 둬!

01
한국사능력검정시험 32회 초급

(가) 시대의 생활 모습으로 알맞은 것은 무엇일까?

이것은 연천 전곡리에서 출토된, (가) 시대에 만들어진 주먹도끼의 쓰임새를 보여 주는 그림입니다.

① 반달 돌칼로 곡식을 수확했어요.
② 가락바퀴를 사용해 실을 뽑았어요.
③ 빗살무늬 토기에 식량을 저장했어요.
④ 주로 동굴이나 바위 그늘에 살았어요.

02

다음 빈칸에 들어갈 알맞은 단어를 각각 써 보자.

> 시간을 표시할 때에는 시간을 백 년 단위로 쪼갠 단위인 (㉠)를 사용하는 경우가 많아요. 이때 기준이 되는 1년을 (㉡), 1년보다 앞선 시기를 (㉢)이라고 해요.

(1) ㉠: _____
(2) ㉡: _____
(3) ㉢: _____

03

구석기 시대의 생활 모습으로 알맞지 <u>않은</u> 것은 무엇일까?

① 주로 동굴이나 바위 그늘에 살았어요.
② 채집이나 사냥으로 먹을거리를 얻었어요.
③ 재산에 따라 사람 간의 차이가 있었어요.
④ 돌을 떼어 내서 만든 도구인 뗀석기를 사용했어요.

04
한국사능력검정시험 33회 초급

(가) 시대에 만들어진 유물로 알맞은 것은 무엇일까?

오늘 배운 (가) 시대에 대해 발표해 볼까요?

움집을 만들어 생활했어요.

농사를 짓고 가축을 기르기 시작했어요.

① 주먹도끼
② 빗살무늬 토기
③ 미송리식 토기
④ 비파형 동검

26

05 중학교 학업 성취도

다음 질문에 알맞은 답변을 한 사람은 누구일까?

Q&A

Q. 신석기 시대 생활 모습에 대해 알려 주세요.

↳ 하다: 주로 뗀석기를 사용했어요.

↳ 선애: 활발한 정복 활동을 벌였어요.

↳ 두기: 고인돌이라는 무덤을 만들었어요.

↳ 영심: 처음으로 농경 생활이 시작되었어요.

---

① 하다　　② 선애　　③ 두기　　④ 영심

06 한국사능력검정시험 42회 초급

(가) 시대의 생활 모습으로 알맞지 <u>않은</u> 것은 무엇일까?

이것은 　(가)　 시대에 세워졌던 고인돌이에요.

---

① 청동 방울을 만들었어요.

② 비파형 동검을 사용했어요.

③ 청동기로 밭을 갈았어요.

④ 반달 돌칼을 이용해 농사를 지었어요.

07

다음 중 시대에 대한 설명으로 알맞은 것을 〈보기〉에서 찾아 각각 기호를 써 보자.

〈보기〉

㉠ 군장들이 사람들을 시켜 고인돌을 만들었어요.

㉡ 강가나 바닷가에 움집을 짓고 살았으며, 농사도 지었어요.

㉢ 동굴이나 바위 그늘에서 살며 뗀석기를 사용했어요.

---

(1) 구석기 시대: _____

(2) 신석기 시대: _____

(3) 청동기 시대: _____

08 서술형 문제

구석기 시대와 신석기 시대는 돌을 도구로 썼다는 점이 비슷하지만 다른 점도 많아. 두 시대의 차이점을 아래 단어를 이용해 간단히 써 보자. [3점]

도구　집

_____

_____

_____

고인돌은 청동기 시대 족장의 무덤이야. 다들 어떻게 생겼는지 봤지?

그런데 이름이 왜 고인돌이에요?

돌 아래에 돌을 고여 놓아서 고인돌이라고 해.

별거 아니네!

까딱

생김새도 진짜 단순하지 않냐?

응. 군장의 무덤이라면서 화려하지도 않고!

그냥 돌을 쌓아 놓은 거잖아.

모르는 소리! 규모가 큰 것은 덮개돌 무게만 무려 50톤이라고!

자동차 1대 무게가 1톤 쯤 하니까…

헉! 자동차 50대 무게랑 비슷한 거네?

별떡

그걸 어떻게 만들었어요?

그러니까 말이야…

우선 땅을 파서 받침돌을 세워.

마을 사람들이 총동원됐어!

근데 저 감독관 정말 얄밉지 않니?

어디서 농땡이를 부려? 밥 먹고 그것 밖에 못하나?

우쒸!

28

받침돌을 두 개 세우고, 흙으로 완전히 덮어. 언덕처럼 보이지?

이게 무슨 고생이야.

통나무를 이용해 언덕 위로 덮개돌을 끌어올리는 거야.

자, 천천히! 조금만 더 힘내자!

감독관님 때문에 더 무겁거든요?

받침돌 주변의 흙을 치워 줘. 그런 다음 받침돌 사이에 시신을 넣고 돌로 앞과 뒤를 막아 주면 돼.

이제 거의 끝났겠지?

무슨 소리! 무덤을 만들었으니 이제는 장례식 준비를 해야지!

감독관님, 제발 쉬게 해 주세요.

너무 힘들다고요, 네?

흐흐…

무슨 재미있는 상상을 하시나 봐.

쉿! 수업 시간도 끝났는데 그냥 갈까?

야호~! 가자!

고인돌은 왜 만들었을까?

고인돌을 만든 이유에 대해서는 여러 의견이 있어. 가장 널리 알려진 건 고인돌이 군장의 무덤이었다는 설명이야. 고인돌을 만드는 데는 수천 명이 필요했으니, 이렇게 많은 사람을 동원하려면 신분이 높은 사람의 무덤이었겠지? 그런데 다른 의견도 있어. 무덤이라면 시체와 함께 묻은 군장의 물건들이 나와야 할 텐데 그런 껴묻거리가 발견되지 않는다는 거야. 그래서 무덤이 아니라 기념물이거나 제사를 지내는 제단이었다고 보는 견해도 있어.

2. 고조선과 여러 나라

강화 참성단
마니산 꼭대기에 있는 제단이야.
단군왕검이 하늘에 제사를 지내기 위해 지었다고 전해져.
사적.

나는
용단군이다!

파닥
파닥

나도
청동 거울
걸고 싶다!

농사 잘되게
해주세요!

비나이다,
비나이다!

제사 끝나면
밤새도록 춤을 추고
놀아야지!

꾸벅
꾸벅

킥킥

기원전 2333
단군왕검,
고조선 건국(『삼국유사』)

기원전 5세기
고조선에
철기 전래

기원전 2세기 초
위만,
고조선 왕 즉위

기원전 108
고조선 멸망

고조선 건국 신화, 단군왕검 이야기

우리 역사에서 제일 처음 세워진 국가는 **고조선**이야. 10월 3일 개천절은 바로 고조선 건국을 기념하는 날이지! 고조선은 우수한 청동기 문화를 바탕으로 요동반도와 한반도 북부에 걸쳐 넓은 땅을 다스렸어. 그러면 고조선이 어떤 나라였는지 알아볼까?

이게 비파라는 악기야. 청동검이 비파처럼 생겼지?

비파

고조선의 문화 범위

두만강

압록강

동 해

황 해

남 해

- 고조선의 문화 범위
- ⌇ 비파형 동검
- ⌂ 미송리식 토기
- ⛏ 탁자식 고인돌

▲ 고조선과 관련된 유물과 유적의 분포
탁자식 고인돌, 비파형 동검, 미송리식 토기가 집중적으로 발굴되는 만주와 한반도 북부가 고조선의 문화 범위야.

▲ 비파형 동검
청동기 시대에 무기나 제사용 도구로 사용되던 청동검이야.

▲ 미송리식 토기
청동기 시대에 사용되었던 토기로 손잡이가 달려 있어. 북한의 미송리 동굴 유적에서 많이 발견되었기 때문에 미송리식 토기라고 불러.

곽두기 사전

신화 신이나 영웅의 업적을 노래한 신성한 이야기를 말해.

 영심이는 궁금해!

곰은 100일이 아니라 21일 만에 사람이 됐네요?

옛날 사람들은 100을 완전한 숫자라고 생각했거든. 그래서 100일은 딱 100일이 아니라 '오랜 시간'을 말하는 거지. 또 21일은 병아리가 부화하는 데 걸리는 시간인데, 곰이 사람이 되기 위해 여러 날 동안 어려움을 참고 견뎠다는 뜻이야.

세계 여러 나라에는 저마다 처음 나라를 세울 때의 신화가 있어. 고조선에도 다음과 같은 이야기가 전해지고 있지.

옛날 하늘나라의 임금인 환인에게는 환웅이란 아들이 있었어. 환웅은 인간 세상을 바라보며 '세상을 널리 이롭게 하고 싶다'고 생각했어. 그래서 환웅은 환인의 허락을 받고 태백산 꼭대기의 신단수라는 나무 아래로 내려왔지. 환웅은 이때 바람을 다스리는 풍백, 비를 다스리는 우사, 구름을 다스리는 운사와 3천 명의 무리를 데리고 내려와서 농사와 생명, 질병, 형벌, 선악 등 사람들의 생활과 관련된 일들을 맡아 다스렸어.

그러던 어느 날, 곰과 호랑이가 환웅을 찾아와 사람이 되게 해 달라고 빌었어. 그러자 환웅은 100일 동안 동굴에서 햇빛을 보지 않고 쑥과 마늘만 먹으면 사람이 될 수 있을 것이라고 말했지. 곰과 호랑이는 기뻐하며 환웅의 말을 따랐어. 하지만 호랑이는 참지 못하고 동굴을 뛰쳐나갔고, 곰은 끈기 있게 참아 내어 21일 만에 여자가 되었단다. 곰이 여자가 되었다 하여 웅녀라고 불렀지.

웅녀는 환웅과 결혼하여 아들을 낳았는데, 그 아들이 바로 고조선을 세운 단군왕검이야. 단군왕검은 고조선을 세운 뒤 1,500년 동안이나 나라를 다스렸다고 전해져.

> 제가 좋아하는 음식으로 준비했어요. 입맛에 맞을지 모르겠네요.

> 진수성찬이네요!

> 난 이 결합 반댈세!

> NO!

통마늘   깐마늘   쑥마늘샐러드
웅녀 ♡ 환웅 결혼식

용선생의 포인트
환웅과 웅녀가 낳은 단군왕검이 고조선을 건국함.

단군왕검 이야기의 진실은 무엇일까?

단군왕검 이야기를 잘 따져 보면, 당시의 여러 사실을 알 수 있어.

우선 환웅은 정말 하늘에서 내려왔을까? 사실 이건 환웅의 무리가 저 높은 하늘에서 내려왔을 만큼 자신들이 뛰어나다고 주장하는 거야. 그리고 원래는 이 지역에 살던 사람들이 아니라는 것도 알 수 있지.

또 바람, 비, 구름을 다스릴 수 있다는 건 날씨를 다스려 농사를 짓는 데 도움을 줄 수 있었다는 뜻이야. '세상을 널리 이롭게 한다'는 것도 앞선 기술로 본래 이 땅에 살던 사람들이 더 잘 살 수 있게 해 주었다는 걸 말해. 이를 통해 당시 사람들이 **농사를 중요**하게 여겼다는 점과 환웅의 무리가 **주변 부족보다 앞선 기술**을 가졌다는 걸 알 수 있지.

곰이 사람이 되기도 했지? 당시 사람들은 동물이나 커다란 바위, 나무 같은 자연물을 자기 부족의 수호신으로 떠받들었어. 여기서 나오는 곰은 실제로는 **곰을 섬기는 부족**을 뜻해. 그렇다면 곰이 환웅에게 인간이 되길 소원했다는 건 어떤 의미일까? 바로 곰 부족이 앞선 기술의 환웅 부족과 함께하고 싶어 했다는 뜻이야. 결국 곰 부족은 결혼을 통해 환웅 부족과 함께하게 되었지만, 호랑이 부족은 그러지 못했던 거지.

영심이는 궁금해!

고조선의 진짜 이름은
고조선이 아니라면서요?
사실 고조선의 원래 이름은
조선(朝鮮)이야. 『삼국유
사』를 쓴 일연 스님은 이후
에 나온 위만의 조선과 구
분하기 위해 단군의 조선을
'고조선'이라고 불렀어.
그런데 우리가 더 잘 아는
조선이 또 있지? 사실 우리
가 아는 1392년에 이성계
가 세운 조선도 바로 이 옛
날의 조선에서 따온 이름이
야. 지금은 14세기의 조선
과 구분하기 위해 최초의
국가인 조선을 '옛날' 조선
이라는 의미에서 '옛 고(古)'
를 붙여 고조선이라고 부
르는 거야.

참, 단군왕검이 1,500년 동안 나라를 다스렸다는 이야기도 의문이 들 거야. 사실 단군왕검이라는 이름은 '단군'과 '왕검'이 합쳐진 말이야. '단군'은 하늘에 제사를 올리는 제사장, '왕검'은 나라를 다스리는 지도자를 의미하지. 그러니 단군왕검은 종교적 지도자이면서 동시에 정치적 지도자였던 거야. 즉 단군왕검은 고조선의 왕으로서 제사와 정치를 모두 맡아서 나라를 다스렸다는 것을 알 수 있지. 그리고 단군왕검이 1,500년 동안 나라를 다스렸다는 것은 여러 단군왕검이 차례로 고조선을 다스렸음을 뜻해.

어때, 당시의 상황이 보다 잘 보이는 것 같지 않니? 그럼 왜 옛날 사람들은 이처럼 사실을 과장해서 신비롭고 대단한 것처럼 지어냈을까? 생각해 봐. 만약 나라를 세운 사람이 보통 사람이라면 좀 시시하지 않겠어? 아무나 왕이 되려고 할지도 몰라. 그래서 새로운 나라를 세운 왕에게는 언제나 신비로운 이야기가 전해진단다.

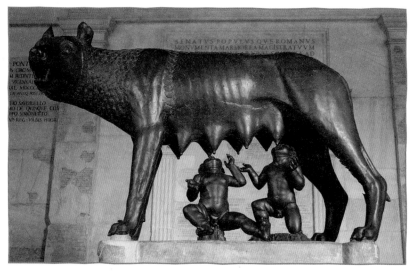

▲ 로마를 세운 로물루스와 레무스

다른 나라에도 나라를 세운 사람들에 대한 신기한 이야기가 있어. 유럽을 호령했던 로마 제국의 시조인 로물루스와 레무스 형제는 늑대의 젖을 먹고 자라 왕이 되었다는 신화가 전해져. 나라를 세운 왕을 특별한 존재로 만들기 위해 이런 신화를 만들어 낸 거야.

단군 신화와 함께 그 속에 숨겨진 이야기까지 알게 되니 더 재밌지 않니? 자, 그럼 단군 신화에 대해 하나 더 알아보자. 단군 신화는 어떻게 지금까지 전해지고 있을까? 바로 고려 시대 스님 일연이 쓴 『삼국유사』에 기록되어 있기 때문이야.

그렇다면 일연은 왜 이렇게 믿기 어려운 이야기들을 남겼을까? 일연이 살던 시대는 밖에서 몽골이 고려를 수차례 쳐들어와 괴롭히고 안에서는 지배층이 다투느라 나라를 제대로 다스리지 못하던 때였어.

일연은 우리 민족의 시조인 단군 이야기를 널리 알려 사람들에게 자부심을 심어 주고 싶었을 거야. 우리 민족이 모두 하늘의 자손인 단군의 후손이라는 점을 강조해서 어려울 때 다 같이 힘을 합쳐 극복해 내길 바랐던 거지.

▲ 일연(1206~1289)

용선생의 포인트

환웅 부족과 곰 부족이 힘을 합쳐 고조선을 세움.
단군왕검은 제사와 정치를 모두 맡아 나라를 다스렸음.

▲ 『삼국유사』
『삼국유사』에는 단군 신화 외에도 예부터 전해 내려오는 신비로운 이야기와 역사 이야기가 많아.

고조선의 문화와 생활

고조선은 너무 옛날에 있었던 나라라 현재에는 알 수 없는 것들이 많아. 하지만, 남아 있는 것들을 통해 어떤 사회였는지 엿볼 수 있지.

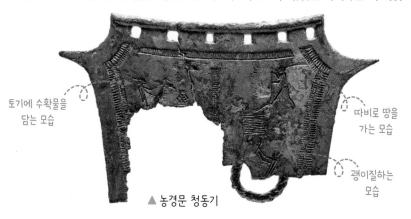

토기에 수확물을 담는 모습

따비로 땅을 가는 모습

괭이질하는 모습

▲ 농경문 청동기

▲ 옥 목걸이
짧은 대롱 모양의 옥과 반달 모양의 옥을 꿰어 만든 목걸이야. 청동기 시대에 옥은 몸을 치장하거나 권위를 나타낼 때, 혹은 장례 의식에서 사용되었어.

대전에서 출토된 농경문 청동기에는 토기에 수확물을 담는 모습이나 괭이질하는 모습 등이 새겨져 있어. 이 그림으로 당시 사람들이 농사를 지었음을 알 수 있지. 고조선 사람들은 **콩, 조, 팥, 수수 등의 곡식을 먹었어. 그리고 벼를 수확해 쌀도 먹기 시작했지.** 뼈로 만든 칼과 숟가락, 국자, 시루 등을 보면 음식을 조리해서 먹었다는 걸 알 수 있지.

옷감도 다양해져서 삼베, 동물 털, 비단 등을 이용해 옷을 지어 입었어. 또 신발은 보통 짚신을 신었지만, 신분이 높은 경우 가죽신을 신기도 했지. 집 짓는 기술도 발달해서 기둥을 높이 세울 수 있었어. 그래서 신석기 시대의 움집보다 땅 위로 올라온 집에서 살았지.

또 한반도 전역에서 고조선 후기의 **철기**가 발견되고 있어. 중국에서 철기가 들어온 후, 철이 풍부했던 우리나라는 점차 무기와 농기구를 철로 만들기 시작했지. 단단한 철기는 석기처럼 잘 깨지지 않고, 청동기처럼 무르지도 않아서 농사짓기에도 좋고 강력한 무기가 되었어.

그리고 고조선에는 매우 엄격한 ✔️ 서술형 단골 문제야! **8조의 법**이 있었단다. 지금은 3개의 조항만 전해지고 있는데, 내용은 다음과 같아.

고조선의 법

사람을 죽인 자는
사형에 처한다.

남의 신체를 다치게 한 자는
곡식으로 갚는다.

도둑질한 자는 노비로 삼는다. 죄를
면하려면 50만 전을 내놓아야 한다.

어때? 단 3개의 조항만으로도 고조선의 법이 꽤 엄격했다는 걸 알 수 있지?

사람을 죽인 자는 사형에 처했다는 것은 고조선이 죄를 엄격한 법으로 다스렸음을 알 수 있어. 죄를 곡식으로 갚게 했다는 건 개인이 저마다 자기 재산을 가지고 있었고, **곡식을 돈처럼 사용**했다는 사실을 말해. 또 도둑질한 자를 노비로 삼는다는 조항에서 **노비가 있는 사회**, 즉 신분의 차이가 있는 사회라는 것도 알 수 있어.

용선생의 포인트

고조선 사람들은 농사 기술이 발달해 쌀농사도 지었으며, 철기도 사용하기 시작함. 또, 엄격한 법을 갖고 있었음.

고조선의 발전과 멸망

 더 알려 줄게!

위만은 중국 사람일까, 고조선 사람일까?

위만이 중국 연나라에서 고조선으로 넘어올 때, 고조선 사람과 같은 옷차림, 머리 모양을 하고 있었다고 해. 그래서 원래 고조선 출신인데, 연나라에 가서 산 사람이라고 보기도 하지. 그런데 위만이 스스로 고조선의 왕이라고 생각했기 때문에 그의 출신에 상관없이 위만의 조선도 고조선이라고 본단다.

고조선은 청동기 문화를 바탕으로 주변 여러 세력을 통합하며 성장했어.

한편, 중국은 진나라가 망하고 한나라가 안정되기 전의 혼란한 시대였지. 당시 많은 사람들이 난리를 피해 고조선으로 넘어왔단다. 이때 **위만**이란 사람이 1,000여 명의 사람들을 이끌고 고조선의 준왕을 찾아왔지. 위만은 준왕에게 자신들을 신하로 삼아 달라고 했어.

준왕은 위만을 고조선 서쪽으로 보내 국경 지역을 다스리게 했지. 위만은 그곳을 지키며 잘 다스렸어. 시간이 흘러 점점 많은 사람들이 위만을 따르게 되자 위만은 욕심이 생겼어.

'준왕을 쫓아내고 고조선의 왕이 되어야겠다!'

위만은 고조선의 왕이 되려고 준왕에게 거짓말을 했어. 힘센 한나라가 고조선을 쳐들어오려고 하니 자기가 고조선의 수도 왕검성으로 가서 준왕을 지켜주겠다고 말이야. 준왕은 이 말을 믿고 위만의 군대를 성안으로 들이고 말았지. 위만은 성에 들어가자마자 준왕을 쫓아내고 스스로 왕이 되었어.

 영심이는 궁금해!

준왕은 어디로 갔을까요?

준왕은 한반도 남쪽 지역으로 내려갔다고 해. 정확한 지역은 알 수 없지만, 역사학자들은 준왕이 전북 익산에 새로운 나라를 세웠다고 보고 있어.

고조선의 왕이 된 위만은 스스로를 고조선 사람이라고 생각했어. 그래서 나라의 이름도 그대로 조선이라고 했지. 그는 자신이 다스리던 무리와 원래 고조선에 살던 사람들을 차별하지 않고 골고루 관리로 임명했어. 또 중국의 철기 문화를 적극적으로 받아들여 나라를 발전시켰단다. 시험에 꼭 나와!

고조선은 위만의 손자인 **우거왕** 때 한나라와 주변 나라들 사이에서 **중계 무역**을 해서 많은 이득을 얻었어. 그런데 한나라의 황제인 무제는 우거왕이 몹시 못마땅했어. 당시 한나라는 사방으로 영토를 넓히며 힘을 과시했는데, 고조선이 주변 나라와 한나라가 직접 교류하는 것을 막고 있다고 생각한 거야.

"고조선의 우거왕에게 본때를 보여 줘라!"

한 무제는 육지로 5만 명의 군사를, 바다로 7천 명의 군사를 보내 고조선을 공격했어. 하지만 고조선도 만만치 않았지. 고조선은 바다를 건너온 한나라의 수군을 기습 공격해 크게 물리치고 뒤이어 도착한 육군 역시 물리쳤어.

하지만 전쟁이 시작된 지 1년이 지나도 한나라 군대가 물러나지 않자 고조선 사람들은 조금씩 지쳐갔어. 때마침 한나라는 고조선 관리들의 마음을 꾀어내기 시작했어. 항복하면 높은 벼슬과 돈을 주겠다고 한 거야. 고조선의 신하들은 흔들리기 시작했지. 결국 유혹에 넘어간 신하들이 한나라와 손을 잡고 우거왕을 죽이고 말았어! 기원전 108년, 이렇게 **고조선은 멸망**했어.

 곽두기 사전

중계 무역 다른 나라에서 사들인 물건을 또 다른 나라에 팔아 이득을 남기는 무역을 말해.

더 알려 줄게!

고조선 땅에 한나라가 설치한 네 개의 군
한나라는 고조선의 옛 땅에 낙랑, 진번, 임둔, 현도의 네 개 군을 설치했어. 이를 한나라의 네 개 군이라는 뜻으로 한사군이라고 해. 그 가운데 낙랑만이 오래 남아 있었어. 낙랑은 이후 압록강 주변에서 성장한 고구려에 의해 멸망했지.

 용선생의 포인트
고조선의 왕이 된 위만이 나라를 발전시켰지만, 고조선이 한나라에 의해 멸망함.

여러 나라가 성장하다

더 알려 줄게!

부여에서 나온 고구려와 백제
고구려를 세운 주몽은 부여에서 살다 압록강 주변으로 와서 고구려를 세웠어. 한편 백제를 세운 온조는 주몽의 아들이었지. 그러니 고구려와 백제 모두 부여에서 나온 셈이지. 그래서 백제는 나중에 잠깐 나라 이름을 '남부여'라고 하기도 하고, 왕족의 성씨를 부여로 하기도 했어.

고조선이 멸망한 뒤에 만주와 한반도에는 철기가 널리 보급되었어. 그리고 철기를 바탕으로 만주와 한반도에 여러 나라가 나타났어. 만주에는 부여와 고구려, 그리고 한반도에는 옥저와 동예, 삼한이 세워졌지. 그럼 각 나라들을 살펴볼까?

부여는 날씨가 좋고 땅이 기름져서 먹을거리 걱정이 없는 부자 나라였대. 법이 매우 엄격한 것으로도 유명했어. 하지만, 왕의 힘은 강하지 못해서 중앙만 왕이 다스리고 지방은 넷으로 나눠 네 부족이 다스렸지. 네 부족의 우두머리는 왕이 잘못한 일이 있을 때는 뜻을 모아 왕을 쫓아내기도 했어.

부여의 풍습, 순장

부여에서는 왕이나 귀족이 죽으면 그를 모시던 사람들도 함께 묻는 풍습이 있었는데, 이를 '순장'이라고 해. 이때 왕이나 귀족이 사용하던 장신구 등도 무덤에 같이 묻었어.

고구려는 부여와 달리 산이 많고 농사지을 땅이 부족해서 먹을거리를 얻기 위해 주변 나라에 자주 쳐들어갔어. 그래서 고구려 사람들은 무술과 말타기, 활쏘기 등을 중요하게 생각했지. 당연히 군사력도 강했어. 또 부여처럼 5개의 부족이 세력을 이루고 있었고, 법도 엄했단다.

옥저와 **동예**는 동해안의 강원도와 함경도 지역에 있던 나라들이야. 바닷가 근처라 해산물이 풍부했지. 하지만 군사력이 약해서 고구려에 곡식이나 특산물을 바쳐야 했어. 옥저는 해산물과 소금을, 동예는 단궁(박달나무로 만든 활), 과하마(작은 조랑말), 반어피(바다표범 가죽) 등을 바쳤는데, 결국은 고구려에게 멸망당하고 말았어.

고구려에서는 결혼을 하면 신랑이 신부의 집에 가서 살며 일하고, 아이가 다 자라면 비로소 가족을 데리고 집으로 돌아올 수 있었지. 이를 데릴사위제라고 해. 반면 옥저에서는 여자가 어릴 때 미래의 신랑의 집으로 데려와 키운 후 다 자라면 신랑이 신부 집에 돈을 내고 혼인을 했지. 이를 민며느리제라고 해.

▲ 고조선 이후 등장한 여러 나라

부여는 고조선이 멸망하기 전에 세워졌어. 고조선이 멸망하고 그 뒤로 고구려, 옥저, 동예, 마한, 진한, 변한 등 여러 나라가 생겼지.

한편 한반도 중남부에는 수십 개의 작은 나라들이 생겨났어. 이 나라들을 묶어 **마한**, **진한**, **변한**이라고 부르고, 이 모두를 합쳐 **삼한**이라고 해. 삼한에는 80개에 가까운 나라들이 속해 있었어.

삼한에는 '**소도**'라는 곳이 있었는데, 하늘에 제사를 지내는 매우 신성한 구역이야. 그래서 죄인이라도 소도로 도망치면 함부로 잡아들일 수 없었다고 해. 또 삼한은 정치 지도자가 제사를 지내던 고조선과는 달리 나라를 다스리는 군장과 제사를 지내는 제사장이 따로 있었어.

지금까지 살펴본 나라들의 모습이 조금씩 다르지? 하지만 공통점도 있었어. 어떤 나라든 온 나라 사람들이 모여 하늘에 제사를 지냈거든. 이를 '**제천 행사**'라고 해. 사람들은 농사가 잘되게 해 달라고 하늘에 빌면서 춤추고 노래 부르며 마음을 한데 모았단다.

용선생의 포인트

철기를 바탕으로 만주와 한반도에 여러 나라가 생김. 고조선에 이어 만주에서는 부여와 고구려가, 한반도에서는 옥저와 동예, 삼한 등이 등장함.

왕수재의 **역사 노트**

1. 고조선 건국 신화와 의미

신화	의미
환웅이 바람, 비, 구름을 다스리는 신하를 데려옴.	• 당시 사람들은 <u>농사를 중요하게</u> 여김. • 환웅의 무리가 주변 부족보다 뛰어났음.
인간이 되길 소원한 곰과 호랑이	• 곰 부족과 호랑이 부족은 앞선 기술을 가진 환웅 부족과 함께하고 싶어함.
1,500년 동안 나라를 다스린 단군왕검	• 단군은 하늘에 제사를 올리는 제사장, 왕검은 나라를 다스리는 지도자를 의미함. • 여러 명의 단군왕검이 차례로 고조선을 다스림.

2. 고조선의 문화와 생활

8조의 법 중 3개만 전함.

① 엄격한 8조의 법을 두었음.　　② 개인의 재산이 있었음.

③ 고조선은 신분의 차이가 있는 사회였음.

법 조항을 통해 알 수 있는 고조선의 문화와 생활을 알아 둬!

3. 고조선의 발전과 멸망

① 위만이 중국의 <u>철기 문화를</u> 적극적으로 받아들여 나라를 발전시킴.

② 고조선이 한나라와 주변 나라들 사이의 <u>중계 무역으로</u> 이득을 얻음.

③ 한나라의 공격과 신하들의 분열로 고조선이 멸망함.

4. 여러 나라의 성장

부여	고구려	옥저, 동예	삼한
• 중앙은 왕이, 다른 지역은 네 부족이 나누어 다스림. • <u>순장의 풍습이</u> 있음.	• 농사지을 땅이 부족해 주변 나라를 많이 공격함. • 데릴사위제라는 결혼 풍습이 있음.	• 고구려에 나라의 특산물을 바침. • 옥저에는 민며느리제라는 결혼 풍습이 있음.	• 한반도 중남부에 있던 수십 개의 작은 나라로 마한, 진한, 변한이라 부름. • <u>군장과 제사장이 따로 있음.</u>

나선애의 **실력 다지기**

/10점

7점 이상이야? 훌륭해!
6점 이하는 다시 읽어 보자!

01
한국사능력검정시험 37회 초급

(가)에 들어갈 문화유산으로 알맞은 것은 무엇일까?

이것은 비파형 동검,
탁자식 고인돌과 함께
고조선의 문화 범위를
알려 주는 유물입니다.

(가)

① 백자
② 청자
③ 빗살무늬 토기
④ 미송리식 토기

02

다음에서 설명하는 나라를 써 보자.

- 우리 역사 속 최초의 국가예요.
- 일연이 쓴 『삼국유사』에 건국 과정에 대한 이야기가 실려 전해 오고 있어요.

03
한국사능력검정시험 40회 초급

선생님의 질문에 대한 학생의 대답으로 알맞은 것은 무엇일까?

이 우표에는 곰에서
인간이 된 웅녀가 환웅과 결혼해
단군왕검을 낳은 이야기가
그려져 있습니다. 단군왕검이
세웠다고 전해지는 나라에 대해
말해 볼까요?

① 대가야를 정복했어요.
② 낙랑과 왜에 철을 수출했어요.
③ 8조의 법으로 백성을 다스렸어요.
④ 신성한 구역인 소도가 있었어요.

04

다음 중 고조선 사회에 대한 설명으로 알맞지 <u>않은</u> 것은 무엇일까?

① 신분의 차이가 존재했어요.
② 개인의 모든 재산은 국가가 관리했어요.
③ 벼를 수확해 쌀을 먹기 시작했으며, 음식을 조리할 수 있었어요.
④ 고조선 후기에는 철기가 들어와 무기와 농기구를 철로 만들기 시작했어요.

05 한국사능력검정시험 39회 중급

(가) 나라에 대한 탐구 활동으로 가장 알맞은 것은 무엇일까?

> • 한나라 초, 연에서 망명한 위만이 [가] 의 왕이 되었다.
> • 한 무제 원봉 2년에 [가] 을 정벌해 위만의 손자 우거를 죽였다. 그리고 그 지역을 나누어 사군을 설치하였다.
>
> -『삼국지』 동이전-

① 8조의 법 내용을 살펴봐요.
② 진대법을 실시한 계기를 찾아봐요.
③ 22담로에 왕족을 파견한 목적을 조사해요.
④ 위례성에 도읍을 정한 배경을 검색해 봐요.

06

각 나라들에 해당하는 설명을 〈보기〉에서 찾아 기호를 써 보자.

> ㉠ 데릴사위제 풍습이 있었어요.
> ㉡ 순장의 풍습이 있었어요.
> ㉢ 민며느리제 풍습이 있었어요.

(1) 부여 : _____
(2) 옥저 : _____
(3) 고구려: _____

07 중학교 학업 성취도

밑줄 친 '이 나라'로 알맞은 것은 무엇일까?

이 나라는 단궁, 과하마 등의 특산물을 생산했어.

군사력이 약해 고구려에 특산물을 바쳤지.

① 부여　　　　　② 삼한
③ 동예　　　　　④ 옥저

08 서술형 문제

다음 고조선의 법을 통해 추측할 수 있는 고조선 사회의 모습을 간단히 써 보자. [3점]

> • 남을 다치게 한 자는 곡식으로 갚는다.
> • 도둑질한 자는 노비로 삼는다. 죄를 면하려면 50만 전을 내놓아야 한다.

_____

_____

_____

_____

역사반 **탐구 활동**

강화도 문화 유적 안내도

어머나, 고조선 문화유산 안내도가 완성되었네!

지도 위의 문화유산과 메모를 연결해 주면 끝!

선애 누나 덕분에 쉽게 공부가 되었어!

선애가 체험 학습을 위해 노력을 많이 했구나! 오늘 역사반 MVP는 나선애다!

군장의 돌무덤, 고인돌!

우리나라는 고인돌의 왕국! 강화도에는 우리나라에서 가장 큰 탁자식 고인돌이 있다.

단군이 하늘에 제사를 드리는 참성단!

마니산 정상에는 단군이 제단을 쌓고 하늘에 제사를 지낸 참성단이 있다. 고려와 조선 시대에는 이곳에서 제사를 지냈다.

그날 밤

이제 역사반 MVP는 나 왕수재뿐일걸!

기억에 남는 체험 학습이 되려면?

먼저 출발하기 전에 나만의 문화유산 안내도를 만들어 보자. 찾아갈 문화유산의 위치와 가는 방법을 미리 찾아 두면 더욱 편리할 거야. 그 다음에는 찾아갈 유적지와 유물에 대해 필요한 정보를 미리 공부해 봐. 체험 학습을 가서 해설사 선생님의 설명을 잘 듣고, 사진을 찍어 봐. 체험 학습을 다녀온 그날 사진을 정리하고, 그 사진에 대한 설명을 남겨 놓으면 더 기억하기 좋겠지? 마지막으로 체험 학습 보고서를 작성해 친구들과 서로 발표해 보면 그 체험 학습은 기억에 오래 남을 수 있을 거야!

3. 삼국과 가야의 건국과 발전

서울 북한산 신라 진흥왕 순수비(복제품)

신라의 제24대 왕인 진흥왕이 한강 유역을 차지한 것을 기념하기 위해 북한산에 세운 비석이야.

진품은 국립 중앙 박물관에 전시되어 있고, 원래 자리에는 복제품이 세워져 있지. 국보.

짹!

앗, 실례!

한강을 차지해
참으로 뿌듯하구나!

감축드리옵니다!

엄마야,
무서워!

기원전 57	기원전 37	기원전 18	42	371	427	553
박혁거세,
신라 건국	주몽,
고구려 건국	온조,
백제 건국	김수로,
금관가야 건국	백제,
평양성 공격	고구려,
평양으로 천도	신라,
한강 유역 차지

건국 신화 – 알에서 태어난 왕들

한반도와 만주에 있던 여러 나라 가운데 몇몇 나라는 주변 지역을 정복하며 큰 나라로 성장해 갔어. **고구려**, **백제**, **신라**가 바로 그들이지. 이들이 서로 경쟁하던 4~7세기를 **삼국 시대**라고 해. 한반도에는 삼국 외에도 **가야**가 있었는데, 가야는 **중앙 집권 국가**로 성장하지 못했기 때문에 삼국과 이름을 나란히 하지는 못했어.

이제부터 네 나라에 대해 알아볼 거야. 우선 각 나라들이 어떻게 세워졌는지 살펴보자. 이들 네 나라도 고조선처럼 나라가 세워질 때 신비한 이야기가 전해 내려오거든.

곽두기 사전

중앙 집권 국가 모든 권력이 중앙에 집중되어 있어서, 왕을 중심으로 온 나라를 다스리는 국가를 말해.

고구려

하늘신의 아들 해모수와 강의 신 하백의 딸 유화가 만나 사랑에 빠졌어. 그 뒤 유화는 부여에서 지냈는데, 햇빛이 계속 따라다니더니 임신을 하고 알을 낳았지. 이 알에서 태어난 아이가 고구려를 세운 주몽이야.

주몽은 어려서부터 활을 잘 쏘고 재주가 뛰어났어. 그래서 부여의 왕자들은 주몽을 미워하고 죽이려 했어. 위협을 느낀 주몽은 자신을 따르는 무리를 이끌고 남쪽으로 도망쳐 **졸본**이란 곳에서 **고구려**를 세웠단다.

백제

주몽은 부여에서 결혼해 아들이 있었는데, 졸본으로 올 때 데리고 오지 못했어. 그리고 졸본으로 온 뒤, 다시 결혼해서 아들 비류와 온조를 낳았지. 그런데 부여에서 낳은 아들 유리가 아버지인 주몽을 찾아 고구려까지 온 거야. 주몽이 큰 아들인 유리에게 왕위를 잇게 하자, 비류와 온조는 고구려를 떠나기로 결심했지.

형인 비류는 미추홀(인천)에, 동생인 온조는 한강 근처인 위례성(서울)에 자리 잡고 나라를 세웠어. 그런데 미추홀은 바닷가라 물이 짜서 사람이 살기 힘들었지. 비류가 죽자 비류를 따라갔던 사람들도 온조를 찾아왔어. 온조는 이들을 받아들인 뒤 나라의 이름을 백제라고 했어.

▲ 풍납 토성
서울시 송파구 풍납동에 있는 백제의 토성이야. 이곳을 백제의 첫 수도였던 위례성으로 보기도 해. 사적.

신라

한반도 동남쪽에 여섯 마을이 있었어. 마을은 각각 촌장이 다스리고 있었지. 어느 날 하늘에서 번개가 쳐 나가 보니 우물가에 흰 말과 커다란 알이 나타났어. 그리고 곧 알에서 남자아이가 나왔지. 촌장들은 아이에게 박혁거세란 이름을 지어 주고, 하늘에서 내려왔다고 생각해서 왕으로 삼아 사로국(신라의 옛 이름)을 세웠어.

말이 하늘을 날다니!

알에서 아이가! 하늘이 내린 왕이시다!

가야

삼한의 변한 지역에는 촌장이 다스리는 아홉 마을이 있었어. 어느 날 구지봉이라는 작은 봉우리에서 소리가 들려왔어.

"너희들은 '거북아 거북아, 머리를 내어라'하고 노래를 부르고 춤을 추어라. 그러면 왕을 맞이하게 될 것이다."

촌장들은 소리가 시키는 대로 했지. 그러자 하늘에서 붉은 보자기로 싼 황금 상자가 내려왔대. 황금 상자엔 황금알 여섯 개가 있었는데, 며칠 뒤 알에서 여섯 아이가 태어났어. 그중 제일 먼저 태어난 아이에게 김수로란 이름을 지어 주었는데, 그가 바로 금관가야의 첫 번째 왕이야.

이처럼 삼국과 가야의 건국 신화에는 유독 알에서 태어난 왕들이 많이 등장해. 알에서 태어났다는 건 무슨 뜻일까?

옛날 사람들은 하늘이 신성하다고 생각했어. 그래서 하늘을 자유자재로 날아다니는 새도 신성하다고 여겼지. 새를 하늘의 심부름꾼이라고 생각했거든. 그러니까 알에서 태어났다는 건 하늘의 뜻을 이어받아 태어났다는 걸 나타내는 거야.

또 동그란 알은 하늘에 떠 있는 태양을 상징하기도 해. 이 역시 왕이 태양처럼 빛나고 특별한 존재라는 걸 의미하지. 이처럼 각 나라의 왕들은 자신이 하늘과 연결된 신성한 존재라는 것을 내세우며 권력을 키워 갔어.

> 🍔 **더 알려 줄게!**
> ___
> **금관가야**
> 지금 김해 지역에 있던 나라야. 가야는 여러 개의 작은 나라로 이뤄졌는데, 금관가야는 이들을 이끌었어.

 용선생의 포인트

고구려, 백제, 신라, 가야에는 건국과 관련한 신비한 이야기가 전해짐.

삼국 중 가장 먼저 활약한 백제

삼국은 차츰 힘을 키워 주변의 작은 나라들을 **복속**시키며 큰 나라로 성장했어. 그 가운데 가장 먼저 전성기를 맞이한 것은 **백제**야. 백제가 가장 먼저 세력을 떨친 이유는 무엇일까?

백제가 처음 자리를 잡은 곳이 어디라고 했지? 바로 **한강** 근처야. ✔ 서술형 단골 문제야! 한강은 서쪽인 황해로 흘렀기 때문에 바다를 통해 중국과 교류하기에 좋은 위치였어. 백제는 물길을 이용해 중국에서 앞선 문물들을 받아 빠르게 성장할 수 있었지.

게다가 옛날에는 걷거나 말을 타는 것보다 배를 타고 이동하는 게 더 빨랐어. 그런데 한강은 한반도 중부 지역을 가로질러 흐르니 서울, 경기도뿐만 아니라 강원도나 충청도까지 모두 빠르고 편리하게 다닐 수 있다는 장점도 가지고 있었어.

백제는 한강이라는 유리한 교통로를 중심으로 주변에 있던 마한의 작은 국가들을 차지하며 점점 세력을 넓혀갔어. 그리고 4세기 **근초고왕** 때에는 북쪽으로 평양까지 진출해 고구려를 무찌르고 고구려의 고국원왕을 죽이기까지 했지. ✩ 시험에 꼭 나와! 근초고왕은 백제의 영토를 가장 크게 넓힌 왕이자, 다른 나라와 적극적으로 교류하여 백제를 널리 알린 왕이야.

백제는 또 중국에서 청자와 같이 귀한 물건을 구해 와서 일본에 전해 주기도 했어. 그 당시에는 일본을 '왜'라고 불렀는데, 백제는 물건뿐만 아니라 똑똑한 학자와 기술자들을 보내 새로운 지식도 가르쳐 줬지. 그 중에는 왜의

곽두기 사전

복속 항복해서 남의 지배를 받는 것을 말해.

더 알려 줄게!

백제와 중국 요서지역
중국 역사를 기록한 책 중에는 백제가 중국 요서지방까지 차지했다는 기록이 있어. 그런데 백제에서 요서를 가려면 고구려를 지나야만 하기 때문에, 쉽게 믿기는 어려운 사실이야. 백제가 요서로 진출했다는 기록은 그만큼 백제가 적극적으로 해외로 나가고자 했다는 걸 보여주는 증거일지도 몰라.

왜에 가서 기술 좀 풀어 볼까?

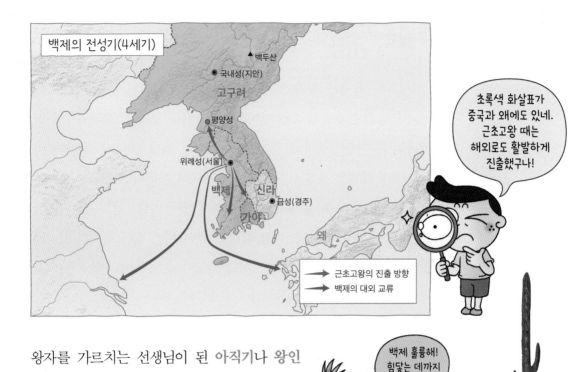

백제의 전성기(4세기)

백두산

국내성(지안)

고구려

평양성

위례성(서울)

백제

신라

금성(경주)

가야

왜

→ 근초고왕의 진출 방향
→ 백제의 대외 교류

초록색 화살표가 중국과 왜에도 있네. 근초고왕 때는 해외로도 활발하게 진출했구나!

왕자를 가르치는 선생님이 된 아직기나 왕인 같은 사람도 있지.

백제와 왜의 가까웠던 관계를 보여 주는 엄청 유명한 칼이 있어. 바로 '칠지도' 라고 해. 칠지도는 칼날이 일곱 개라서 붙여진 이름인데, 자세히 보면 '백제 왕세자가 왜 왕에게 주는 것이니 잘 보관하라!'고 적혀 있다고 해.

이렇게 백제는 한반도 안에서는 고구려를 공격하고 국제적으로는 중국, 일본과 활발하게 교류했어. 4세기는 그야말로 백제의 전성기였던 거야.

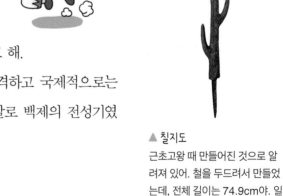

백제 훌륭해! 힘닿는 데까지 배우겠습니다!

왜왕

▲ 칠지도
근초고왕 때 만들어진 것으로 알려져 있어. 철을 두드려서 만들었는데, 전체 길이는 74.9cm야. 일본 덴리시 이소노카미 신궁에 있어.

용선생의 포인트

백제 근초고왕이 4세기에 영토를 크게 넓혀 삼국 가운데 가장 먼저 전성기를 맞이함.

드넓은 땅을 호령한 고구려

4세기에 백제가 활약하는 동안 고구려는 서쪽의 중국과 남쪽의 백제에게 끊임없이 공격을 받아 힘든 시기를 보냈어. 고국원왕이 백제와의 전투에서 죽자 고구려는 큰 위기를 겪게 됐지. 이때 그의 아들인 **소수림왕**은 **율령**과 **불교**를 받아들이며 나라의 기틀을 다졌어.

율령이란 나라를 잘 다스리기 위해서 만든 여러 법과 절차를 말해. 군장이 작은 부족을 이끌 때라면 굳이 이런 법이 필요하지는 않았을 거야. 하지만 영토가 넓어지고 백성의 수가 늘어나자 모든 백성에게 똑같이 적용할 수 있는 법이 필요했지.

"어디에 살고 어떤 문화를 가졌든 상관없이 고구려의 백성이라면 모두 이 법을 따라야 한다!"

이러한 율령을 통해 왕은 백성들에게 정해진 세금을 쉽게 거두고, 전쟁이나 토목 공사에 백성을 더 수월하게 동원할 수 있었어.

소수림왕의 노력은 그 다음다음 왕인 **광개토 대왕** 때 이르러 빛을 보았지. 근초고왕이 백제의 전성기를 열었다면, 고구려의 전성기는 **광개토 대왕**이 열었어. 광개토 대왕은 동에 번쩍, 서에 번쩍하며 위로는 요동반도를 점령하고 부여를 멸망시키고, 아래로는 한강을 건너 백제를 굴복시켰어. 게다가 한반도 동남쪽의 신라와 가야에까지 그 힘을 떨쳤지. 다들 광개토 대왕의 이름만 들어도 벌벌 떨었지. 심지어 바다 건너 왜에서도 광개토 대왕을 무서워했다고 해.

광개토 대왕이 크게 넓힌 땅은 아들 **장수왕**이 물려받았어. 장수왕은 아버지 광개토 대왕의 업적을 기리기 위해 **광개토 대왕릉비**를 세웠어. 그리고 고구려를 더 크고 강한 나라로 만들기 위해 나라의 수도를 압록강 근처에서 대동강 근처인 **평양**으로 옮겼어. 그리고 백제의 도읍인 한강 유역을 공격해 빼앗았지. 백제는 왕이 죽고 수도도 남쪽 **웅진**(공주)으로 옮길 수밖에 없었어. 드디어 고구려는 과거 백제에게 죽임을 당했던 고국원왕의 원수를 되갚았지.

✔ 서술형 단골 문제야!

☆ 시험에 꼭 나와!

더 알려 줄게!

개로왕과 바둑

백제의 개로왕은 바둑을 굉장히 좋아했어. 이를 안 고구려의 장수왕은 도림이라는 스님을 첩자로 백제에 보냈어. 도림은 바둑을 잘 뒀는데, 개로왕은 도림에게 빠져 나랏일을 멀리하고 무리하게 궁궐을 지어 백성들의 원망을 샀지. 장수왕은 때를 놓치지 않고 백제를 공격해 큰 승리를 거뒀어.

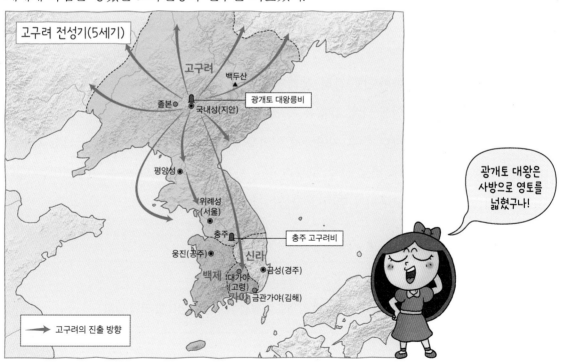

고구려의 진출 방향

광개토 대왕은 사방으로 영토를 넓혔구나!

▲ 광개토 대왕릉비
광개토 대왕릉비는 장수왕이 아버지 광개토 대왕의 업적을 칭송하기 위해 만든 비석이야. 압록강 근처인 중국 지린성 지안에 세워져 있어.

▲ 충주 고구려비
충주 고구려비는 삼국 시대의 지명을 따 '중원 고구려비'라고도 불러. 장수왕이 한강 유역을 차지한 후 세운 비석이야. 국보.

더 알려 줄게!

나제 동맹

동맹은 같은 뜻을 가지고 함께 움직이자는 약속이야. 나제 동맹은 백제와 신라가 동맹을 맺었다는 뜻에서 신라의 '라(羅)'와 백제의 '제(濟)'를 따서 붙여진 이름이지. 이 동맹으로 신라와 백제는 고구려가 공격해 오면 서로 군사를 보내 도와주기로 했어.

이제 고구려는 동아시아를 호령하는 큰 나라가 되었어. 이때가 고구려 최대의 전성기라고 할 수 있지.

한강을 차지한 고구려는 백제나 신라가 중국으로 갈 수 있는 길을 틀어막고 충청도까지 영역을 넓혔어. 백제와 신라는 고구려 때문에 한반도에 갇혀 옴짝달싹할 수 없었지. 두 나라는 고구려에 맞서기 위해 나제 동맹을 맺었지만, 고구려에겐 역부족이었어. 장수왕은 한반도 중부 지역까지 영역을 넓힌 것을 기념하기 위한 비석도 세웠는데, 바로 충주 고구려비야. 광개토 대왕릉비와 충주 고구려비는 당시 고구려가 얼마나 강했는지를 잘 보여 줘.

용선생의 포인트
5세기 고구려의 광개토 대왕과 장수왕이 영토를 크게 넓힘.

신라, 한강을 차지하다!

신라는 한반도 중앙을 가로지르는 소백산맥 때문에 중국은 물론 고구려, 백제와도 교류가 적었어. 그래서 성장도 더딘 편이었지. 처음에는 서라벌, 사로, 사라 등의 나라 이름을 쓰고, 임금도 왕이 아니라 거서간, 차차웅, 이사금, 마립간 등 여러 호칭을 썼어. 정치 제도가 완전히 자리를 잡지 못했던 거지. 하지만 백제와 고구려가 서로 다투는 동안 착실히 힘을 길러 나갔어.

6세기, **지증왕**은 드디어 나라 이름을 '**신라**'로 정했지. 마립간으로 부르던 왕의 호칭도 **왕**으로 바꿨어. 신라가 고구려나 백제와 같이 큰 나라로 성장할 수 있는 기틀을 다지기 시작한 거야.

지증왕의 뒤를 이은 **법흥왕**은 고구려와 백제처럼 율령을 반포하고 ☆ 시험에 꼭 나와! 불교를 받아들여서 왕을 중심으로 신라를 더더욱 성장시키기 시작했어.

삼국이 나라의 기틀을 다지면서 율령의 반포와 더불어 중요하게 생각했던 것이 **불교**의 수용이었어. 불교를 받아들이는 건 왕이 자신의 권력을 강화하기 위한 중요한 정책이었지. 왕의 권력을 강화하는 것과 부처님을 섬기는 종교인 불교는 무슨 관계가 있는 걸까?

왕들은 나라 곳곳에 절과 불상을 세우고, 백성들에게 불교를 믿게 했어. 그리고 이렇게 말했지.

"왕은 곧 부처이니, 부처를 모시듯 왕을 모셔라!"

이러한 주장은 백성들이 왕을 따르게 하는 데 큰 도움이 되었어.

더 알려 줄게!

우산국 정벌

지증왕 때 장군 이사부는 우산국(울릉도)을 공격해서 신라의 영토로 만들었어. 울릉도에 딸린 섬으로 생각했던 독도도 이때부터 우리의 영토로 들어온 거야.

불교를 받아들이기 전의 왕이 여러 부족장들 가운데 제일 강한 권력을 가진 사람 정도였다면, 불교를 수용한 이후에는 다른 귀족들보다 한 단계 더 높은 자리에 있는 사람이 될 수 있었어. 이런 이유로 고구려와 백제는 일찍이 ✔ 서술형 단골 문제야! 불교를 받아들여 왕권을 강화하는 데 이용했지.

하지만 신라는 신하들의 반대로 불교를 받아들이는 일이 쉽지 않았어. 법흥왕이 이 일로 고민하자, **이차돈**이라는 신하가 나서서 귀족들이 신성하게 여기던 숲의 나무를 베어 버리고 불교를 받아들여야 한다고 주장했지. 신하들은 이차돈을 죽이라고 법흥왕을 압박했어. 그러자 이차돈이 이렇게 말했어.

"내가 죽으면 부처님이 기적을 일으킬 것이다."

귀족들의 요구 대로 이차돈의 목을 베었는데, 목에서 하얀 피가 솟구쳤대. 놀란 귀족들은 더 이상 불교에 대해 반대하지 못했고, 마침내 신라에도 불교가 들어오게 되었어.

지증왕과 법흥왕 때 나라의 기틀을 튼튼히 한 신라는 드디어 **진흥왕** 때에 이르러 전성기를 맞이했어. 진흥왕은 청소년들을 교육하는 제도였던 **화랑도**를 정비해 나라의 인재를 키웠어. 화랑들은 지켜야 할 규범도 있었는데, 이를 **세속오계**라고 해.

영심이는 궁금해!

사람 목에서 하얀 피가 나왔다구요?

믿기 어려운 이야기지? 그런데 불교의 경전에는 비슷한 이야기가 많이 나온대. 불교에 불가사의한 힘이 있다는 걸 사람들에게 전달하기 위해서 이런 이야기가 만들어진 거지.

곽두기 사전

화랑도 화랑은 '꽃처럼 아름다운 청년'이란 뜻이야. 화랑은 화랑도에서 우두머리인데, 그 아래에는 수많은 낭도가 따랐어.

세속오계

첫째, 임금에게 충성한다(사군이충).
둘째, 부모에게 효도한다(사친이효).
셋째, 친구 사이에는 신의가 있어야 한다(교우이신).
넷째, 전쟁터에서는 물러섬이 없어야 한다(임전무퇴).
다섯째, 함부로 생명을 죽여서는 안 된다(살생유택).

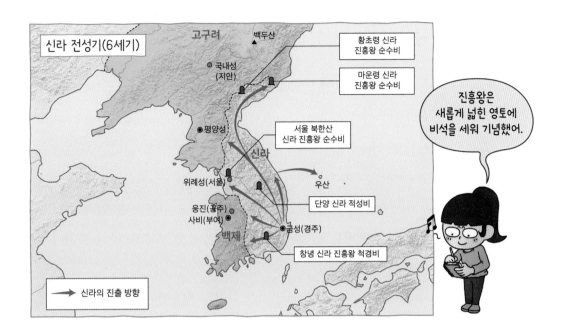

진흥왕은 새롭게 넓힌 영토에 비석을 세워 기념했어.

진흥왕은 화랑들을 앞세워 신라의 영토를 크게 넓혔어. 우선 신라의 서쪽에 있던 가야를 공격하여 자기 땅으로 만들었어. 그리고 북쪽으로도 멀리 강원도까지 영역을 넓혔지. 또 동맹국이던 백제와 함께 고구려를 몰아내고 한강 유역 상류는 신라가, 하류는 백제가 나눠가지기로 했어. 하지만, 진흥왕은 여기서 멈추지 않았지.

"신라가 더 강해지려면 중국과 직접 교류할 수 있는 한강 하류 지역이 필요해!"

☆ 시험에 꼭 나와!
진흥왕은 곧 동맹을 깨고 한강 하류 지역을 백제로부터 빼앗았어. 백제를 배신하면서까지 한강 유역을 차지하길 원했던 거야. 한강을 차지한 신라는 드디어 중국과 직접 교류를 할 수 있게 되었어. 그 전까지는 고구려나 백제를 통해 중국의 문물을 받아들일 수밖에 없었거든. 이제 신라는 예전보다 더 큰 나라로 성장할 수 있게 되었어.

🍯 장하다의 꿀 정보

율불강!
삼국이 전성기를 맞이할 때 공통점!

이 세 가지는 꼭 외우자!
율령 반포!
불교 공인!
한강 차지!

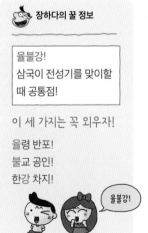

율불강!

용선생의 포인트
6세기 신라 진흥왕이 한강 유역을 차지하고 영토를 크게 넓힘.

삼국 시대의 신분 제도

청동기 시대 이후로 사람 사이에 위, 아래가 생겼다고 했지? 삼국 시대에는 여러 집단이 모이면서 청동기 시대보다 사람 사이의 차별이 커졌어. 힘을 가진 사람이나 나라를 세우고 땅을 넓히는 데 도움을 준 사람들은 **귀족**이 되어 많은 것을 누렸어. 그 외의 사람들은 대부분 **평민**으로 농사를 짓고 살았지. 또 어렵고 힘든 일을 맡아 하는 노비와 같은 **천민**도 있었어. 노비는 주로 전쟁 포로로 잡혀 오거나 죄를 지은 사람들이었지.

나라에서는 각 신분에 엄격한 규정을 적용했어. 신분에 따라 입을 수 있는 옷이나 사는 집의 크기가 달랐지. 심지어 그릇의 모양과 사용할 수 있는 개수까지 정해져 있었다고 해. 귀족들은 대궐같이 큰 집에서 살면서 사람을 부렸지만, 평민들은 초가집에 살며 세금을 내고 성을 쌓는 등 많은 일에 동원되어 살기가 힘들었어. 사람대접도 받지 못했던 노비는 말할 것도 없었겠지?

고구려의 **고분**인 무용총에 그려진 벽화를 보면 당시 고구려 사람들이 생각한 신분에 따른 차별을 확인할 수 있어. 벽화를 잘 보면 등장하는 인물의 크기가 각각 달라. 왜 사람마다 크기가 다른지 알겠

> 🐸 **곽두기 사전**
>
> 고분 옛날에 만들어진 무덤을 말해.

▲ 수산리 고분의 벽화
북한 남포시에 있는 고구려 시대 무덤의 벽화야. 귀족은 크게, 하인들은 작게 그렸어.

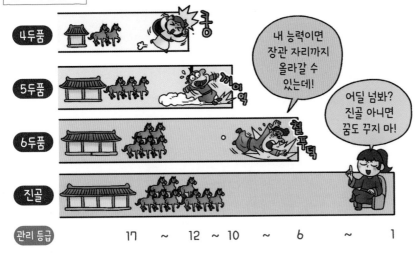

니? 바로 신분에 따라 크기를 다르게 그렸기 때문이야. 신분이 높은 사람은 크게, 신분이 낮은 사람은 작게 그린 거지.

또 높은 신분에서도 차별이 있었어. 대표적인 것이 신라의 '골품제'야. 골(骨)과 품(品)으로 사람의 신분을 나누는 제도인데, '골'은 '성골'과 '진골'로 신라의 왕족들이야. 한때 신라에서는 성골만 왕이 될 수 있었어. 우리나라 최초의 여왕인 **선덕 여왕**도 당시에 성골 남자가 없었기 때문에 왕이 될 수 있었지. 그뒤 성골이 사라지자, 다음 신분인 진골이 왕이 될 수 있었대. 삼국 통일에 큰 역할을 했던 태종 무열왕 **김춘추**는 진골 출신이었어.

'골' 아래에는 '품'으로, 6두품부터 1두품까지로 나뉘었지. 6두품이 가장 높았고, 역시 각 '품'마다 오를 수 있는 관직의 한계가 정해져 있었어. 고구려와 백제도 신라와는 다르지만 신분이 나뉘어 있었단다.

☆시험에 꼭 나와!

용선생의 포인트
삼국 시대는 신분제 사회로, 신분 사이에 엄격한 차별이 있었음.

삼국과 가야의 문화유산

삼국과 가야의 대표적인 문화유산이야!

불교와 관련 있는 유물이 많네!

고구려

▲ 금동 연가 7년명 여래 입상
고구려의 불상인데, 옛 신라 땅에서 발견되었어. 뒷면에는 연가 7년(539년)에 만들어졌다고 쓰여 있어. 국립 중앙 박물관 소장. 국보.

▲ 무용총 무용도
중국 지린성 지안현에 있는 무덤의 벽화야. 남녀가 춤을 추는 모습이 그려져 있어. 고구려 사람들은 밤이 되면 모여 노래하고 놀기를 좋아했다고 해.

가야

▲ 철제 갑옷과 투구(앞면, 뒷면)
철판을 몸에 맞게 구부리고 못으로 연결했어. 가슴에는 문양까지 새겨 철을 다루는 기술이 뛰어났다는 걸 보여 줘. 국립 중앙 박물관 소장.

▲ 기마 인물형 토기
김해에서 발견된 토기로, 가야 무사의 모습을 잘 보여 줘. 국립 경주 박물관 소장. 국보.

백제

▲ 백제 금동 대향로
청동 위에 금을 입힌 큰 향로야. 향로는 향을 피우는 도구를 말해.
높이는 60cm가 넘어. 국립 부여 박물관 소장. 국보.

신라

▲ 경주 첨성대
선덕 여왕 때 만들어진 구조물로 별을 보기 위해 만들었다고 해.
국보.

삼국의 불상과 일본 불상

▲ 금동 미륵보살 반가 사유상 ▲ 목조 미륵보살 반가 사유상
은은한 미소를 띤 채 깊은 생각에 잠긴 부처님의 모습이야. 국립 중
앙 박물관 소장. 국보. 오른쪽은 일본의 국보인 목조 미륵보살 반가
사유상이야. 우리나라의 불상과 꼭 닮은 모습이지? 삼국과 일본이
교류한 흔적이지.

다른 나라와 교류한 삼국

삼국은 주변 나라들과 많은 문화를 교류했어. 특히 중국에서 불교 문화를 비롯해 많은 영향을 받았지. 고구려의 왕산악은 중국 악기를 개조해 거문고를 만들었고, 이른 시기 백제의 무덤에서 나오는 청자들은 모두 중국에서 만들어진 것들이야.

삼국은 **왜와도** 자주 교류하였어. 특히 백제에서 기와를 만드는 사람, 절을 만드는 사람, 말을 기르는 사람 등 다양한 능력의 사람들이 왜에 가서 기술을 가르쳐 주었어. 또 중국으로부터 들여온 한문 책이나 바둑, 장기 등을 왜에게 전달해 주기도 했단다. 가야 역시 왜와 자주 교류하였는데, 이때 철로 된 무기와 도구들을 많이 전해 주었어.

삼국은 저 멀리 **서역과도** 교류를 했어. 중앙아시아에 있는 나라인 우즈베키스탄의 궁전 벽화에 고구려 사신이 그려져 있거든. 또 고구려의 무덤에는 눈이 부리부리하고 코가 크고 피부를 까무잡잡하게 표현한 서역인이 그려져 있기도 해. 신라 고분에서도 페르시아-로마 계통의 유리그릇, 금으로 장식한 귀한 칼, 상감 유리 구슬 등이 나왔는데, 이는 신라가 서역과 활발히 교류하였다는 증거라고 할 수 있어.

🧑 **곽두기 사전**

서역 옛날 중국의 서쪽에 있던 나라를 통틀어 가리키는 말이야. 중앙아시아, 서아시아, 인도를 포함하는 말이지.

▲ 황남대총 유물
경주 황남대총에서는 금관, 금 허리띠 등 화려한 장신구와 더불어 독특한 형태의 유리 제품들이 많이 발견되었어. 이 유리 제품들은 서역에서 들어온 것인데, 당시 신라의 활발한 대외 교류를 보여 주는 유물이야. 국보.

용선생의 포인트
삼국이 중국, 왜, 서역 등 여러 나라와 활발하게 교류함.

왕수재의 **역사 노트**

1. 삼국의 발전

백제	• 백제가 한강을 통해 중국과 교류함. • 근초고왕이 백제의 영토를 크게 넓힘(4세기). • 중국, 왜 등 다른 나라와 적극적으로 교류함.
고구려	• 소수림왕이 율령과 불교를 받아들여 나라의 기틀을 다짐. • 광개토 대왕과 장수왕이 영토를 크게 넓힘(5세기). • 장수왕이 수도를 평양으로 옮김. • 광개토 대왕릉비와 충주 고구려비로 고구려 전성기를 엿볼 수 있음.
신라	• 지증왕이 나라의 이름을 '신라'로 하고 '왕'이란 칭호를 사용함. • 법흥왕이 율령을 반포하고 불교를 받아들임. • 진흥왕이 화랑도를 정비해 인재를 키우고 한강 유역을 차지함(6세기).

2. 삼국의 신분 제도

① 삼국은 귀족, 평민, 노비로 나누어지는 신분제 사회였음.

② 신분에 따라 옷과 집의 크기 등 생활 모습이 달라졌음.

③ 신라는 골품제를 두어 오를 수 있는 관직에 한계를 둠.

3. 다른 나라와 교류한 삼국

① 삼국은 중국에서 불교문화를 비롯해 많은 영향을 받음.

② 백제는 왜에 다양한 기술을 가르쳐 주며 교류함.

③ 가야는 왜에 철로 된 무기와 도구를 많이 전해 줌.

④ 삼국은 서역과도 활발히 교류함.

전성기를 맞이한
삼국의 모습은 시험에
꼭 출제된다고!

나선애의 **실력 다지기**

/10점

7점 이상이야? 훌륭해!
6점 이하는 다시 읽어 보자!

01 한국사능력검정시험 41회 초급

(가)에 해당하는 왕으로 알맞은 것은 무엇일까?

> (가)
> • 백제 제13대 왕
> • 백제의 전성기를 이룸.
> • 평양까지 진출함.
> • 중국 및 왜와 활발하게 교류

① 성왕   ② 온조

③ 의자왕   ④ 근초고왕

02

다음 자료에 대한 설명으로 알맞은 것은 무엇일까?

① 백제의 무덤에서 나온 중국 유물이에요.

② 신라의 신분 제도를 보여 주는 유물이에요.

③ 백제와 왜의 관계를 보여 주는 유물이에요.

④ 고구려가 한반도 중부 지역까지 영역을 넓힌 것을 보여 주는 유물이에요.

03

다음과 같은 업적을 남긴 고구려의 왕은 누구인지 〈보기〉에서 찾아 써 보자.

> 〈보기〉
> 장수왕   지증왕   광개토 대왕   소수림왕

> • 광개토 대왕릉비를 세워 광개토 대왕의 업적을 기념했어요.
> • 평양으로 수도를 옮기고 남쪽으로 영토를 넓혔어요.

_____

04 한국사능력검정시험 39회 초급

(가)에 들어갈 내용으로 알맞은 것은 무엇일까?

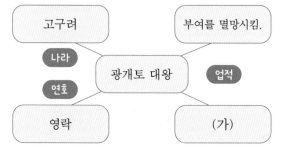

① 대가야를 정복함.

② 측우기를 제작함.

③ 도읍을 평양으로 옮김.

④ 백제를 굴복시킴.

05

다음 〈보기〉의 사건을 일이 일어난 순서대로 나열해 보자.

〈보기〉

㉠ 법흥왕이 율령을 반포하고 불교를 받아들였어요.
㉡ 지증왕이 '마립간' 대신 '왕'이라는 칭호를 사용하게 했어요.
㉢ 진흥왕이 나제 동맹을 깨고 한강 하류 지역을 백제로부터 빼앗았어요.

_____ → _____ → _____

06 중학교 학업 성취도

㉠에 들어갈 왕의 이름과 ㉡에 들어갈 명칭을 써 보자.

북한산 순수비는
신라의 ㉠ 이 새로 영토가 된 지역에 세운 기념비예요.
이 왕은 인재를 키우기 위해 청소년 단체인 ㉡ 를 정비했어요.

(1) ㉠: _____
(2) ㉡: _____

07 한국사능력검정시험 38회 초급

다음 주제에 대한 학생들의 발표 내용으로 알맞은 것은 무엇일까?

주제: 신라 사람들의 생활 모습

① 모내기법을 이용해 논농사를 지었어요.

② 골품에 따라 오를 수 있는 관직이 달랐어요.

③ 백자를 만들어 사용했어요.

④ 목화를 재배해 솜옷과 솜이불을 만들었어요.

08 서술형 문제

고구려, 백제, 신라 삼국은 나라의 기틀을 다지는 과정에서 불교를 받아들였어. 그 이유를 간단히 써 보자. [3점]

_____
_____
_____
_____

지금부터 들릴 곳도 한번 설명해 볼까?

공주, 부여, 익산에는 백제의 유적이 많이 남아 있어요!

공주
부여
익산

오늘의 MVP는 내 차지야!

유네스코 세계 문화유산으로 등재된 곳이에요!

백제는 고구려에게 한강을 빼앗기고 내려와 궁궐을 짓고 힘을 길렀어요.

다음을 노리자!

공주 공산성

성왕 때에는 부여로 수도를 옮겼어요. 이곳에는 정림사지 오층 석탑이 있어요.

말할 수 있었는데….

부여 정림사지 오층 석탑

이 석탑은 우리나라에서 가장 오래되고 큰 석탑 이에요.

남아 있던 벽돌을 살려서 최근에 복원했지!

망했다. 한마디도 못했잖아?

익산 미륵사지 석탑

돌아가는 길

얘들아, 곧 학교에 도착한다!

이곳 송산리 고분군은 무령왕릉이 발견된 곳으로….

얘가 뭐래?

내가 MVP야….

두 번이나 수도를 옮긴 백제

백제는 고구려, 신라와 힘을 겨루는 과정에서 수도를 두 번이나 옮겼어. 백제는 처음에 한강 유역의 위례성을 도읍으로 했지만, 고구려의 장수왕이 쳐들어와 한강 유역을 차지해 버려 어쩔 수 없이 수도를 지금의 공주 지역인 웅진으로 옮겨야 했지. 웅진은 외적을 방어하기에는 좋았지만 한 나라의 수도로서는 너무 좁았어. 그래서 성왕은 지금의 부여 지역인 사비로 수도를 옮겼지. 무왕 때에는 익산에 미륵사와 왕궁을 짓고 그곳으로 도읍을 옮기려고 했지만 귀족들의 반대로 실패했다고 해.

4. 삼국 통일과 발해의 건국

경주 감은사지 동·서 삼층 석탑

경주 감은사 터에 세워진 통일 신라 시기의 석탑이야.
문무왕이 왜군을 물리치려고 짓기 시작해서
그 아들인 신문왕 때 완성되었어. 국보.

아들아,
이 아비는 죽어서도
신라를 지키고 있단다!

오늘따라 한평생
나라를 지키는 데
힘쓰신 아버님이
그립구나!

헉, 삼국을
통일한 문무왕?

유,
유령이다!

신문왕

612	660	668	676	698	780
고구려, 살수 대첩 승리	백제 멸망	고구려 멸망	신라의 삼국 통일	발해 건국	반란으로 신라 혜공왕 사망

수나라와 당나라의 침입을 물리친 고구려

삼국이 한강 유역을 뺏고 빼앗으며 경쟁하던 때는 중국도 여러 나라로 분열되어 있던 시기였어. 그러한 중국을 통일한 나라가 바로 **수나라**야. 자신만만했던 수나라는 내친김에 고구려도 정복하려고 했어. 무려 100만이 넘는 많은 수의 군사를 데리고 고구려를 공격했지.

하지만 고구려도 순순히 당하고 있지는 않았어. 수나라는 고구려의 요동성을 공격했지만 요동성은 꿈쩍도 하지 않았지. 초조해진 수나라는 30만의 **별동대**를 꾸려 고구려의 수도인 평양으로 곧바로 쳐들어갔어.

고구려의 장군 **을지문덕**은 수나라 군대에 쫓겨 도망가는 척을 했어. 수나라 군대는 고구려 땅 깊숙이 을지문덕 군대를 뒤쫓았지. 하지만 고구려 군대는 잡힐 듯 잡히지 않았고, 수나라 군대는 점점 기운이 빠졌어. 결국 지친 수나라 군대가 말머리를 돌리려고 할 때, 을지문덕은 총공격을 명령했지.

"지금이다! 모두 공격하라!"

을지문덕이 후퇴하는 수나라 군대를 뒤에서 공격해 크게 무찔렀어. 30만의 별동대 가운데 살아서 돌아간 수나라 병사는 얼마 되지 않았대. 이때 수나라를 물리친 곳이 살수라서 이 전투를 **살수 대첩**이라고 불러. 수나라는 고구려와의 전쟁에서 입은 피해가 너무 커서 결국 망하고 말았어.

곽두기 사전

별동대 따로 떨어져 나와 독자적으로 행동하는 부대를 말해.

더 알려 줄게!

중국을 통일한 수나라
수나라는 한나라 이후 360년 동안이나 갈라져 있던 중국 대륙을 통일한 나라야. 수나라는 여러 제도를 정비하고 대운하를 건설해 중앙 집권 체제를 강화한 다음 돌궐과 고구려 등 외국으로 쳐들어갔어. 하지만 무리하게 국력을 써버려 결국 망하고 말았지.

전쟁에서
이긴 공이 높으니
만족하고 돌아가는 게
어떠한가?

을지문덕 장군

수나라 장군

그만 집으로 돌아가라고? 네 이놈을…

식량이 없으니 정말 돌아갈 수 밖에…!

수나라를 물리치고 한숨을 돌린 것도 잠시, 이번엔 수나라의 뒤를 이은 **당나라**가 쳐들어왔어. 당나라는 수나라가 고구려와 싸우다 망한 걸 교훈 삼아 준비를 단단히 하고 고구려를 공격했지. 그래서 수나라가 함락시키지 못했던 요동성도 함락시키고, 고구려 땅 깊숙이 들어와서 **안시성** 앞까지 밀고 들어왔어. 안시성까지 함락되면 수도인 평양도 위태로워질 상황이었지!

당나라 군대는 안시성을 포위하고 며칠 밤낮을 쉬지 않고 공격을 퍼부었어. 하지만, 안시성은 호락호락하지 않았지. 성 위에서 아래로 쏟아지는 공격은 기세등등한 당나라 군대도 주춤하게 만들 정도였어. 당나라 황제인 태종은 안시성을 함락하기 위해 새로운 계책을 마련했지.

"안시성 옆에 성보다 높은 흙산을 쌓아라!"

안시성보다 더 높게 산을 쌓아 유리한 위치에서 성을 공략하기로 한 거야. 당나라 군사의 수가 어마어마했기에 가능한 작전이었지. 당나라 군대 50만 명은 60일 동안 열심히 흙을 날라 거대한 산을 만들었어. 그런데 이게 웬걸! 완성을 앞두고 안시성 쪽으로 흙산이 무너져 버린 거야! 성벽에 있던 고구려 군사들은 이 틈을 놓치지 않고 흙산을 점령해 버렸지.

더 알려 줄게!

안시성의 성주

안시성 성주의 이름은 '양만춘'이라고 많이 알려져 있어. 하지만 역사책에는 안시성 성주의 이름이 나오지 않고, 양만춘이라는 이름은 조선 후기 학자들의 글에서 처음 나와.

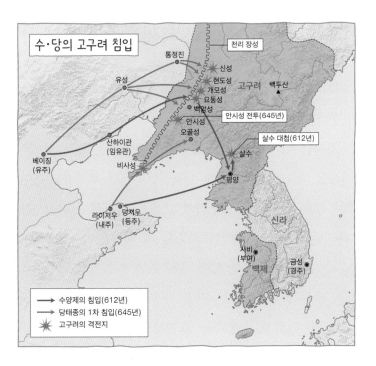

수·당의 고구려 침입

천리 장성
통정진
유성
신성
현도성
개모성
요동성
고구려
백두산
백암성
안시성 전투(645년)
안시성
오골성
산하이관
(임유관)
비사성
베이징
(유주)
살수 대첩(612년)
살수
평양
신라
라이저우
(내주)
덩저우
(등주)
사비
(부여)
백제
금성
(경주)

→ 수양제의 침입(612년)
→ 당태종의 1차 침입(645년)
✺ 고구려의 격전지

고구려는 수나라와
당나라를 물리쳐
민족의 방파제 역할을
했어!

두 달간 열심히 쌓은 산이 적의 손에 넘어가자 당나라 군사의 **사기**는 땅에 떨어지고 말았어. 결국 당나라 군대는 안시성을 포기하고 되돌아갔지. 고구려 때문에 고생한 당나라 태종은 '고구려는 쉽게 이길 수 있는 상대가 아니니 다시는 고구려를 공격하지 말라'는 유언을 남겼다고 해.

고구려가 얼마나 강한 나라였는지 짐작이 가니? 고구려는 700년이 넘는 긴 시간 동안 우리 민족의 최전방에서 중국의 나라들에 맞서왔단다. 그래서 고구려를 '민족의 방파제'라고 부르기도 해.

✔ 서술형 단골 문제야!

곽두기 사전

곽두기 사전

사기 자신감에 차서 어떤 일을 해내려고 하는 기운을 말해.

더 알려 줄게!

산성의 나라 고구려

고구려 사람들은 전쟁에 대비해 산성을 많이 쌓았어. 『삼국사기』에 보면, 고구려에 176개나 되는 산성이 있었다고 해. 고구려 사람들은 평소에는 평지의 마을에서 생활하다가 전쟁이 나면 산성으로 들어갔어. 산성에는 장대, 옹성, 치 등의 시설물이 있어서 방어에 유리했지.

용선생의 포인트

고구려가 수나라와 당나라의 연이은 침략을 막아 냄.

신라와 당나라가 손잡고 백제를 멸망시키다!

고구려가 수나라와 당나라의 침략을 막고 있는 동안, 남쪽에서는 백제와 신라가 서로 다투고 있었어. 신라 진흥왕이 나제 동맹을 깨고 한강을 차지한 뒤 백제는 신라를 자주 공격했지. 특히 백제의 **의자왕**은 신라로 쳐들어가서 신라의 성을 40여 개나 빼앗기도 했어.

신라의 **김춘추**는 우선 고구려에 도움을 청하려고 직접 고구려로 갔어. 하지만 고구려는 신라가 진흥왕 때 빼앗은 땅을 돌려줘야 도와주겠다는 무리한 요구를 했어. 김춘추는 자신이 신라에 돌아가면 책임지고 땅을 돌려주겠다는 거짓 약속을 하고서야 가까스로 신라로 돌아올 수 있었지. 김춘추는 포기하지 않고 이번엔 당나라로 향했어.

"우리를 도와 백제를 공격한다면, 당나라가 고구려를 공격할 때 뒤에서 공격하겠습니다! 그러면 충분히 고구려를 이길 수 있습니다."

결국 신라는 당나라와 손을 잡는 데 성공했어. 바로 '나당 동맹'이 맺어진 거야. 그리고 김춘추는 진덕 여왕이 죽자 뒤를 이어 왕위에 올랐어. 이제 백제를 공격할 일만 남은 거야.

660년 신라의 **김유신**이 이끄는 5만의 군사와 당나라 소정방이 이끄는 13만 군대가 백제를 향해 쳐들어갔어. 백제는 두 나라의 군대에게 **속수무책**으로 무너졌어.

백제의 **계백**은 5천여 명의 결사대와 함께 **황산벌**에서 신라군에 필사적으로 맞섰어. 병력은 10배나 차이가 났지만 백제군은 신라군을 상대로 여러 번 전투에서 승리했지. 이 싸움에서 지면 백제가 망할

태종 무열왕 김춘추 (603~661)

신라의 제29대 왕으로, 신라가 삼국을 통일하는데 큰 역할을 했어. 백제의 공격으로 딸과 사위를 잃고, 딸의 복수를 위해 어떻게 해서든 백제를 무너뜨리겠다고 결심했지. 당나라와의 동맹을 성공시켜 삼국 통일의 기초를 마련했다고 할 수 있어.

김유신(595~673)

신라의 삼국 통일에 큰 기여를 한 장군이야. 김유신은 본래 금관가야 왕족 출신으로 이후 신라에 와서 진골 귀족이 되었어.

 곽두기 사전

속수무책 손을 묶은 것처럼 꼼짝 못 하는 걸 말해. 해결할 방법이 전혀 없다는 뜻이야.

걸 알았던 계백과 백제의 군사들은 황산벌에서 모두 죽을 각오를 하고 싸웠던 거야.

이때 신라군에는 열여섯 살의 관창이라는 화랑이 있었어. 관창은 백제 진영으로 말을 타고 뛰어들었지만 붙잡히고 말았지. 계백은 관창이 어린아이인 것을 보고 그를 풀어 줬어. 하지만 관창은 다시 백제군으로 돌격했지. 계백은 관창을 다시 돌려보내도 계속해서 같은 행동을 하리란 걸 알았어.

"이 자는 멈추지 않을 것이다. 목을 베어라!"

백제군은 관창의 머리를 베어 말안장에 매달아 신라 진영으로 돌려보냈어. 이 모습을 지켜본 신라 군사들의 가슴에 불이 붙었어.

"이렇게 어린 소년도 나라를 위해 싸우다 죽었는데, 가만히 있을 수 없다!"

신라군의 사기가 오르자 백제군은 10배나 차이나는 숫자를 이겨낼 수 없었어. 결국 계백과 5천 명의 군사는 황산벌에서 대부분 목숨을 잃고 말았어. 그리고 얼마 지나지 않아 백제의 수도인 사비성 역시 신라와 당나라의 손에 함락되었지. 의자왕을 비롯한 많은 백성들이 당나라로 끌려갔고, 백제는 역사의 뒤안길로 사라지고 말았어 (백제 멸망, 660년).

▲ 낙화암

백제의 사비성이 함락될 위기에 처하자, 백제의 궁녀들이 이 바위에서 백마강으로 뛰어들었다고 전해져. 그 모습이 마치 꽃이 떨어지는 것 같다고 해서 떨어질 낙(落), 꽃 화(花)자를 써서 낙화암이라고 불렀다고 해.

▲ 부여 정림사지 오층 석탑

부여에는 정림사라는 절이 있었어. 지금은 절터와 탑만이 남아 있지만, 당시에는 백제 수도 중심에 있는 중요한 절이었지. 당나라의 장수 소정방은 백제를 멸망시키고 이 탑에 당나라가 백제를 멸망시켰다는 글을 새겨 넣었어. 국보.

용선생의 포인트

신라가 당나라와 함께 백제를 공격해 멸망시킴.

신라가 삼국 통일을 완수하다

신라와 당나라는 백제가 멸망하자 곧바로 고구려를 공격했어. 하지만 동아시아를 호령하던 고구려가 호락호락하게 무너지지는 않았지. 당시 고구려의 권력자였던 **연개소문**은 고구려를 굳게 지키고 있었어. 그러나 세월이 지나 나이가 든 연개소문도 죽음을 앞두게 되었지. 연개소문은 죽기 전에 세 아들을 불러 서로 도우며 지내기를 당부했다고 해.

하지만 연개소문이 죽자 아들들 사이에 다툼이 생겼고, 동생들이 큰형인 **연남생**을 공격하자 그는 당나라로 도망가 버렸어! 당나라는 이때다 싶어 남생을 앞세워 고구려를 공격했지. 지배층이 분열된 고구려는 힘없이 무너졌어. 신라까지 고구려를 공격하자 668년 고구려는 전쟁에서 지고 말았어. 고구려의 왕인 보장왕을 비롯해서 귀족들과 백성들까지 당나라에 포로로 끌려갔고, 고구려는 결국 멸망하고 말았지(고구려 멸망, 668년).

하지만 이대로 끝난 게 아니었어. 사실 신라와 당나라가 처음 손을 잡을 때, 백제와 고구려를 멸망시키고 대동강 남쪽은 신라가, 대동강 북쪽은 당나라가 갖기로 약속했었거든. 그런데 막상 두 나라가 멸망하자 당나라는 신라까지 차지하겠다는 속셈을 내보인 거야! 신라도 당하고만 있을 수는 없었지. 신라는 백제 땅의 당나라 군대를 기습 공격했어. 예상치 못한 공격에 당나라 군대는 많은 군사를 잃고 쫓겨났지. 이때부

연개소문(?~666)
고구려 말기의 장군이자 권력자야. 고구려의 천리장성을 쌓은 총책임자였어. 반란을 일으켜 최고 권력자가 되었지.

터 두 나라 사이에 전투가 끊이질 않았어. 그리고 이때 자연스럽게 옛 백제와 고구려의 백성들도 신라 편에 힘을 보태었지.

☆ 시험에 꼭 나와!

신라는 **매소성**과 **기벌포**에서 당나라 군대를 크게 물리치고 676년에는 한반도에서 당나라 군대를 완전히 몰아냈어. 마침내 **삼국 통일**을 완성한 거야!

✔ 서술형 단골 문제야!

당나라를 끌어들여 백제와 고구려를 멸망시킨 신라의 삼국 통일을 어떻게 봐야 할까? 신라가 통일을 이룰 수 있었지만, 고구려 대부분의 땅을 잃어버리고 말았지.

하지만 잘 생각해보면, 신라의 입장에선 어쩔 수 없는 선택이었을지도 몰라. 백제나 고구려에 비해 상대적으로 힘이 약했던 신라인데다가 두 나라가 계속해서 신라를 공격하고 있었거든. 두 나라를 멸망시키지 않으면, 신라가 먼저 사라질지도 모른다는 두려움이 있었을 거야. 게다가 비록 당나라의 힘을 빌렸지만, 마지막에 당나라를 한반도에서 완전히 몰아냈지.

그리고 통일 전쟁을 벌이기 이전의 세 나라는 서로가 같은 민족이라고 생각하지 않았어. 삼국끼리의 전쟁이 진행되는 과정에서 조금씩 **같은 민족**이라는 생각이 생겨난 거지. 신라가 삼국을 통일함으로써 우리 민족이 하나로 뭉쳐 새로운 민족 문화 발전을 이룰 수 있는 기반이 마련된 거야.

용선생의 포인트

신라가 고구려를 멸망시키고 당나라 군대를 몰아내어 삼국 통일을 완성함.

통일 신라, 기틀을 다지다

더 알려 줄게!

신문왕의 왕권 강화

신문왕이 왕위에 오르고 얼마 지나지 않아 장인인 김흠돌이 반란을 일으켰어. 신문왕은 반란을 진압하고 관련된 귀족들을 모두 강하게 처벌했는데, 왕권을 강화하려는 신문왕의 의도가 깔려 있었지.

통일을 이룩한 문무왕의 뒤를 이어 왕이 된 신문왕은 두세 배쯤 넓어진 땅과 백성들을 어떻게 잘 다스릴까 고민했어. 신문왕은 먼저 지방 제도를 정비했어. 전국을 9개의 주로 나누고, 각 주에 '군'과 '현'을 두었지. 지금도 경기도, 충청도, 강원도가 있고, 그 안에 군이나 시가 있는 것처럼 말이야.

또 경주가 한반도의 동쪽 끝에 치우쳐 있는 점을 보완하기 위해 5소경을 만들었어. 소경은 작은 수도라는 뜻인데, 지방의 중심지 역할을 한 곳이야. 충주, 청주, 남원, 원주, 김해가 바로 소경 지역이었어. 5소경에는 경주에 살던 왕족과 귀족들 중 일부를 옮겨 살게 했어. 신라의 귀족들을 전국에 퍼트려 그곳의 백성들이 모두 신라 사람이라는 생각을 가질 수 있도록 한 거야. 또 힘 있는 귀족들을 뿔뿔이 흩어지게 해 세력을 약화시키려는 목적도 있었지.

한편으로는 왕의 뜻을 잘 받들어 정책을 실행할 관리들을 키워 내기 위해 '국학'이라는 학교도 세웠어. 국학에서는 유교를 가르쳤는데, 유교엔 왕에게 충성하라는 가르침이 담겨 있어서 신문왕의 입맛에 딱 맞았던 거지.

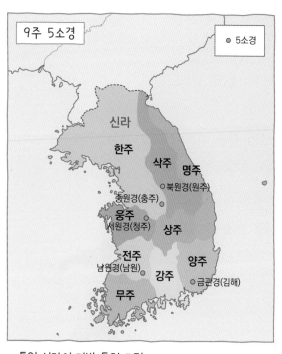

9주 5소경

● 5소경

신라
한주
삭주
명주
북원경(원주)
중원경(충주)
웅주
서원경(청주)
상주
전주
남원경(남원)
양주
강주
금관경(김해)
무주

▲ **통일 신라의 지방 통치 조직**
신문왕이 만든 지방 통치 조직이야. 주 아래에는 군과 현이 있어. 특별 행정 구역인 5소경에는 옛 고구려·백제·가야의 귀족을 일부 옮겨 살게 했어.

또 수도를 지키는 군대인 **9서당**을 만들었는데, 여기에는 신라 사람들뿐만 아니라 고구려, 백제, 심지어 말갈 사람들까지도 들어갈 수 있었어. 신문왕은 이를 통해 백제, 고구려 출신의 사람들도 신라의 백성으로 거듭나길 바랐던 거야.

신라는 외국과의 관계도 안정시켜 나갔어. 당나라와도 곧 화해하고 친하게 지냈지. 신라는 당나라와 활발하게 교류하면서 서역의 국가들과도 교류할 수 있었어.

저 멀리 서역의 상인들은 경주까지 와서 신라의 물건을 사고 서역의 물건을 팔았어. 금과 은으로 만든 신라의 장식품은 아름다워서 인기가 좋았지. 신라의 인삼도 유명해서 많이 사갔다고 해. 또 반대로 페르시아 양탄자, 상아, 후추 등 외국의 값비싼 물품들을 가져와 팔았지.

신라 사람들도 바닷길을 통해 여러 나라로 가서 물건을 사고팔았어. 당나라에는 '**신라방**'이라고 하는 신라 사람들이 모여 살던 마을이 생겼어. 신라인들의 관청인 '**신라소**'와 신라인들의 절인 '**신라원**'도 있었다고 해. 이처럼 외국과의 활발한 교류로 신라는 더욱더 다양한 문화를 발전시킬 수 있었지.

▲ **신라 촌락 문서**

신라의 토지 문서야. 마을의 인구, 경작지의 종류와 넓이, 가축과 나무의 종류와 수 등이 적혀 있어. 이를 3년마다 조사해 어떻게 변화했는지도 기록했지. 신라인의 살림살이를 알려 주는 귀한 자료야.

 더 알려 줄게!

장보고의 활동

장보고는 신라 출신으로 당나라에 건너가 군인이 되었어. 뛰어난 활 솜씨로 명성을 떨친 장보고는 신라로 돌아와 청해(전남 완도)에 군사 기지인 진을 설치할 것을 건의했어. 왕의 허락으로 청해진을 설치한 장보고는 동아시아의 중계 무역을 장악해 막대한 부를 축적했어. 장보고는 신라뿐 아니라 중국과 일본에까지 이름을 떨쳤다고 해. 중국 법화원이라는 절에는 장보고를 기리는 동상도 세워져 있어.

 용선생의 포인트

통일 신라가 제도를 정비하고,
외국과 활발하게 교류하면서 문화를 발전시킴.

화려한 부처님의 나라

통일 신라는 부처님의 나라라고 불릴 만큼 곳곳에 많은 절과 불상, 탑이 세워졌어. 신라 문화의 중심에 불교가 있었다고 해도 과언이 아닐 거야.

신라에서 불교가 크게 일어나는 데 큰 역할을 한 인물들이 있어. 바로 원효와 의상이지. 둘에게는 재미있는 일화가 전해져 와.

원효와 **의상**은 불교를 더 깊이 이해하기 위해서 함께 당나라로 유학을 떠나기로 했어. 유학길에 오른 어느 날, 둘은 어떤 동굴에서 밤을 보내게 되었어. 잠을 자던 원효는 한밤중에 목이 말라 깜깜한 동굴 속에서 손으로 더듬더듬 물을 찾아 물이 담긴 바가지를 발견하고 시원하게 들이켰지. 그런데 다음 날 아침, 원효는 깜짝 놀랐어. 두 사람이 잔 곳은 굴이 아닌 무덤이었고, 바가지에 담긴 물은 해골에 고인 썩은 물이었던 거야! 원효는 이 해골 물을 마셨다는 사실에 구역질이 났어. 그러다 문득 깨달았어.

'어제는 그렇게 시원하고 달달하다고 느꼈는데, 해골에 담긴 물인 걸 알자 구역질이 나다니. 아! 세상의 모든 것은 결국 마음 먹기에 달려 있구나!'

> 어젯밤 그토록 시원하게 들이켰던 물이 해골 물이었다니…!

깨달음을 얻은 원효는 당나라로의 유학을 포기하고 신라로 돌아왔어. 신라로 돌아온 원효는 자신의 깨달음을 널리 알리기 위해 많은 책을 써서 남겼지. 그리고 책을 읽지 못하는 백성들을 위해서 부

 영심이는 궁금해!

『대승기신론소』, 『금강삼매경론』, 『십문화쟁론』. 이 어려운 제목들은 뭔가요?

바로 원효가 쓴 책 이름들이야. 불교의 어려운 사상을 원효가 나름대로 해석해서 남겨 둔 책이지. 아무나 쉽게 할 수 없는 일이었어. 덕분에 중국과 일본에서도 찾을 뿐만 아니라 승려가 아닌 학자들도 읽고 감탄할 정도로 잘 정리된 책들이라고 해.

처님의 말씀을 노래로 만들어서 퍼뜨렸어. 원효 덕분에 **일반 백성에게도 부처의 가르침이 전해지게 되었지.**

한편 의상은 그대로 당나라로 유학해 수준 높은 불교 지식을 배우고 돌아와 신라에 많은 절을 지었어. 덕분에 수도 경주뿐만 아니라 지방에까지 불교가 확산될 수 있었지. 두 사람은 불교를 왕이나 귀족은 물론 일반 백성들에게까지 보급한 데 가장 앞장섰던 인물들이라고 할 수 있어.

온 백성에게 널리 퍼진 불교는 뛰어난 문화재도 남겼어. 통일 신라의 불교문화를 대표하는 문화재가 바로 **불국사와 석굴암**이야. 불국사와 석굴암은 세계 문화유산에 등재될 정도로 그 가치를 높게 평가 받고 있는 자랑스러운 우리 유산이란다.

불국사에서도 가장 유명한 건 바로 절 가운데 세워진 **불국사 삼층 석탑**과 **다보탑**이야. 불국사 삼층 석탑은 보통 **석가탑**이라고 불려. 얼핏 소박해 보이지만, 높이와 너비의 비례가 멋진 조화를 이루고 있어. 다른 절에서도 석가탑과 비슷한 탑을 많이 볼 수 있는데, 대부분이 이 석가탑을 모델로 삼은 거라고 해. 다보탑 역시 어디서 많이 본 것 같지 않니? 바로 10원짜리 동전의 주인공이란다. 다른 나라에서는 볼 수 없는 화려하고 독특한 탑이지.

석굴암은 사람이 돌을 쌓아 굴처럼 만든 절이야. 정말 대단한 솜씨지! 이렇게 돌을 쌓으려면 돌 하나하나의 형태와 위치를 아주 정확하게 계산해서 만들어야 해. 신라 사람들의 뛰어난 과학 기술을 엿볼 수 있어.

혜초(704~787)

통일 신라의 유명한 스님으로 혜초도 있어. 그는 당나라뿐만 아니라 부처님이 태어난 인도까지 다녀와 그때 보고 느낀 점을 기록해 책을 냈어. 이게 바로 『왕오천축국전』이라는 책이야. 이 책은 8세기 인도와 그 주변을 기록한 유일한 자료이자, 현재 남아 있는 우리나라 최초의 외국 기행문으로 그 가치가 매우 높단다.

용선생의 포인트

원효와 의상 등이 신라에 불교를 널리 퍼뜨림.
불국사와 석굴암은 통일 신라를 대표하는 불교문화임.

자랑스런 문화유산, 불국사와 석굴암

석가모니의 사리가 없어도 지금은 절에 탑을 세우는 건 당연해졌지!

▲ 불국사 전경
불국사란 이름은 '부처님의 나라'라는 뜻이야. 신라 사람들이 생각한 부처님의 나라를 현실에 꾸민 게 바로 불국사지.

탑은 석가모니의 유골인 사리를 보관하기 위해 만들었어!

다보탑 ▶
어디에서도 찾아보기 힘든 독특하고 화려한 모습의 탑이야. 불교 경전 내용에 따라 석가탑은 현재의 부처이고, 다보탑은 과거의 부처를 상징한다고 해. 국보.

◀ 불국사 삼층 석탑
이상적인 비례로 한국 석탑의 교과서가 된 석탑이야. 국보.

▲ 무구정광대다라니경
석가탑을 해체·보수하는 과정에서 나온 책이야. 세계에서 가장 오래된 목판 인쇄물이라고 해. 국보.

석굴암 석굴 ▶
신라의 김대성이 현재의 부모를 위해서 불국사를,
전생의 부모를 위해서 석굴암을 만들었다는 전설이
있어. 창건 당시의 이름은 석불사였어. 국보.

주실

비도(통로)

전실

석굴암 천장은
둥근 모양으로 쌓아
올린 아치형이래!

신기하다,
얼른 보러 가자!

▲ 석굴암 본존불
석가모니 부처가 연꽃 위에 앉아 있어. 천장은 네모난 커다란 돌을 쌓아 돔형을 만들었어.
돌의 무게만 20여 톤이 넘어. 세계적으로도 보기 드문 뛰어난 기술이지.

고구려의 뒤를 이은 발해

신라가 한반도 남쪽을 재정비하는 동안, 옛 고구려 땅에서는 고구려 유민들이 당나라에 계속 저항하고 있었어. 당나라는 이를 막기 위해 고구려 사람들을 저 멀리 중앙아시아 등 여러 지역에 강제로 이동시켰어. 당나라 관리들은 이렇게 끌려온 고구려 사람들을 업신여기고 못살게 굴었지.

옛 고구려의 장수였던 **대조영**은 당나라의 횡포를 더 이상 두고 볼 수 없었어. 대조영은 고통 받던 고구려와 말갈족 사람들을 이끌고 당나라를 탈출해 옛 고구려 땅으로 돌아왔지. 당시 당나라를 통치하던 측천무후는 이들을 가만히 내버려 두지 않았어.

"감히 도망을 가? 괘씸한 것들. 당장 이것들을 잡아 와라!"

대조영은 고구려와 말갈 사람들을 이끌고 당나라 군대를 피해 동쪽으로, 동쪽으로 이동했어. 하지만 당나라 군대는 포기할 생각을 하지 않았지. 대조영은 결단을 내렸어.

"언제까지 도망만 칠 수 없으니 당나라 군대와 한 번은 부딪쳐야 할 것 같소. 당나라 군대에 비해 우리는 수가 적으니 천문령의 깊은 계곡에 숨어 당나라 군대를 유인해 한꺼번에 공격합시다."

그리고 당나라 군대가 천문령에 들어선 순간, 대조영과 사람들은 총공격하여 당나라 군대를 크게 무찔렀어. 천문령 전투에서 패한 당나라 군대는 더 이상 대조영 일행을 쫓지 못했지.

측천무후(624~705)
중국 역사상 유일한 여자 황제야. 측천무후는 원래 당나라의 황후였는데, 나라 이름을 '주'로 고치고 스스로 황제가 되어 15년 동안 중국을 다스렸어.

당나라 군대의 추격을 물리친 대조영은 동쪽으로 더 가서 동모산에 이르렀어. 그리고 스스로를 '고왕'이라고 부르며 나라를 세우고, 나라 이름을 '발해'라고 했어(발해 건국, 698년).

대조영의 뒤를 이은 무왕은 당나라에 맞서기 위해 힘을 키웠어. 당나라가 호시탐탐 발해를 노렸거든. 무왕은 오히려 먼저 당나라를 공격해 발해가 만만치 않다는 걸 보여 줬지. 이후 당나라는 감히 발해를 공격할 엄두를 내지 못했어.

무왕의 뒤를 이은 문왕은 당나라와 싸우기보다 친하게 지내며 발해를 더 발전시켜야겠다고 생각했어. 문왕은 당나라의 유학과 불교, 앞선 제도들을 적극적으로 받아들이고, 당나라의 수도인 장안성을 본떠 상경성을 만들었어.

용선생의 포인트
대조영이 발해를 건국하고 무왕과 문왕이 발해를 발전시킴.

 영심이는 궁금해!

장안성은 어떤 곳인가요?
당나라의 수도인 장안성은 동양과 서양의 문화 교류가 이루어지던 실크로드의 시작점이자 종착점이었고, 세계 여러 나라 사람들로 붐비던 국제적인 도시였어.

발해의 발전과 문화

문왕 때 세운 상경성은 외국과 교류하는 큰 길과 연결되어 있었어. 다섯 갈래의 큰 길은 당나라, 통일 신라, 일본, 거란 등으로 갈 수 있었어. 발해는 이 길을 통해 주변 나라들과 교류하면서 문화를 풍성하게 했지.

발해는 제10대 왕인 **선왕** 때 전성기를 맞았어. 동쪽으로는 연해주, 서쪽으로는 요동 지역 깊숙이 진출했지. 또 남쪽으로는 대동강, 북쪽으로는 헤이룽강 지역까지 세력을 넓혔어. 전성기 때 고구려보다 더 큰 영토를 차지했단다.

발해의 강성한 모습을 보고 당나라에서는 '바다 동쪽의 번성한 나라'라는 뜻으로 발해를 '해동성국'이라고 불렀어. 발해가 얼마나 번성했는지 **해동성국** 이 단어 하나만으로도 알 수 있겠지?

☆ 시험에 꼭 나와!

남쪽엔 신라, 북쪽엔 발해! 발해의 교통로는 당, 거란, 일본, 신라까지 뻗어 있어!

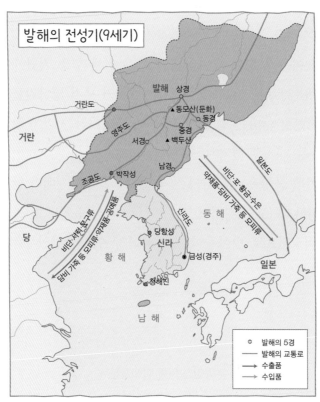

발해의 전성기(9세기)

▲ 발해 석등

▲ 팔보 유리정

▲ 용머리 석상

상경성에서 발견된 발해의 유물이야. 모두 고구려의 유물과 닮은 모습이야. 발해 석등에는 고구려 유물에서 자주 보이는 연꽃무늬가 새겨져 있어. 팔보 유리정은 우물인데 입구는 팔각형, 내부는 원형인 고구려의 우물 양식을 이어받았지. 용머리상도 마찬가지야. 용머리상은 길게 나온 뒷면을 벽면에 끼워 건물을 튼튼하게 만드는 거야.

발해는 고구려 문화를 바탕으로 독자적인 문화를 만들었어!

발해의 유물이나 무덤의 벽화를 보면, 고구려의 것과 굉장히 비슷해서 얼핏 봐서는 구분이 어려운 경우도 있어. 유물과 유적들을 통해 발해가 고구려를 이은 나라라는 점을 알 수 있지. 발해는 일본에 가서도 자신들의 왕을 '고려(고구려)의 국왕'이라고 표현했거든. 발해인들이 스스로 고구려를 이은 나라라고 생각했다는 증거야. 발해도 고구려나 신라, 백제처럼 불교를 널리 믿어서 곳곳에 많은 절과 석탑이 세워졌어. 여기서도 당연히 고구려의 색채가 강하게 보여.

✔ 서술형 단골 문제야!

그런데 발해는 고구려 사람들만 있었던 건 아니야. 백성들의 상당수는 말갈인이었어. 이 때문에 발해의 문화에는 말갈의 문화 색깔도 섞여 있어. 문왕 이후에는 당나라와 사이좋게 지내기 시작하면서 당나라의 문화도 많이 받아들였지. 즉, 발해는 고구려 문화를 바탕으로 당나라 문화, 말갈 문화 등 여러 문화가 섞여 발해만의 독자적인 문화를 이룩한 거야.

용선생의 포인트

고구려의 문화를 계승한 발해가 해동성국으로 불리며 크게 번성함.

저물어가는 신라

 더 알려 줄게!

골품제에 좌절한 최치원
최치원은 18세의 나이에 당나라 관리 시험에 합격할 정도로 실력이 뛰어났지만, 신라에서는 6두품이라는 신분적 한계에 막혀서 할 수 있는 일이 별로 없었어. 실망한 최치원은 결국 벼슬을 버리고 떠나고 말아.

신라는 후대로 갈수록 나라의 상황이 어지러워졌어. 여기에는 앞서 보았던 '골품제'라고 하는 신분제의 영향이 컸던 것으로 생각돼. 능력이 있어도 정치에 참여할 수 없었던 사람들은 좌절할 수밖에 없었거든. 게다가 진골 귀족 가운데서도 높은 자리에 오를 수 있었던 것은 태종 무열왕의 후손들이었어. 그 외에는 진골 출신이라고 해도 차별받는 경우가 많았지. 결국 불만을 가진 진골 귀족들이 반란을 일으켜 **혜공왕**을 죽였어.

이때부터 너도나도 왕이 되겠다고 진골 귀족 사이에 본격적인 왕위 다툼이 시작되었어. 약 150여 년간 왕이 20번이나 바뀌었다고 하니, 얼마나 다툼이 심했는지 짐작이 가지?

이처럼 귀족들이 권력 싸움을 벌이는 동안 백성들의 삶은 팍팍해져갔어. 정치가 이렇게 혼란스러운데도 귀족들은 사치와 향락을 즐겼거든. 지방에서는 세력을 키운 자들이 등장해서 신라에 반기를 들기 시작했어. 신라 왕실은 뒤늦게 백성들을 달래려 했지만 능력 있는 이들을 등용할 방법도 없었지. 삼국을 통일하고 화려한 전성기를 누렸던 통일 신라도 이렇게 저물어가고 있었어.

용선생의 포인트

신라 후대에 귀족들의 다툼과 신라에 반기를 드는 사람들이 나타남.

왕수재의 **역사 노트**

1. 수나라와 당나라를 물리친 고구려

① 중국 수나라가 고구려에 쳐들어오자 을지문덕이 살수에서 크게 물리침(살수 대첩).

② 중국 당나라가 고구려에 쳐들어오자 고구려군이 안시성에서 크게 물리침.

　　흙산 무너진 거 기억나지?

→ 고구려가 민족의 방파제 역할을 함.

2. 삼국을 통일한 신라

| 신라가 당나라와 동맹을 맺음 (나당 동맹). | ⇨ | 신라군과 당나라군이 백제를 무너뜨림(660년). | ⇨ | 신라군과 당나라군이 고구려를 무너뜨림(668년). |

| ⇨ | 신라가 백제 땅에 있던 당나라군을 공격함. | ⇨ | 신라가 매소성과 기벌포에서 당나라군을 물리침. | ⇨ | 신라가 당나라를 몰아내고 삼국 통일을 완성함(676년). |

3. 통일 신라의 발전

① 신문왕이 전국을 9주로 나누고, 5소경을 설치함.

② 신문왕이 국학을 세워 유교를 공부한 관리들을 키움.

③ 신문왕이 수도를 지키는 군대인 9서당을 만듦.

　해골 물 기억해!

④ 원효와 의상이 신라에 불교를 널리 보급함.

⑤ 불국사와 석굴암은 통일 신라를 대표하는 문화재임.

> 신라의 삼국 통일 과정 순서를 묻는 문제가 시험에 자주 출제되니까 꼭 기억하자!

4. 발해의 건국과 발전

① 고구려의 장수였던 대조영이 동모산에 발해를 세움.

② 무왕이 당나라를 공격했고, 문왕은 당나라와 친하게 지내며 발해를 발전시킴.

　　바다 동쪽의 번성한 나라

③ 선왕 때 전성기를 맞이한 발해는 당나라로부터 '해동성국'이라 불림.

④ 발해는 고구려를 계승하면서 당나라, 말갈 문화가 섞여 독자적인 문화를 가짐.

나선애의 **실력 다지기**

01 한국사능력검정시험 39회 초급

(가)에 들어갈 인물로 알맞은 것은 무엇일까?

(가) 가 이끄는 고구려군이 살수에서 수나라 군대와 싸워 큰 승리를 거두었습니다.

① 주몽
② 김유신
③ 연개소문
④ 을지문덕

02 2017 대학수학능력시험

(가)에 들어갈 내용으로 가장 알맞은 것은 무엇일까?

과정	문헌 자료
나당 동맹	진덕 여왕이 김춘추를 당에 보내 군대를 보내 줄 것을 요청하니 당 태종이 이를 허락했다.
백제 멸망	나당 연합군이 사비성을 함락하자, 피신했던 의자왕이 항복했다.
고구려 멸망	신라군이 당군과 합세해 평양성을 에워싸니, 보장왕이 항복했다.
(가)	사찬 시득이 거느린 수군이 기벌포에서 설인귀가 이끄는 군대와 싸워 이겼다.

① 옥저 정복
② 마한 정복
③ 나당 전쟁
④ 우산국 정벌

03 한국사능력검정시험 39회 초급

다음 역사 만화 장면을 볼 수 있는 전투로 알맞은 것은 무엇일까?

관창! 너는 죽기에 너무 어리다. 어서 돌아가거라.

계백! 그대는 나를 모욕하지 말고 어서 베어라.

① 기벌포 전투
② 매소성 전투
③ 안시성 전투
④ 황산벌 전투

04

빈칸에 들어갈 인물에 대한 설명으로 알맞은 것은 무엇일까?

> _____의 업적
> • 전국을 9주로 나누고, 5소경을 설치함.
> • 수도를 지키는 군대인 9서당을 만듦.

① 국학을 세웠어요.
② 화랑도를 정비했어요.
③ 동모산에 발해를 건국했어요.
④ 살수에서 수나라군을 물리쳤어요.

05

한국사능력검정시험 38회 초급

(가)에 들어갈 문화유산으로 알맞은 것은 무엇일까?

(가) 에 대해 검색해줘.

경상북도 경주시에 있는 신라의 대표적인 절이다. 석가탑과 다보탑이 있는 이 절은 1995년에 석굴암과 더불어 유네스코 세계유산으로 등재되었다.

① 금산사　　② 불국사

③ 선암사　　④ 해인사

06

밑줄 친 '이 나라'에 대한 설명으로 알맞은 것은 무엇일까?

> 이 나라의 왕들이 학생들을 자주 파견하여 고금의 제도를 배우고 익히게 하더니, 드디어 해동성국이 되었다.
>
> -『신당서』-

① 낙랑과 왜에 철을 수출했어요.

② 고구려 유민이 건국에 참여했어요.

③ 영고를 열어 하늘에 제사를 지냈어요.

④ 북진 정책을 추진해 청천강까지 영토를 넓혔어요.

07

아래 빈칸에 들어갈 나라에 대한 설명으로 알맞은 것은 무엇일까?

> 대조영은 당나라의 정치적 어지러움을 틈타 스스로를 고왕이라 칭하며 동모산 지역에 □□□□□□를 세웠다.

① 신라의 도움을 받아 세웠어요.

② 고구려 유민들로만 구성되어있어요.

③ 스스로 고구려를 이은 나라라고 생각했어요.

④ 남쪽으로 영토를 넓히기 위해 평양으로 수도를 옮겼어요.

08 　서술형 문제

신라는 당나라를 몰아내고 삼국을 통일했어. 신라의 삼국 통일이 가진 한계와 의의를 각각 한 가지씩 써보자. [3점]

_____

_____

_____

_____

고구려를 계승한 나라, 발해

옛 고구려 땅에 나라를 세운 발해.
발해의 왕들은 "발해가 고구려의 뒤를
이은 나라"라고 여겨 스스로…(중략).

발해가 멸망한 고구려를 이었다는 거군!

중국에서는 자기네들 역사라고 하던데?

일단 들어가 보면 알겠지.

고구려

발해

왼쪽이 고구려, 오른쪽이 발해의 기와네.

무늬가 약간 다르긴 해도, 쌍둥이처럼 닮았어!

다른 데로 가 볼까?

이건 치미인데, 지붕 위 양쪽 끝에 얹는 장식 기와야.

이름표가 없으면 어떤 게 발해의 치미이고, 어떤 게 고구려의 치미인지 모르겠다.

엄청 크다!

고구려

발해

애들아, 이리와 봐. 엄청 큰 지도가 있어.

발해는 어느 나라의 역사일까?

요즘 중국에서는 발해를 자기네 역사라고 우긴다고 해. 발해의 영토가 대부분 지금의 중국 땅에 있었고, 발해의 인구 대부분이 말갈족이었기 때문에 발해는 중국 소수 민족 중 하나인 말갈족의 나라라는 거지. 그런데 발해가 고구려를 계승한 우리민족의 나라임을 나타내는 결정적인 증거들이 있어. 먼저 발해는 고구려식 온돌을 사용했고 무덤 양식도 고구려랑 비슷하다는 점에서 고구려 문화의 영향을 많이 받았음을 알 수 있어. 또 발해인은 스스로 고구려를 계승했다고 생각했다는 거야. 발해 왕은 일본에 보내는 공식 문서에서 스스로를 '고(구)려 국왕'이라고 하고, 고구려의 옛 땅을 회복했다고 말하고 있어.

2 민족 문화를 발전시킨 고려

교과 연계

초등 사회(5-2) 1-2. 독창적 문화를 발전시킨 고려
중학 역사 ② III. 고려의 성립과 변천

귀주 대첩 기록화

1019년 귀주 대첩

900 · · · · · 1000

936년 후삼국 통일

개태사 철확
후삼국 통일을 기념해 지은
개태사의 무쇠 솥이야.

합천 해인사 장경판전
팔만대장경을 보관하기
위해 지은 건물이야.

1236~1251년 팔만대장경 제작

1100 〉 1200 〉 1300

1356년 공민왕 반원 개혁

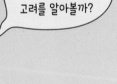

독창적 문화를
가졌던
고려를 알아볼까?

1. 후삼국의 통일
2. 고려의 발전과 활발한 대외 교류
3. 잇따른 반란으로 흔들리는 고려
4. 몽골과의 전쟁과 고려의 개혁

공민왕과 노국 공주 초상
서울 종묘 공민왕 신당에 있는 그림이야.

1. 후삼국의 통일

난 호족들의 마음을 얻어서 후삼국을 통일했지!

태조 왕건 동상
태조 왕건의 무덤 주변에서 발견된 동상이야. 실제 사람 크기와 비슷하게 제작되었지. 황제가 쓰는 모자인 '통천관'을 썼어. 평양 조선 중앙 역사 박물관 소장.

저도 왕씨 성 내려 주세요!

그럼 왕하다? 어째 좀….

난 왕씨 성을 하사받았어.

후삼국 시대가 열리다

화려한 문화를 자랑하던 신라도 9세기에 들어서는 크게 혼란스러워졌어. 귀족들은 서로 왕이 되고자 싸움을 벌였지. 자신의 아버지가 왕이 되지 못한 것에 불만을 품은 **김헌창**은 아예 새로운 나라를 세우겠다고 지방에서 반란을 일으켰어. 김헌창의 반란은 곧 진압되었지만 나라의 혼란은 더욱 심해졌지.

그런데 이렇게 나라가 혼란한 가운데에서도 귀족들은 사치스러운 생활을 멈추지 않았어. 귀족들은 어디서 돈이 생겨서 그렇게 화려하게 살았던 것일까? 바로 백성들로부터 많은 세금을 거둬들인 거야. 그러니 백성들의 생활은 말로 할 수 없을 정도로 비참했어.

"이렇게 세금을 내다가는 굶어 죽겠어. 관리들을 피해 산속으로 숨어 버리자!"

신라 말의 혼란 중에 희생된 스님을 위해 만들었대.

▲ 합천 해인사 길상탑과 탑지
합천 해인사 길상탑은 신라 말, 전란 중에 희생된 스님들을 기리기 위해 세운 탑이야. 탑 속에서 나온 탑지에는 이 탑을 세운 이유가 새겨져 있어.

곽두기 사전

초적 풀 초(草), 도둑 적
(賊). 바다에 있는 해적, 산
에 있는 산적처럼 들에 있는
도적을 초적이라고 불렀어.

결국 농민들은 살던 곳을 떠나 전국을 떠돌아다니게 되었고, 그들 가운데 일부는 도적이 되기도 했어. 이런 도적의 무리를 **초적**이라고 불렀지. 초적들은 지방의 관청이나 절을 습격하기도 했어.

나라가 혼란스러워지자 지방에서는 힘을 가진 사람이 군사를 모아 지역을 다스리기도 했어. 그 가운데 세력이 제법 커진 사람들은 스스로를 '성주' 또는 '장군'이라 불렀어. 이들을 지금은 '**호족**'이라고 해.

호족들은 여러 부류가 있었어. 예전부터 지방을 다스리던 사람들이 힘을 키워 호족이 된 경우도 있었고, 군인 출신으로 호족이 된 경우도 있었지. 또 장사로 많은 재산을 모아 호족이 되는 경우도 있었어.

곽두기 사전

유민 일정하게 머무는 곳
없이 이리저리 떠돌아다니
는 백성들을 말해.

호족들은 자신의 지역을 지키면서 세력을 키워 나갔어. **유민**들을 받아들이기도 하고 다른 세력을 흡수하기도 했지. 그렇게 힘을 키우던 호족들 가운데는 나라를 세울 정도로 힘이 커진 호족이 등장했어. 바로 후삼국 시대를 이끌었던 **견훤**과 **궁예**야.

견훤은 지방의 혼란을 안정시키기 위해 신라 중앙에서 파견된 군인이었어. 하지만 지방의 반란을 직접 목격하고는 생각이 바뀌었지.

"너도나도 힘을 키워 신라에 반란을 일으키는데, 나라고 못할 이유가 있겠는가!"

그러고는 완산주(전북 전주)에 나라를 세웠어. 새로 세운 나라의 이름은 옛 백제를 잇겠다는 뜻에서 **후백제**라고 했지.

영심이는 궁금해!

신라는 호족들의 성장을
보고만 있었던 거예요?

신라는 힘이 많이 약해졌거
든. 9세기 초반만 해도 중
앙에서 군사를 보내 지방의
반란을 진압할 수 있었어.
하지만 9세기 말 농민들이
봉기를 일으켰을 때는 중앙
의 군사들을 보내도 진압하
지 못할 정도가 됐어. 신라
는 호족들에게 관직을 주면
서 자기 편으로 묶어 두려
고 했지만, 점점 커 가는 그
들을 막지는 못했어.

이제는 칼로 세상을 구할 때다!

한편, 궁예는 신라의 왕자 출신이라고 해. 하지만 권력 다툼에서 밀려나 절에 들어가 승려로 지냈지. 그러다 세상이 혼란스러운 것을 보고 백성을 구하기 위해 자신도 뭔가를 해야겠다고 생각했어.

"썩은 신라를 무너뜨리고 새로운 세상을 열 것이다. 나를 따르라!"

백성들은 궁예를 따랐고, 궁예의 세력은 눈덩이처럼 불어났지. 그리고 마침내 송악(개성)에 도읍을 정하고 **후고구려**를 세웠어.

후백제는 지금의 전라도와 충청도 일부, 경상도 서쪽까지 차지했고, 후고구려는 경기도, 황해도, 충청도와 강원도 일부를 차지했어. 그리고 신라의 영토는 경주를 중심으로 한 경상도 일부 지역으로 줄어들었지. 이렇게 후백제와 후고구려, 신라가 서로 경쟁하는 **후삼국 시대**가 시작됐어.

🍔 더 알려 줄게!

나라 이름을 후백제, 후고구려라고 정한 이유는?

신라의 삼국 통일 이후 고구려와 백제 지역 사람들은 신라의 정치에 참여할 수 없어 큰 불만을 가졌어. 견훤과 궁예는 이런 민심을 읽고, 백제와 고구려를 잇겠다고 선언하면서 나라 이름을 후백제, 후고구려라고 지은 거야.

후삼국 시대 초기 영토

발해

송악(개성)

후고구려

동해

황해

완산주(전주)

후백제

신라

금성(경주)

남해

용선생의 포인트

신라 말 나라의 혼란을 틈타 견훤과 궁예가 후백제, 후고구려를 세움.

궁예를 쫓아내고 고려의 왕이 된 왕건

 영심이는 궁금해!

궁예는 왜 도읍을 철원으로 옮겼어요?

철원은 궁예가 처음 도읍했던 곳이야. 송악은 수도로서 여러 이점이 있었지만 주변 지역 호족들의 힘이 강해서 궁예에겐 위협이 되었지. 그래서 자신의 본거지인 철원으로 다시 도읍을 옮긴 거야. 철원은 방어에 유리하고 농사짓기도 좋았어. 하지만 큰 강이 없어서 세금을 실어 나르기 힘들다는 단점도 있었지.

 곽두기 사전

사사건건 모든 일이나 온갖 사건을 말해.

궁예는 철원으로 도읍을 옮기고 나라 이름도 **태봉**으로 바꾸었어. 그리고 계속해서 영토를 넓혀 나갔는데, 여기에는 궁예의 충실한 신하였던 **왕건**의 공이 컸지. 왕건은 나가는 전쟁마다 승리를 거둬 백성들 사이에서도 인기가 높았어.

왕건의 집안은 대대로 송악 지역에서 해상 무역을 통해 부를 쌓았다고 해. 그래서 충분한 경제력과 바다에 대한 지식을 가지고 있었지. 왕건은 자신의 이러한 장점을 이용해 바다를 통해 후백제의 후방 나주 지역을 공격해서 후고구려의 땅으로 만들었어. 이후 후백제는 북쪽과 남쪽, 양쪽에서 후고구려의 공격을 걱정해야 했지.

그런데 잘 나가던 후고구려에 먹구름이 끼었어. 궁예가 점점 난폭해지기 시작한 거야. 궁예는 **사사건건** 신하들을 의심하고 급기야 자신이 사람의 마음을 꿰뚫어 볼 수 있다면서 누명을 씌워 부하는 물론 왕비와 아들까지도 죽였어. 또 신라를 극도로 싫어해서 부석사에 있는 신라 왕의 초상화를 칼로 찢어 버리기도 했대. 그래서 신라 지역에 있던 호족들은 무서워서 궁예에게 항복할 생각을 하지 못했지. 그뿐만 아니라 철원으로 수도를 옮기면서 많은 공사를 일으켜 백성들이 매우 고통스러워했어. 궁예는 백성들의 지지로 나라를 세울 수 있었는데, 백성들마저 그에게 등을 돌렸어. 더 이상 왕 노릇을 하기 어렵게 됐지.

"궁예를 이대로 뒀다가는 우리도 목숨을 부지하지 못하고, 나라도 망할 것이야!"

신하들은 더 이상 참지 못하고 궁예를 몰아내기로 했어. 그리고 백성들의 인기를 얻고 있던 왕건을 왕으로 세우기로 했지. 왕건은 이들의 뜻을 받아들여 군사를 일으켰어. 왕건이 궁예를 쫓아낸다는 소식이 퍼지자 백성들이 여기에 호응해서 왕건의 뒤를 따랐지. 궁예는 왕건이 군사를 일으켰다는 소식을 듣고 궁궐을 빠져나와 도망쳤다고 해. 마침내 왕건은 새 나라의 왕이 되었어(**고려 건국**, 918년). 새 나라의 이름은 고구려를 잇는다는 뜻에서 **고려**라 짓고, 도읍을 송악으로 옮겼어. 이때부터 고려의 역사가 시작된 거야!

용선생의 포인트

왕건이 궁예를 쫓아내고 고려를 세움.

고려의 건국

후백제와 고려, 치열하게 경쟁하다

왕건, 힘 좀 쓰는군!

우두둑

왕건이 고려를 세운 후 후백제와 고려는 서로 눈치를 살폈어. 그러다 925년 드디어 큰 전투가 벌어졌지. 이때 두 나라는 서로 국력이 비슷한 것을 확인하고는 인질을 교환하면서 평화를 약속했어. 하지만 이 평화는 오래가지 못했지.

2년 뒤인 927년, 후백제 견훤은 신라 **금성(경주)**을 **기습 공격**했어. 신라는 실질적인 힘은 없었지만 천년이나 되는 역사를 가지고 있었기 때문에 쉽게 공격당하지는 않을 거라고 방심하고 있었거든. 그러니 견훤의 공격으로 엄청난 충격을 받았지. 견훤은 이때 금성을 짓밟고 신라 왕까지 죽였어.

한편 고려의 왕건은 이 소식을 듣고 직접 군사를 이끌고 신라를 구하러 갔어. 사실 왕건도 신라를 차지하고 싶었지만, 신라가 스스로 항복할 때까지 기다리고 있었지. 그런데 견훤이 무력으로 신라를 차지해 버리면 안 되잖아. 그래서 급하게 경주로 향했던 거야.

하지만, 견훤은 지금의 대구 지역의 공산에서 먼저 기다리고 있었어. 소수의 병사만 거느리고 달려온 왕건은 이 **공산 전투**에서 크게 패하고 말았지. 특히 왕건의 측근이면서 왕건을 왕으로 세우는 데 앞장섰던 **신숭겸**이 죽고 왕건은 겨우 목숨만 건질 수 있었어.

공산 전투 이후 왕건은 후백제와의 경쟁에서 앞서기 위해 많은 노력을 기울였어. 특히 호족들을 자기 편으로 끌어들이는 데 힘을 쏟았지. 당시에는 여전히 지방에서 독자적인 세력을 가진 호족들이 있었어. 이들은 후삼국 가운데 누구의 편을 들어야 할지 눈치를 보고 있는 상황이었거든. 왕건은 겸손한 자세로 이들에게 접근했지.

▲ 후삼국 시대 주요 전투 지역
후삼국 시대의 큰 전투는 경북 지역에서 많이 일어났어. 고려와 후백제가 신라를 차지하려고 경쟁했기 때문이야.

고려
● 송악(개성)

고창(안동)

후백제
● 선산 ● 금성(경주)
완산주(전주) ● 공산(대구)
신라

신숭겸(?~927)
신숭겸은 왕건이 궁예를 몰아내고 왕이 될 때 큰 도움을 준 장군이야. 그래서 고려 개국 공신 1등에 책봉되기도 했지. 그가 공산 전투에서 죽자 왕건이 매우 슬퍼해 그를 기리는 절을 지었다고 해.

왕건은 여러 방법으로 호족들을 자기 편으로 끌어들였어. 먼저 호족들에게 **많은 재물을 나눠 주고 높은 벼슬을 내렸지**. 또 **호족의 딸과 혼인(결혼)**을 해서 호족들을 같은 편으로 끌어들였지. 그래서 왕건의 부인이 29명이나 돼. 그리고 **자신의 성씨인 왕씨를 호족의 성씨로 주기도 했어.** 혼인을 하거나 왕씨 성을 받은 호족들은 왕실과 한 가족이 된 기분이었겠지? 왕건의 이런 노력으로 많은 호족들이 고려 편에 서게 되었어.

공산 전투에서 고려가 후백제에게 처참한 패배를 당한 지 3년이 지난 930년에 고창(안동)에서 두 나라는 다시 크게 맞붙었어(고창 전투). 고창 지역의 호족들은 누구 편에 서야 하나 고민했는데, 왕건이 호족들을 후하게 대우한다는 사실을 알고 왕건 편에 섰지. 결국 고려는 이들의 도움으로 후백제에 크게 승리했어. 이때부터 후삼국 경쟁에서 고려가 앞서가게 되었지.

🐸 장하다의 꿀 정보

왕건은 재혼왕

왕건의 호족 통합 정책을 이렇게 외웠어!

왕건은 호족들을 끌어들이기 위해, 많은 재물과 높은 벼슬을 주고 호족들의 딸과 혼인을 하고 왕씨 성을 주었어.

재혼왕

왕건은

후백제와 고려의 경쟁

하하하 / 공산 / 전하, 여기는 제가 맡겠습니다! / 크흑…. 신숭겸 장군!

장인어른! 많이 도와주셔야 합니다! / 호족들을 내 편으로 끌어들여야겠어.

같은 왕씨가 됐으니 잘해 봅시다! / 뭘 이런 걸, 하하~.

우리는 하나~ / 호족들은 왜 전부 왕건 편만 드는 거야! / 후다닥 / 고창

▲ 안동 태사묘 삼공신 유물

왕건이 안동에서 견훤과 맞서 싸울 때 큰 공을 세운 세 공신인 김선평, 권행, 장정필의 유물이야. 위에서부터 모자와 허리띠, 가죽신이야. 세 공신의 위패를 모신 태사묘에 보관되어 있어. 태사묘 관리 위원회 소장. 보물.

용선생의 포인트

고창 전투에서 승리한 고려가 후백제와의 경쟁에서 앞서 나감.

후백제의 견훤, 신라의 경순왕이 고려에 항복하다

 영심이는 궁금해!

고창 전투의 영향이 그렇게 컸나요?

고창 전투 이후에 주변 지역의 호족들이 왕건을 선택한 게 중요했지. 왕건이 호족들을 잘 대우하고 고창에서 크게 승리한 모습을 보자, 주변의 30여 개의 군현과 100여 개의 성이 고려에 항복했다고 해. 덕분에 고려의 힘이 훨씬 커지게 됐던 거야.

▼ 김제 금산사 미륵전
금산사는 백제 말기에 세워졌어. 견훤은 여기에 석 달 동안 갇혀 있다가, 자신을 감시하던 군사들에게 술을 먹여 취하게 한 뒤 빠져나갔다고 해. 중심 건물인 미륵전은 국보야.

고창 전투 이후 고려는 크게 성장할 수 있었어. 하지만 왕건은 여전히 겸손한 태도로 신라나 다른 호족들을 대했지. 왕건이 신라의 금성을 방문했을 때도 그는 조심스럽게 행동했어. 신라 사람들은 몇 년 전에 견훤이 쳐들어와 왕을 죽이고 사람들을 벌벌 떨게 했던 걸 기억하고 있었지. 그런데 왕건이 공손하게 행동하고 신라 왕을 존중하는 모습을 보이자 신라 사람들의 마음도 왕건에게 쏠리게 되었어.

한편 후백제에서는 견훤과 견훤의 맏아들 **신검**이 왕위 계승 문제를 두고 서로 다퉜어. 견훤이 신검을 탐탁찮게 여기고 다른 아들에게 왕위를 물려주려 하자, 신검이 반란을 일으켜 왕위를 차지하고 견훤을 금산사에 가둬 버린 거야. 견훤으로서는 기가 막힐 노릇이었지.

"후백제의 왕인 내가 아들에게 쫓겨나다니, 이게 무슨 꼴인가!"

견훤은 아들에게 복수의 뜻을 불태웠어. 그리고 엄청난 결심을 했지. 오랜 세월 서로에게 칼을 겨눴던 **왕건**에게 **항복**하기로 한 거야! 고려가 차지하고 있던 나주를 통해서 뱃길로 왕건에게 항복의 뜻을

전했지. 왕건도 견훤의 항복을 흔쾌히 받아들였어. 그리고 높은 벼슬과 개경에 머무를 집, 많은 재물을 내려서 견훤을 높이 대우했지.

같은 시기 신라에서도 고려에 항복하자는 의견이 많았어. 백성들뿐만 아니라 신라의 왕인 **경순왕**도 그렇게 생각했지.

"신라는 이미 기울었다. 난폭한 후백제에게 나라를 넘길 수는 없으니, 고려의 왕건에게 항복하는 것이 좋겠구나."

물론 이런 의견에 반대하는 이들도 있었어. 천년을 이어온 신라를 버릴 순 없다는 사람들이었지. 경순왕의 아들 중에도 항복을 거부한 왕자가 있었어.

"싸워 보지도 않고 신라를 버릴 수는 없사옵니다!"

"왕자는 고통스러워하는 백성들이 보이지 않는가!"

결국 경순왕이 고려에 항복하기로 결정하자 왕자는 마지막 인사를 올리고 금강산으로 들어갔어. 왕자는 이후 죽을 때까지 신라 궁궐에서 입던 비단 옷이 아니라 거친 삼베옷(마의)을 입고 생을 마쳤다고 해. 그래서 사람들은 그를 '**마의 태자**'라고 불렀지.

이런 반대를 물리치고 경순왕은 신라의 귀족과 백성들을 거느리고 고려의 개경으로 향했어. 신라의 보물을 실은 수레도 뒤따랐지. 왕건은 이들도 잘 보듬고 경순왕에게도 역시 높은 벼슬을 주어 우대했어. 경순왕을 그렇게 대우하니 신라의 신하들과 백성들도 마음을 놓았겠지?

용선생의 포인트

후백제의 견훤과 신라의 경순왕이 고려에 항복함.

후삼국을 통일하다

후백제의 견훤과 신라까지 고려에 항복했으니 왕건에게 남은 상대는 후백제의 신검뿐이었어. 드디어 마지막 싸움을 치르기 위해 두 나라의 군대가 마주했지.

그렇지만 싸우기도 전에 승패는 결정된 것이나 다름없었어. 왕건은 고려의 주력군은 물론, 왕건에게 항복한 호족의 군사들, 그리고 말갈족의 군대까지 총동원해서 10만 명이라는 대군을 이끌고 왔거든. 게다가 고려군에는 후백제를 세운 견훤까지 있었어. 견훤은 선두에 서서 후백제군을 향해 소리쳤어.

"네 이놈들! 후백제를 세운 견훤이 여기 있느니라! 누가 나와 맞서 싸우겠는가!"

엄청난 대군에 견훤까지 본 후백제의 군사들은 더 이상 싸울 마음이 생기지 않았어. 그러니 고려가 일방적으로 승리한 건 당연한 결과겠지?

신검은 마침내 왕건에게 무릎을 꿇었어. 이렇게 해서 후삼국의 전쟁이 끝나고 <u>고려가 다시 통일을 이뤄 냈어</u> ☆시험에 꼭 나와! (936년)! 왕건은 신검의 항복을 받아낸 곳에 후삼국 통일을 기념하여 개태사라고 하는 큰 절을 세웠어. 전쟁을 끝낸 것은 자신이 무력으로 승리해서가 아니라 부처님의 도움으로 된 것이라고 하면서 크게 기념했지.

▲ 개태사 철확
개태사에서 사용했던 솥이야. 수백 명의 밥을 할 수 있었다고 하니 이 절이 얼마나 컸는지 짐작해 볼 수 있겠지?

궁예나 견훤에 비해 세력이 약했던 왕건이 결국 최후의 승자가 되어 후삼국을 통일할 수 있었던 까닭은 무엇일까?

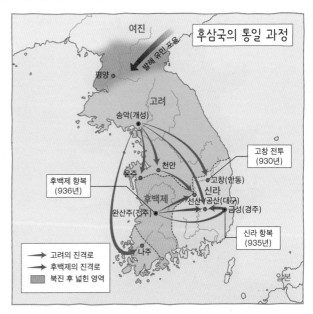

궁예는 백성들의 지지를 받았지만 호족들을 가혹하게 대했어. 게다가 수도를 옮기면서 백성들의 고통도 늘어나서 결국 백성들에게도 버림받게 되었지. 그래서 왕건은 호족들을 후하게 대우하면서도 백성들의 고통도 덜어 줄 수 있는 정책들을 시행했어. 왕이 된 직후에는 **세금을 가볍게** 해서 백성들의 부담을 줄여 주었고, 또 호족들이 백성들에게 지나치게 많은 세금을 걷지 못하게도 했지.

견훤의 후백제는 군사력에 있어서 고려보다 앞서 있었어. 하지만 신라의 금성을 짓밟고 왕을 죽이면서 신라 사람들의 마음을 얻지 못했지. 힘으로 누르기만 해서는 사람들의 마음을 얻을 수 없는 건데 말이야. 반면에 왕건은 신라를 도와주고 자기에게 항복해 오는 사람들을 잘 대우해 주니 더 많은 사람들이 모여들었던 거야.

✔ 서술형 단골 문제야!

왕건은 호족들도 끌어안으면서 백성들의 어려움도 살피고, 출신 지역에 상관없이 인재들을 대우해서 나라의 힘을 더욱 강하게 만들 수 있었던 거지.

용선생의 포인트

고려가 후백제를 물리치고 후삼국을 통일함.

왕건이 후손들에게 「훈요 10조」를 남기다

왕건의 업적은 후삼국 통일에 그치는 것이 아니었어. 왕건은 고려가 새로운 나라로서 기초를 마련하는 데 큰 역할을 했지.

왕건이 왕위에 오르고 나서 가장 먼저 했던 일 중 하나는 평양을 개발하는 것이었어. 평양은 고조선의 마지막 수도이면서 고구려의 마지막 수도야. 그런데 고구려가 멸망한 이후에는 버려져서 사람이 살지 않는 황무지처럼 되어 있었어.

왕건은 자신의 사촌 동생에게 평양을 개발하게 하고 자신도 자주 평양에 행차했어. 그러자 평양은 큰 고을이 되어서 고려 시대 내내 개경 다음 가는 도시인 **서경**으로 성장하게 됐지.

⭐시험에 꼭 나와!

고려는 이름에서 보듯이 <u>고구려를 계승한 나라</u>라고 자부하는 나라였어. 그러니 고구려의 옛 땅을 회복하려고 노력한 건 당연한 일이었지. 서경을 개발한 것도 그런 노력 가운데 하나였어. 그래서 태조 때는 북쪽으로 영토도 크게 넓혔어.

◀ 금동탑
개태사 터에서 발견된 고려 전기의 금동탑이야. 높이가 1미터가 넘어. 금속으로 만든 탑 가운데는 무척 큰 편이야. 리움 미술관 소장. 국보.

그뿐만 아니라 발해가 멸망하자 발해의 유민들도 받아들였어. 발해는 고구려 유민들이 주축이 되어 세운 나라였잖아. 그러니 고구려를 이은 고려가 발해 유민들을 받아들이는 건 이상할 게 없는 일이었지. 신라가 삼국을 통일했을 때는 고구려 땅을 대부분 잃어버리고 그 유민들 일부만 통합할 수 있었어. 하지만 고려는 발해 유민들까지 받아들여 옛 고구려의 후손까지 **포용**한 거야.

고려를 건국하고 후삼국을 통일한 왕건도 죽음을 피할 수는 없었지. 그는 죽기 전에 마지막 유언을 남겨서 후세 왕들이 지키도록 했어. 이 유언을 10가지 가르침이라는 뜻에서 「훈요 10조」라고 해. 그 내용 가운데 일부를 살펴볼까?

 ★시험에 꼭 나와!

 ★시험에 꼭 나와!

🟣 영심이는 궁금해!

발해는 언제 멸망했나요?

동아시아를 호령하던 발해도 국력이 쇠퇴했어. 이후 힘을 키운 거란이 발해를 공격해서 멸망하고 말았지. 이때가 고려와 후백제가 치열하게 경쟁하던 926년 즈음이야. 왕건은 발해의 왕자와 유민들을 받아들여 고려에서 살 수 있게 했어.

🐱 곽두기 사전

포용 남을 너그럽게 감싸는 것을 말해.

1조 불교의 힘으로 나라를 세웠으니 불교를 장려할 것.
2조 모든 절은 풍수지리설에 따라 세우고 함부로 짓지 말 것.
4조 우리나라는 사람과 땅이 중국과 다르니 중국의 제도를 억지로 따르지 말고, 거란의 제도를 본받지 말 것.
5조 2·5·8·11월 중 서경(평양)에 가서 1년에 100일 이상 머무를 것.
6조 연등회와 팔관회를 성대히 열 것.

후손들아~! 이 10가지는 꼭 지키거라.

고려는 불교가 대세이니라!

후삼국 시대에는 많은 사람들이 고향을 잃고 떠돌거나 도적떼가 되기도 하고, 또 호족들 아래에서 전쟁에 끌려가기도 했어. 태조는 이런 혼란을 겪은 백성들의 마음을 위로하기 위해서는 불교의 힘이 필요하다고 생각했지. 그래서 국가적으로 불교를 지원하라고 유언을 남긴 거야. 그러면서도 불교에 너무 빠지지 않게 절을 함부로 짓지 말라는 말도 덧붙였어.

4조에서는 다른 나라와의 관계에 대해서도 충고했어. 중국에는 고려보다 앞선 문물이 있지만, 그렇다고 해서 **무작정 중국 것을 따르면 안 된다**는 것이었지. 또 북쪽의 거란에 대해서는 앞으로 고려에 위협이 될 수 있을 것이라고 생각해서 친하게 지내서는 안 된다고 경계했어.

고구려를 잇고 북쪽으로 영토를 넓히겠다는 뜻은 서경을 중요하게 여기라는 5조에서 찾아볼 수 있어. 왕이 서경에 머문다면 이곳을 더 개발하고 사람들도 더 많이 살게 되겠지? 그러면 자연스레 북쪽으로 영향력을 넓혀 나갈 수 있을 테고 말이야.

태조는 이렇게 자신이 생각하고 추진했던 정책들을 후대의 왕들이 이어 나가길 바랐어.

용선생의 포인트

태조 왕건은 북쪽으로 영토를 넓히고, 발해 유민을 받아들였음. 후손들에게는 「훈요 10조」를 남겼음.

왕수재의 **역사 노트**

1. 후삼국 시대의 시작

① 신라가 귀족들의 왕위 다툼과 사치로 혼란에 빠짐.

② 나라의 혼란을 틈타 스스로를 '성주' 또는 '장군'이라 부르는 호족이 등장함.

③ 호족 중 견훤은 후백제, 궁예는 후고구려를 각각 세움.

⇒ 후백제, 후고구려, 신라가 경쟁하던 시대를 후삼국 시대라고 함.

2. 고려의 후삼국 통일

고려 건국(918년)

| 왕건이 궁예를 몰아내고 왕이 되어 고려를 세움. |

⇩

안동
고창 전투 승리(930년)

| 고려가 고창 전투에서 후백제에 크게 승리하면서 경쟁에서 앞서 나가게 됨. |

⇩

견훤과 신라의 항복

| 후백제의 견훤과 신라의 경순왕이 고려에 항복함. |

⇩

후삼국 통일(936년)

| 고려가 후백제를 물리치고 후삼국을 통일함. |

3. 태조 왕건의 정책

고려가 후삼국을 통일하는 과정은 시험에 꼭 나오지!

① 호족의 딸과 혼인하거나 자신의 성씨를 주는 등의 방법으로 자기 편으로 포섭해 권력을 안정시킴.

② 고구려를 계승한 나라라 자부해 서경을 개발하고 북쪽으로 영토를 넓힘.

③ 멸망한 발해의 유민을 받아들임.

④ 「훈요 10조」를 남겨 불교를 장려하고, 거란을 멀리하며 서경을 중요하게 여길 것을 당부함.

01 한국사능력검정시험 40회 초급

다음 퀴즈의 정답으로 알맞은 것은 무엇일까?

단계별로 제시된 힌트를 종합해 알 수 있는 용어는 무엇일까요?

1단계 신라 말 지방에서 나타남.

2단계 스스로 성주 또는 장군이라고 칭함.

3단계 군사를 모아 지역을 다스림.

① 양반 ② 중인 ③ 호족 ④ 문벌 귀족

02

다음 ㉠, ㉡에 들어갈 알맞은 인물을 <보기>에서 찾아 써 보자.

| <보기> 견훤 궁예 온조 주몽 |

신라 말 등장한 호족인 (㉠)은 후백제를, (㉡)는 후고구려를 세웠습니다.

㉠: _____ , ㉡: _____

03 한국사능력검정시험 37회 초급

다음 가상 다큐멘터리에서 볼 수 있는 장면으로 알맞은 것은 무엇일까?

역사 다큐멘터리 기획안

분열의 시대를 극복한 왕건

• 기획 의도
후삼국 시대의 혼란한 상황에서 왕건이 고려를 건국하고 후삼국을 통일하는 과정을 보여준다.

① #1 왕위에서 쫓겨나는 궁예
② #2 수나라군을 물리치는 을지문덕
③ #3 동모산에 발해를 세우는 대조영
④ #4 평양으로 수도를 옮기는 장수왕

04

다음 후삼국 통일 과정을 순서대로 기호로 써 보자.

㉠ 왕건이 고려를 건국함.
㉡ 고려가 후삼국을 통일함.
㉢ 신라 경순왕이 고려에 항복함.
㉣ 고려가 고창 전투에서 후백제를 이김.

_____ → _____ → _____ → _____

05

다음 왕건에 대한 설명으로 알맞지 않은 말을 하는 사람은 누구일까?

① :왕건은 불교를 장려했어요.

② :왕건은 궁예를 몰아냈어요.

③ :왕건은 견훤의 항복을 받아들이지 않았어요.

④ :왕건은 거란과 친하게 지내지 말라했어요.

06   2020 대학수학능력시험

(가)에 들어갈 내용으로 가장 알맞은 것은 무엇일까?

탐구 활동 보고서

1. 주제: 태조 왕건의 통치 체제 정비
2. 활동: 자료를 수집하고 분석해 정책을 정리했음.
3. 정리

수집자료	분석결과
백성들에게 3년간 조세와 부역을 면해 주었다.	민생 안정 정책
호족에게 왕씨 성을 내려 주었다.	(가)
서경에 백성들이 옮겨 살게 했다.	북진 정책

① 친명 배금 정책   ② 호족 통합 정책
③ 반원 자주 정책   ④ 통상 개화 정책

07

빈칸에 들어갈 말로 알맞은 것은 무엇일까?

> 나의 후손들에게
>
> 나의 뒤를 이어 왕이 될 후손들아.
> 내가 죽기 전 10가지 유언 「훈요 10조」를 남기니 명심해서 꼭 지키길 바란다.
>
>
>
> -태조 왕건-

① 불교를 멀리해야 한다.
② 중국의 제도를 무조건 따라야 한다.
③ 연등회와 팔관회를 성대히 열어야 한다.
④ 거란을 아버지처럼 생각하고 본받아야 한다.

08   서술형 문제

가장 늦게 나라를 세웠던 왕건이 어떻게 후삼국을 통일할 수 있었을까? 왕건이 후삼국을 통일할 수 있었던 까닭을 아래 단어를 이용해 간단히 써 보자. [3점]

백성	세금	호족	신라

_____

_____

_____

역사반 탐구 활동

오늘 우리가 왕건을 인터뷰 한다고요?

왕건 단독 인터뷰

왕건은 천 년도 더 전 사람인데….

에헴, 내가 왕건이다. 얼른 절을 하여라.

뭐야~. 왕수재잖아!

진짜 왕건이라고 생각하고 인터뷰를 시작해 볼까?

스물아홉 명의 부인과 결혼했다는 것이 사실입니까?

그것이….

읍절!

왜 이렇게 많은 결혼을 했죠?

부인들과 자식들 이름은 다 아시나요?

헉, 질문은 하나씩!

왕건은 통일을 위해 호족의 힘이 필요했어.

강한 호족을 내 편으로 만들 방법이 없을까?

왕건 단독

그래. 호족들과 한집안이 되는 거야!

벌떡

그래서 왕건은 힘센 호족의 딸과 결혼하거나 자신의 성씨를 나눠 줬어.

빙고

왕건이 죽은 뒤 일어난 왕위 다툼

왕건이 죽고 왕건의 큰아들인 혜종이 왕이 되었어. 그러나 혜종에게는 수십 명의 이복형제들이 있었어. 반면 혜종을 보호해 줄 외척이 없었지. 그래서 혜종은 자신의 자리를 호시탐탐 노리는 왕규와 같은 호족들 사이에서 항상 불안에 떨어야 했어. 왕규는 세력이 매우 강한 호족으로, 혜종을 죽이고 자신의 외손자를 왕으로 세우려고 했어. 혜종은 죽을 위기를 몇 차례나 겪었지만 왕규를 처벌하지 못했어. 그만큼 왕규의 힘이 강했던 거야. 그러던 중 혜종은 병에 걸려 죽고, 혜종의 이복동생인 정종이 서경의 군사들을 불러들여 왕규를 죽이고 왕위에 오르게 돼.

2. 고려의 발전과 활발한 대외 교류

논산 관촉사 석조 미륵보살 입상

고려 광종 때 만들어진 것으로 전해져. 약 18m로 아파트 6층 정도 높이야. 흔히 '은진 미륵'이라고도 불러. 충남 논산 소재. 국보.

이거 왜 이래. 고려 시대에는 나름 유행하던 스타일이야.

부처님이 참 거대하시네. 머리도 거대하고.

맞아. 수재 네 머리처럼 말이야.

정말이네. 킥킥!

고려 시대에는 개성 있는 불상들이 전국 곳곳에 만들어 졌지.

956	958	993	1019
노비안검법 실시	과거제 실시	강동 6주 획득	귀주 대첩

광종과 성종이 제도를 정비하다

왕건은 호족들을 끌어안고 후삼국을 통일했지만, 그가 죽자 고려에 다시 혼란이 찾아왔어. 호족들은 서로 권력을 차지하려고 싸웠지. 게다가 왕건은 수십 명의 부인과 아들을 두었기 때문에 **외척들**이 왕자들을 앞세워 권력을 차지하려고 했어.

제4대 임금이었던 **광종**은 강력한 왕권을 휘둘러 혼란을 잠재우려고 했지. 그는 호족들이 힘을 쓰지 못하도록 **노비안검법**을 시행해 호족들의 손발과 같은 노비를 해방시켰어.

☆ 시험에 꼭 나와!

> 🐷 **곽두기 사전**
>
> **외척** 어머니 쪽의 친척을 말해.

후삼국 시대에 많은 노비가 생겨났는데, 호족들은 이들을 사병처럼 부려서 왕권에 큰 위협이 되었어. 노비안검법은 이들을 조사해서 억울하게 노비가 된 사람들을 양인으로 풀어준 법이야. 광종이 많은 노비들을 양인으로 풀어 주자 백성들은 환호했지만 호족들의 힘은 크게 약해질 수밖에 없었지.

또 광종은 호족들을 힘으로 쳐내기도 했어. 왕권에 위협이 되는 세력이라면 개국 공신이라고 해도 가차 없이 물리쳤지. 이 과정에서 많은 사람이 죽어서 광종에 대해 좋지 않은 평가도 많아.

광종은 공신들의 힘을 약하게 하는 대신 고려의 관리로 일할 사람들을 새로 뽑았어. 시험을 쳐서 관리를 뽑는 과거제를 우리 역사 처음으로 시행한 거야. 물론 일반 농민이나 노비들까지 과거를 볼 수 있었던 것은 아니었어. 그래도 중앙의 진골 귀족들이 권력을 독차지했던 신라와는 달리 지방 출신이나 귀족보다 신분이 조금 낮은 사람들도 과거를 통해 나라의 정치에 참여할 수 있게 된 거지.

고려에는 과거제 이외에도 음서라고 하여 관리를 뽑는 방법이 있었어. 음서는 높은 관직을 지낸 사람의 자손을 시험을 보지 않고 관리로 선발하는 방법이야. 하지만 점점 과거 출신자들을 더 대우하는 분위기가 되어서, 음서로 관직을 얻었는데도 다시 과거를 치르는 사람들도 생겨났어.

고려도 신라와 마찬가지로 엄격한 신분제 사회이고, 국가의 중요한 일을 결정하는 것은 소수의 귀족들이었어. 하지만 신라에서는 정치에 참여할 기회가 아예 주어지지 않았던 하급 귀족들이나 지방 출신들도 고려에서는 자신의 능력에 따라 높은 관직에 오를 수 있는 길이 열린 거야.

더 알려 줄게!

광종에게 과거제를 건의한 쌍기

쌍기는 중국 출신인데 고려에 사신으로 왔다가 머물게 되었어. 광종은 쌍기가 유능한 인물임을 알아보고 고려의 관리로 일하게 했지. 쌍기는 중국의 경험을 바탕으로 과거제를 건의했고, 직접 감독관이 되어 관리들을 뽑았어.

광종이 고려에 일할 사람들을 새롭게 뽑았다고 한다면, 성종은 새로 뽑힌 관리들이 일할 관청을 정비했다고 할 수 있어. 성종은 당나라의 정치 제도를 본떠 고려의 중앙 정치 제도를 정비했지. 동아시아에서는 당나라의 제도가 가장 이상적인 것이라고 생각했거든. 하지만 시대와 나라가 다르니 그 제도를 그대로 들여올 수는 없었겠지? 성종은 고려의 실정에 맞춰 중앙의 관청들을 정비하고 필요한 관청은 새로 만들었어.

이뿐만이 아니야. 성종은 지방 ☆시험에 꼭 나와! 에도 관리를 파견했어. 후삼국 시대 이래로 지방에는 세금을 걷는 관리 외에는 중앙에서 관리를 파견하지 못했어. 하지만 성종 때 나라가 어느 정도 안정을 찾아가자 지방에 관리를 파견하여 중앙의 목소리가 지방까지 잘 전달될 수 있도록 했지.

▲ 5도와 양계
고려 제8대 임금인 현종은 국경 지역을 제외한 전국을 5도로 나누고, 국경 지역에는 북계와 동계를 두어 외적의 침입을 대비하게 했어. 이러한 지방 제도는 고려가 멸망할 때까지 유지되었어.

🍯 장하다의 꿀 정보

광종의 과한 왕권 강화 노력을 성종이 중지했다!

광종과 성종의 정책을 꼭 기억해!

광종은 과거제, 노비안검법을 실시하고

성종은 중앙 정치 제도를 정비하고 지방에 관리 파견했어.

용선생의 포인트

광종은 노비안검법, 과거제 등으로 왕권을 강화하고, 성종은 중앙과 지방의 정치 제도를 정비함.

거란의 침입을 서희가 물리치다

더 알려 줄게!

거란족과 고려

거란족은 중국 북쪽 지역에 살던 유목 민족이야. 태조 때는 거란에서 온 사신을 귀양 보내고, 선물인 낙타는 다리 아래에 묶어 굶겨 죽였어. 태조는 거란이 발해를 멸망시킨 것처럼 고려를 공격할지도 모른다고 생각해서 매우 경계했던 거야.

성종이 나라를 안정시키고 있을 때, 외부에서 위협이 다가왔어. 고려의 북쪽에는 **거란**이 있었는데 중국의 **송나라**를 위협할 정도로 큰 나라로 성장했지. 그 거란이 고려의 국경을 위협하기 시작한 거야.

거란은 송나라와 전쟁을 준비하고 있었어. 그런데 혹시라도 고려가 송나라와 손잡고 거란을 공격하지는 않을까 걱정됐지. 그래서 고려를 먼저 공격해서 고려와 송나라의 외교 관계를 끊어 놓으려고 했어.

993년 거란 장군 **소손녕**은 많은 군사를 이끌고 압록강을 건너 고려로 쳐들어왔어. 고려의 성종도 이에 맞서려고 했지. 하지만 거란군이 고려군을 무너뜨리고 계속해서 내려오고 있다는 소식을 듣게 됐어. 당시 신하들은 겁을 먹고 거란에게 항복을 하자고 했어. 하지만, 이런 의견에 반대한 사람이 있었어.

"제가 거란의 소손녕과 만나 **담판**을 짓도록 하겠사옵니다!"

이렇게 나선 사람은 고려 최고의 외교관으로 꼽히는 **서희**였어. 서희가 담판에 나서자, 소손녕은 다음과 같이 말했어.

"거란이 옛 고구려의 땅을 차지했으니 고구려의 영토였던 고려 북쪽의 땅도 내놓으시오!"

그러자 서희가 맞받아쳤지.

"무슨 소리요! 고려는 고구려를 이어 나라 이름도 고려라고 하지

곽두기 사전

담판 맞선 관계에 있는 쌍방이 이야기를 나누어서 누가 옳고 그른지 판단하는 거야.

않았소! 사실 거란이 차지한 요동도 고려가 차지해야 할 땅이오!"

고구려의 땅을 차지하겠다는 소손녕의 주장에 서희는 고려야말로 고구려를 이은 나라라고 맞받아친 거야. 소손녕이 고구려를 말한 건 사실 구실에 지나지 않았어. 소손녕의 본심은 고려가 송나라와 손잡지 못하게 하려는 것이었지. 서희도 이를 꿰뚫어 보고 있었어.

"압록강 근처에 여진족이 길을 막고 있으니 이 땅을 고려가 차지하게 해 준다면 거란과 친하게 지낼 것이오!"

결국 소손녕은 서희의 말에 설득당해 압록강 동쪽의 땅을 고려의 영토로 인정하기로 하고 군대를 돌려 거란으로 돌아갔어. 서희의 담판으로 얻게 된 땅을 압록강 동쪽의 6개 고을이라는 뜻으로 <u>강동 6주</u>라고 해. 땅을 빼앗기고 항복할 상황이었는데, 외교 협상으로 전쟁을 끝내고 오히려 영토를 크게 넓힌 거야!

▲ 강동 6주
강동 6주는 오늘날 압록강과 청천강 사이에 있는 넓은 지역이야. 고려는 이 지역에 성을 쌓아 완전히 고려의 영토로 만들어 버렸어. 이 지역은 거란과 고려 사이에 위치해서 전략적 요충지가 되는 곳이었지.

용선생의 포인트
서희가 거란의 1차 침입을 물리치고 강동 6주를 획득함.

계속된 거란의 침입과 귀주 대첩

더 알려 줄게!

고려의 정변

고려의 권력자였던 김치양이 목종을 쫓아내려 한 사건이 일어났어. 하지만 사전에 음모가 알려져 북방의 군대를 지휘하던 강조가 반란을 진압했지. 그런데 강조는 목종을 폐위시키고 현종을 왕으로 세워버렸어. 거란은 이 정변을 구실로 고려에 쳐들어 온 거야.

거란은 이후 강동 6주의 중요성을 깨닫고 이 땅을 돌려달라고 고려에 요구했어. 하지만 고려가 그렇게 중요한 땅을 돌려줄 리가 없잖아? 거란은 힘으로라도 빼앗아야겠다고 생각하고 고려를 공격할 구실이 없나 찾고 있었지. 그러다 고려에서 정변이 일어났는데, 거란이 정변의 주동자를 처벌하겠다는 이유로 다시 쳐들어왔어.

거란군은 고려의 주력 부대를 격파하고 개경으로 향했어. 고려의 왕 **현종**은 거란군을 피해 남쪽으로 피란하기로 했지. 현종이 **나주**까지 피란하는 동안 거란군은 개경을 함락시키고 고려 궁궐을 짓밟았어. 그리고 현종에게 항복을 요구했지.

사실 이때 거란군의 사정도 아주 좋았던 건 아니야. 개경을 함락하면 고려가 항복하고 전쟁에 이긴 채로 돌아갈 수 있을 거라 생각했거든. 그런데 웬걸, 고려의 왕은 남쪽으로 도망가 버렸고 후방에서는 항복하지 않은 고려군이 계속 반격해 오는 거야. 특히 **양규**가 이끄는 고려군의 계속된 공격으로 거란군도 고려에 오래 머물러 있기는 힘들었어.

현종이 거란에게 항복하겠다는 약속을 하자 거란군은 급히 군대를 돌렸지. 이때 고려군은 돌아가는 거란군을 공격해 큰 피해를 입히기도 했어. 이렇게 거란의 2차 공격은 고려와 거란 모두에게 큰 피해를 주고 마무리되었지.

양규(?~1011)

양규는 강동 6주의 하나인 흥화진을 지키던 장수였는데, 거란이 쳐들어오자 성을 굳게 지켰지. 이후 거란군이 남쪽으로 내려가자 거란군의 뒤를 계속 공격해 큰 피해를 주었어. 또 돌아가는 거란군을 공격해서 큰 피해를 주었지만, 마지막 전투에서 죽고 말았어.

> 또 쳐들어왔네.
> 지겹지도 않나?

> 얍!

하지만 거란과 고려의 전쟁은 완전히 끝난 게 아니었어. 거란은 고려의 항복을 받아 내기는 했지만, 강동 6주는 여전히 고려의 땅이었지. 또 고려의 왕이 직접 항복하러 오겠다는 약속도 지켜지지 않고 말이야. 결국 거란은 다시 군사를 일으켰어!

1018년 거란의 10만 대군이 또다시 고려로 쳐들어왔어. 하지만 이번에는 고려도 당하고만 있지 않았지. 고려의 현종은 **강감찬**을 고려군의 총사령관으로 임명했어. 강감찬은 강동 6주 가운데 하나였던 **흥화진**으로 달려가서 거란군을 막았지. 거란군은 고려군의 기습 공격에 놀라긴 했지만 크게 개의치 않고 개경으로 향했어. 고려의 성들을 하나하나 점령해서는 고려에게 이기기 어렵다고 생각한 거야.

"고려의 왕이 또 도망가 버리기 전에 우리가 붙잡아야 한다!"

고려군도 이러한 생각을 알고 있었어. 그래서 거란군이 가는 길목마다 군사를 배치해 거란군의 속도를 늦추고 힘이 빠지게 만들었지. 물론 개경의 수비도 충분히 준비가 되어 있었지.

거란군이 개경 근처에 도달했더니 개경의 방어 태세는 공격할 엄두가 나지 않을 정도였어. 게다가 급하게 개경으로 향하느라 군대의 보급도 어려웠지. 결국 거란군은 후퇴를 결정했어. 하지만 강감찬은 거란군을 곱게 돌려보낼 생각이 없었지.

강감찬(948~1031)
장군으로 알려진 강감찬은 사실 과거 급제자 출신의 문관이야. 허름한 옷을 입고 체구도 작았다고 해. 하지만 위엄이 있었고 작전을 짤 때는 과감했다고 해.

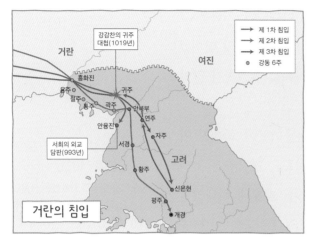

거란의 침입

"고려군은 모두 귀주로 모여라! 거란과의 악연을 여기서 끝내자!"

흥화진과 마찬가지로 강동 6주의 하나였던 귀주에서는 굉장한 전투가 벌어졌어. 거란과 고려, 그리고 동아시아의 판도를 뒤흔들 전투였지. 이 전투에서 결국 고려군이 거란군을 크게 물리쳤어. 10만의 거란 군사 중에서 살아 돌아간 숫자가 고작 수천 명이 ☆시험에 꼭 나와! 었다고 해. 이 전투가 바로 **귀주 대첩**이야(1019년).

귀주 대첩이 고려의 승리로 끝나자 동아시아 정세도 바뀌었어. 그 전에는 거란이 고려와 송나라를 위협하면서 전쟁이 계속되었었지. 하지만 고려가 군사적으로 거란의 공격을 막아낼 수 있을 만큼 강하다는 것이 입증되자 거란 입장에서는 고려든 송나라든 함부로 공격하기 어렵게 되었어.

또 송나라에서는 거란을 견제하기 위해서 적극적으로 고려와 손잡으려고 했어. 고려 입장에서는 송나라와 거란 사이를 오가며 자신들에게 유리한 방향으로 외교를 이끌 수 있었지. ✔서술형 단골 문제야! 결과적으로 세 나라는 함부로 전쟁을 일으키기 어렵다는 것을 깨닫고, 이후 100여 년 동안 큰 전쟁이 없는 평화로운 시대가 열렸어.

 용선생의 포인트
강감찬이 귀주 대첩에서 거란군을 크게 물리침.

벽란도에서 세계와 교류하다

고려는 외국과 활발하게 교류했어. 심지어 전쟁을 벌였던 거란과도 다양한 교류가 이뤄졌지. 외국과의 교류로 고려의 문화는 더욱 풍성해지고 다양해질 수 있었어. 고려청자처럼 고려를 대표하는 문화재들도 이러한 대외 교류의 영향으로 꽃필 수 있었던 거야.

고려의 대외 교류를 알아보기 전에 「예성강곡」이라는 고려 시대의 노래에 대한 이야기를 한번 들려줄게. 옛날 중국의 상인 하두강이라는 사람이 있었는데, 고려의 예성강에 와서 아름다운 부인을 보았어. 하두강은 부인의 남편을 속여 부인을 데리고 중국으로 가려고 했지만 실패했다는 얘기야.

「예성강곡」은 예성강의 노래라는 뜻인데, 예성강은 고려의 수도인 개경 옆을 흐르는 강이야. 그리고 예성강 끝에는 **벽란도**라는 항구가 있었는데, 바다 건너 고려에 들어오는 사신이나 상인들은 모두 이곳을 통해 개경으로 들어갈 수 있었어. 중국의 상인 하두강처럼 말이야. 지금으로 따지면 외국에서 서울로 들어오는 관문인 영종도의 인천 국제공항 같은 곳이었지.

고려는 여러 나라와 교류했는데, 그 가운데서도 송나라와 가장 활발하게 무역을 했어. 그래서 벽란도에서는 송나라 상인을 비롯한 외국인들을 어렵지 않게 볼 수 있었지.

"송나라에서 가져온 비단이에요! 와서 물건들 보세요!"

"고려 인삼은 중국에서도 알아주는 특산품이지!"

청동 항해 무늬 거울 ▶
청동 거울 하단에는 구름과 바다, 넘실대는 파도를 타고 배가 항해하는 모습도 보여. 고려가 바다를 통해 외국과 활발하게 교류했다는 걸 알 수 있어. 국립 중앙 박물관 소장.

영심이는 궁금해!

거란이나 여진과는 어떻게 교류를 했나요?

거란이나 여진과는 주로 육지를 통해 교류했어. 고려는 거란과 여진에서 은이나 동물의 털가죽, 말 등을 수입했어. 대신 그들은 고려의 농기구와 곡식 등을 사 갔지. 거란, 여진과의 무역은 송나라만큼 활발하지는 않았고, 상인들보다는 주로 외교 사신들을 통해서 많이 이뤄졌어.

건원중보

은병

해동통보

▲ **고려의 화폐**
고려 시대에는 건원중보, 해동통보, 동국중보 등 여러 종류의 동전이 있었어. 이 외에도 '활구'라고 하는 은병도 화폐로 사용되었는데, 화폐의 가치가 높아서 주로 귀족들이나 무역에서 사용되었을 거라고 해.

송나라 상인들은 고려에 비단, 약재, 서적, 자기 등을 가지고 왔어. 주로 사치품이라서 고려 귀족들에게 인기가 많았지. 보통의 백성들은 살 엄두를 못 내는 비싼 물건이었지만 귀족들에게는 자신의 지위를 뽐낼 수 있는 좋은 사치품이었거든.

그러면 반대로 고려에서는 어떤 물건을 사 갔을까? 당연히 중국에서는 잘 나지 않는 물건이거나 비싸게 팔리는 물건이었겠지? 송나라 상인들은 금이나 은, 그리고 나전 칠기, 화문석, 인삼, 종이, 먹 등을 사 갔대. 금이나 은은 중국에서보다 더 싸게 살 수 있었기 때문이고, 나전 칠기나 화문석, 종이, 먹 등은 고려의 수공업 기술이 뛰어났기 때문이지. 또 인삼은 신라 시대부터 우리나라의 유명한 특산품이었고 말이야.

바다를 통해서 고려와 교류했던 나라들은 모두 벽란도를 통해 개경으로 들어왔어. 그래서 벽란도에는 송나라 상인 이외에 일본인도 간혹 볼 수 있었지. 일본과 고려는 교류가 활발하지는 않았어. 하지만 일본의 해적인 왜구가 골칫거리였기 때문에 왜구 문제를 해결하기 위해서라도 일본과 교류했지.

이들뿐만 아니라 중국 서쪽에 있는 서역의 사람들도 가끔 고려를 찾아오곤 했어. 특히 <u>아라비아 상인들</u>이 ☆시험에 꼭 나와! 고려에 왔었다는 기록이 있지. 아라비아라면 지금도 아주 먼 곳인데, 당시 사람들 눈에는 무척 신기하게 보였을 거야.

아라비아 상인들은 고려에서 잘 나지 않는 동남아시아나 서남아시아의 특산물인 **수은**이나 **향료** 등을 고려에 가져왔지. 그리고 고려의 금·은·비단 등을 가져갔어. 이들은 고려를 '코리아 (KOREA)' 라는 이름으로 불렀어.

"우리나라 이름은 고려요!"

"꼬레? 코레아!"

지금도 쓰고 있는 우리나라의 영어 이름인 코리아가 만들어지게 된 거야!

고려는 외국인들을 나라의 행사에 초대하기도 했어. 고려의 가장 큰 국가 행사였던 팔관회에 말이지. 개경에서 팔관회가 열리면 송나라의 상인이나 여진족의 추장, 아라비아의 상인들까지 참석해서 왕과 나라의 안녕을 빌며 선물을 바치고, 왕은 이들에게 고려의 특산품을 선물로 내려 주었어. 천년 전 고려에서 여러 나라의 사람이 어울려 축제를 벌이는 장면은 정말 볼만했겠지?

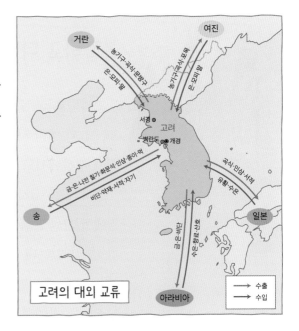

고려의 대외 교류

고려! 고려! 고려!

꼬레? 코레아? KOREA!

용선생의 포인트

고려는 벽란도를 중심으로 송나라를 비롯해 여러 나라와 활발하게 교류했음.

복잡하고 다양한 고려의 종교

고려는 여러 종교와 사상이 존중받는 나라였어. 불교와 유교, 도교, 그 외 여러 사상이 어우러져 독특한 문화를 만들어 냈지. 고려의 국가 행사에서도 이런 모습을 볼 수 있어.

☆ 시험에 꼭 나와!
고려의 큰 행사로는 <u>팔관회</u>와 함께 **연등회**가 있었어. 팔관회는 개경에서 11월 보름에, 서경에서는 10월 보름에 열렸어. 행사는 총 3일간 진행되었는데, 본 행사 전날에는 개경과 지방 관리들이 왕을 칭송하는 글을 올리면 왕이 직접 술을 내려 주었고, 본 행사일에는 외국 사신들도 참여해서 축하하는 글과 특산물을 바쳤다고 해. 팔관회가 진행되는 기간에는 일반 백성들도 궁궐에서 열리는 공연을 볼 수 있었고, 각국 상인들이 개경에 몰려들어 국가 간 무역이 이루어지기도 했어.

연등회는 지금도 열리는 불교 행사로 거리 곳곳에 연등을 달고 부처님께 소원을 비는 행사야. 고려 시대에는 2월 보름에 열렸어. 연등회가 열리는 날에 왕은 신하들과 함께 공연을 본 후 태조를 기리는 절에 가서 제사를 지냈어. 개경뿐만 아니라 각 지방에서도 열렸단다.

고려 시대의 **불교**는 사람들이 가장 많이 믿는 종교였어. 사람들의 존경을 받는 스님을 나라의 스승으로 모시는가 하면, 스님들을 뽑는 과거 시험이 따로 있을 정도였으니까 말이야.

◀ 평창 월정사 팔각 구층 석탑
고려 시대에는 각이 많고 층이 여러 개인 다각 다층 석탑이 유행했어. 각과 층이 많아서 그런지 더 화려해 보이지? 국보.

지금은 불교 신자들만 절에 가서 불공을 드리지만 고려 시대 사람들은 **일생을 절과 함께**했어. 절에서 태어나기도 했고, 절에서 글공부를 하기도 했지. 또 사람이 죽으면 절에서 장례를 지내고, 조상의 제사도 절에서 지냈어.

이렇게 사람이 많이 모이다 보니 절에서 물건의 거래가 이뤄지기도 했어. 장터처럼 말이야. 스님 가운데는 숙련된 수공업자들도 있어서 절에서 물건을 만들어 팔기도 했지. 게다가 절은 사람이 드문 곳에 있는 경우가 많아서 여행객들이 묵어갈 수 있는 숙박 시설의 역할도 했어.

이렇게 불교가 백성들의 삶과 가까이 있었으니, 나라에서는 불교를 이용해 사람들의 마음을 한데 모으고 안정시키려고 했어. 고려 왕실은 커다란 절을 세우고 불상과 탑을 만들었지. 사람들은 거대한 불상을 보면서 고려 왕실의 위엄을 느꼈을 거야. 왕실뿐만 아니라 귀족들도 앞다퉈 세력을 과시하며 큰 불상과 탑, 절을 세웠어. 고려 시대 불상들이 유난히 거대한 것도 그런 이유야.

이런 분위기 속에서 불교의 스님이 되려고 하는 사람들도 많았어. 귀족들도 예외는 아니어서 남자 형제가 여럿 있으면 셋 중에 하나만 스님이 될 수 있다는 법이 만들어지기도 했지. 귀족뿐만 아니라 왕자들도 출가해 승려가 됐어. 문종의 아들이었던 **의천**은 출가해 사람들의 존경을 받는 큰 스님으로 떠받들어졌지.

▲ 대각 국사 의천
의천은 송나라로 유학을 가서 중국과 인도의 불교 지식을 배워 왔어. 당시 고려의 불교는 경전 공부를 중시하는 교종과 수행을 중시하는 선종이 대립하고 있었는데, 의천은 두 가지를 모두 중시하는 천태종을 열어 고려의 불교를 통합했지. 나라에서는 의천을 '크게 깨달은 나라의 스승'이라는 뜻으로 대각 국사라고 부르며 존경했어.

유교도 많은 사람들에게 받아들여졌어. 불교가 개인의 행복이나 수양과 관련이 깊다면, 유교는 정치와 관련이 깊다고 할 수 있지. 유교는 공자의 가르침을 토대로 부모에게 효도하고 나라에 충성할 것 등을 주장했어. 이런 생각들은 나라를 다스리는 데 큰 도움이 됐지. 이 때문에 역대 왕들은 유교를 통치에 이용하려고 했어. 고려 시대에 들어서는 과거 시험에서도 유교가 주요 과목으로 채택되어서 그 이전보다 훨씬 깊이 있게 연구되었어.

또 도교나 풍수지리도 유행했어. 도교는 원래 중국 노자의 가르침에서 시작됐는데, 고려 시대에는 예언 사상과 결합하면서 신비스러운 경향을 띠었어. 풍수지리는 신라 말부터 유행한 사상으로 집이나 무덤, 궁궐 터를 잘 잡아야 복을 받을 수 있다는 생각이야. 태조 왕건의 「훈요 10조」에서도 풍수지리에 따라 절을 세워야 한다는 얘기가 나오지.

고려는 이렇게 여러 종교와 사상들이 복잡하게 섞이면서 독특한 민족 문화를 만들어 냈어.

 용선생의 포인트

불교, 유교, 도교, 풍수지리 등 다양한 사상이 섞이며 독특한 민족 문화를 만들어 냄.

왕수재의 역사 노트

1. 나라의 기틀을 다진 고려

① 광종: 노비안검법을 시행해 호족의 힘을 약하게 만듦.

과거제를 시행해 능력 있는 관리를 뽑음.

② 성종: 중앙 정치 제도를 정비하고 지방에 관리를 파견함.

2. 거란의 침입과 고려의 반격

거란의 1차 침입
(993년)

- 거란의 소손녕이 대군을 이끌고 고려에 쳐들어옴.
- 서희의 담판으로 강동 6주를 얻게 됨.
  압록강 동쪽의 6개 고을

⇩

거란의 2차 침입
(1010년)

- 거란이 정변을 구실로 쳐들어옴.
- 양규의 계속된 공격으로 거란군이 후퇴함.

⇩

거란의 3차 침입
(1018년)

- 거란의 10만 대군이 고려에 쳐들어옴.
- 강감찬이 귀주에서 후퇴하는 거란군을 크게 물리침. (귀주 대첩).

3. 활발한 대외 교류와 다양한 문화

① 예성강 하구의 항구인 벽란도에서 송나라를 비롯해 여러 나라와 교류함.

② 고려에 온 아라비아 상인들에 의해 '코리아(KOREA)'라는 이름이 세계에 알려짐.

③ 불교와 유교, 도교, 풍수지리 등 여러 사상이 섞이며 독특한 민족 문화를 만듦.

고려가
거란의 침입을
어떻게 막았는지
기억하기!

나선애의 **실력 다지기**

/10점

7점 이상이야? 훌륭해!
6점 이하는 다시 읽어 보자!

01   한국사능력검정시험 41회 중급

다음 인터뷰에 등장하는 왕의 업적으로 알맞은 것은 무엇일까?

① 후삼국을 통일했어요.
② 9주 5소경을 설치했어요.
③ 노비안검법을 실시했어요.
④ 지방에 관리를 파견했어요.

02

다음 빈칸에 들어갈 알맞은 인물은 누구일까?

>   은 당나라의 정치 제도를 본떠 고려의 중앙 정치 제도를 정비했어요. 또 지방에 관리를 파견해 중앙의 목소리가 지방에도 잘 전달될 수 있도록 했지요.

① 광종   ② 성종
③ 현종   ④ 태조 왕건

03   한국사능력검정시험 31회 초급

다음 다큐멘터리에서 볼 수 있는 장면으로 적절하지 <u>않은</u> 것은 무엇일까?

> **제목: 거란을 물리친 고려**
>
> • 기획 의도
> 거란과의 전쟁에서 활약한 주요 인물들에 대해 알아본다.

① 거란군과 싸우는 양규
② 외교 담판을 벌이는 서희
③ 동북 9성을 개척한 윤관
④ 귀주에서 승리를 거두는 강감찬

04   한국사능력검정시험 26회 초급

다음 외교 담판이 있었던 시기를 연표에서 알맞게 고른 것은 무엇일까?

918	936	1019	1170	1232
	(가)	(나)	(다)	(라)
고려 건국	후삼국 통일	귀주 대첩	무신 정변	강화 천도

① (가)   ② (나)   ③ (다)   ④ (라)

05
한국사능력검정시험 29회 초급

밑줄 그은 '이곳'을 지도에서 알맞게 찾은 것은 무엇일까?

예성강 하구에 위치한 이곳은 고려 무역의 중심지로 송, 아라비아 등에서 온 상인들로 붐볐어요.

① (가)　　② (나)　　③ (다)　　④ (라)

06

다음 발표에서 들을 수 있는 장면으로 알맞지 <u>않은</u> 것은 무엇일까?

<발표 주제>
고려 시대의 대외 교류

① 여진과 교류를 금지했어요.
② 아라비아 상인과도 교류했어요.
③ 벽란도에서 송나라와 교류했어요.
④ 거란에서 털가죽이나 말을 수입했어요.

07

㉠, ㉡에 들어갈 단어를 알맞게 짝지은 것은 무엇일까?

- ㉠
  고려의 중요 국가 행사로 개경에서는 11월 보름, 서경에서는 10월 보름에 열렸어요.
- ㉡
  연등을 달고 부처님께 소원을 비는 행사로 고려 시대에는 2월 보름에 열렸어요.

① ㉠: 영고, ㉡: 팔관회
② ㉠: 계절제, ㉡: 연등회
③ ㉠: 팔관회, ㉡: 계절제
④ ㉠: 팔관회, ㉡: 연등회

08
서술형 문제

고려가 거란의 3차 침입을 막아 낸 뒤, 동아시아의 정세가 바뀌었어. 동아시아의 정세가 어떻게 바뀌었는지 간단하게 써 보자. [3점]

_____

_____

_____

_____

_____

귀주 대첩을 큰 승리로 이끈 강감찬에 대해 조사해 왔지? 누가 발표해 볼까?

오늘은 제가 발표해 보겠습니다!

곽두기 멋있다! 강감찬 장군이야!

저는 강감찬입니다. 제 소개를 할 테니 잘 들어주세요.

책 읽기를 좋아했던 저는 과거 시험에서도 좋은 성적을 거두었어요.

전투에서 큰 공을 세워서 무관인 줄 알았는데…!

야호, 장원 급제!

나도!

1등

저는 몸집이 작고 잘 생긴 건 아니지만

나라에 큰일이 닥칠 때마다 큰 활약을 했어요.

거란군 2차 침입 때

폐하, 우선 몸을 피하고 뒷일을 살피소서!

임금님을 남쪽의 나주까지 피란시켰고

그대의 말이 옳다! 어서 출발하자!

적이 또 언제 쳐들어올지 모를 일! 최선을 다해 대비하자!

압

거란군 3차 침입 때

70이 넘은 나이에도 불구하고 고려군을 지휘해 승리로 이끌었어요.

나를 따르라!

으악

까당

와

와아

강감찬 장군만 따르면 우리가 승리한다!

전하, 북방에 천리장성을 쌓아 다시는 고려에 쳐들어오지 못하게 하시옵소서!

좋은 생각이네. 그리하지!

천리장성이 강감찬의 건의로 만들어졌구나!

준비성도 철저하셨네!

이상입니다!

풀쩍

다른 인물도 발표해 줘. 머릿속에 쏙쏙 들어오는걸!

두기야, 형이 떡볶이 쏠게!

두기야! 정말 잘했어!

우르르르르

누나, 형들 왜 이래…

나한테 숙제 미루기야?

별이 떨어진 곳, 낙성대

서울 관악구에는 낙성대 공원이 있어. 여기에는 강감찬을 모시는 사당과 강감찬의 동상이 있지. '낙성대'는 떨어질 락(落), 별 성(星)을 써서 별이 떨어진 곳이라는 뜻이야. 강감찬이 태어날 때 집에 큰 별이 떨어졌다는 전설이 있었는데, 훗날 사람들이 강감찬의 공을 기려서 집터에 탑을 세우고 낙성대라고 이름을 지었다고 해. 1970년대에 이 지역을 공원으로 꾸미면서 강감찬의 사당과 동상이 들어섰어.

3. 잇따른 반란으로 흔들리는 고려

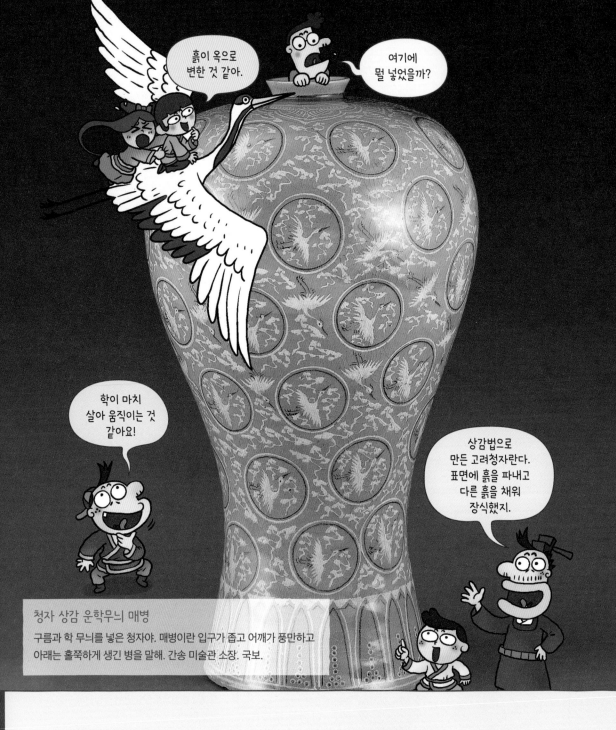

흙이 옥으로 변한 것 같아.

여기에 뭘 넣었을까?

학이 마치 살아 움직이는 것 같아요!

상감법으로 만든 고려청자란다. 표면에 흙을 파내고 다른 흙을 채워 장식했지.

청자 상감 운학무늬 매병
구름과 학 무늬를 넣은 청자야. 매병이란 입구가 좁고 어깨가 풍만하고 아래는 홀쭉하게 생긴 병을 말해. 간송 미술관 소장. 국보.

1126	1135	1170	1176
이자겸의 난	묘청의 난	무신 정변	망이·망소이의 봉기

평화로운 시대가 저물고 혼란이 시작되다

귀주 대첩 이후 100년 가까운 시간 동안 고려에는 큰 전쟁이 없었어. 하지만 이 평화가 계속되지는 않았지. 전쟁의 조짐은 고려 북쪽의 또 다른 무리인 **여진족**에서 시작되었어.

여진족은 한반도 북부와 만주 일대에 흩어져 살았어. 고려에 조공을 바치며 고려와 사이좋게 지내기도 했지만, 식량 사정이 나빠지거나 부족들 가운데 큰 세력이 나타나면 종종 고려에 침략해 백성들을 괴롭히기도 했어.

특히 12세기 즈음에는 여러 개로 흩어져 있던 부족들이 힘을 합쳐 큰 세력을 이루기 시작했어. 그러자 고려의 국경을 넘어와 약탈하는 일도 많아졌지. 고려는 국경 지역을 위협하던 여진족을 공격했지만, 오히려 여진족 군대에게 크게 패하고 말았어.

여진족과의 전투를 지휘했던 **윤관**은 왕에게 여진족과 맞서 싸울 새로운 군대를 만들자고 건의했어.

"여진족은 말을 타고 싸우는데, 우리는 보병만으로 싸우니 싸움이 되지 않습니다. 새로운 군대를 만들어야 합니다!"

윤관의 의견이 받아들여져 **별무반**이라는 군대가 탄생했어. 별무반은 기병 부대인 신기군, 보병 부대인 신보군, 승병 부대인 항마군으로 구성된 군대야.

> 더 알려 줄게!

> **여진족**
> 여진족은 고대부터 조선 후기에 이르기까지 우리 민족과 깊은 관계를 맺었어. 시대에 따라 숙신, 말갈족, 만주족 등 다양한 이름으로 불렸지. 사냥에 뛰어나던 여진족은 전쟁이 나면 용맹한 무사로 변신했어.

윤관(?~1111)
윤관은 과거에 급제한 문관이야. 숙종에게 기병 중심의 별무반을 만들자고 건의했고, 여진족을 정벌해서 큰 공을 세웠지.

윤관은 별무반을 이끌고 고려의 동북 지역으로 향했어. 여진족을 공격해서 영토를 넓히고 여진족에게 고려가 만만한 나라가 아니라는 것을 확실히 보여 주려고 했지.

별무반을 앞세운 고려군은 거침없이 쳐들어갔어. 불과 며칠 만에 여진족 마을 수십 곳을 차지하고 수천 명의 포로를 잡아들였지. 그리고 이 지역에 성을 쌓고 고려 백성들을 옮겨 살게 했어. 고려의 동북 지역에 위치한 이곳을 동북 9성이라고 불러.

하지만 동북 9성은 오래가지 못했어. 여진족이 끈질기게 이 지역을 돌려줄 것을 요청했고, 고려도 이 지역을 지키기가 쉽지 않았거든. 또 군대를 유지하는 데도 막대한 비용이 들어서 아쉽지만 고려는 이 지역을 포기하고 말았어.

이후 여진족은 금나라를 세워 거란족이 세운 요나라를 무너뜨리고 송나라까지 위협하는 큰 나라로 성장해서 고려의 또 다른 걱정거리가 되었어.

그런데 고려의 위협은 외부에만 있었던 게 아니야. 고려는 내부에서도 조금씩 흔들렸어.

◀「척경입비도」
조선 후기에 그린 그림이야. 여진족을 정벌하고 고려의 국경을 나타내는 비석을 세우는 윤관의 모습이 그려져 있어. 고려대학교 박물관 소장.

▲ 청자 상감모란문 표주박모양 주전자
국립 중앙 박물관 소장. 국보.

동아시아의 평화로운 시기가 이어지면서 귀족들은 더욱 화려한 생활을 누렸지. 신라 때도 귀족들의 사치가 문제가 되었지만, 고려 귀족들도 신라 귀족 못지않게 호화롭게 살았어.

고려를 대표하는 문화재인 고려청자는 고려 귀족들이 자주 사용하는 물품이었어. 귀족들은 청자로 주전자, 찻잔 등의 그릇은 물론이고 벼루, 베개, 책상 등의 생활용품까지 만들었어. 심지어는 청자로 기와를 만들어 지붕에 얹기도 했어.

그런데 문제는 귀족들이 이런 것들을 직접 만들었던 건 아니라는 거지. 귀족들이 이렇게 화려한 생활을 누리기 위해서는 일반 백성들이 청자를 만들고 세금을 바쳐야 했어. 귀족들이 사치할수록 백성들의 부담은 더욱 커질 수밖에 없었고 말이야.

▲ 청자 투각칠보문 뚜껑 향로
국립 중앙 박물관 소장. 국보.

귀족들은 더 많이 차지하기 위해 자기들끼리도 싸우기 시작했어. 거기에 지배층의 수탈에 신음하던 백성들까지 들고일어나면서 고려는 큰 혼란에 빠지게 되었지.

용선생의 포인트
12세기가 되면서 고려는 외부의 위협과 내부의 혼란을 맞음.

이자겸이 왕의 자리를 노리다

귀족들의 싸움은 왕실에 대한 반란으로 이어졌어. 고려의 왕 **예종**은 **이자겸**의 딸과 결혼했어. 그리고 그 사이에서 태어난 **인종**이 다음 왕이 되었지. 그런데 인종은 또 이자겸의 두 딸과 결혼했어. 자신의 이모들과 결혼한 거야! 지금으로서는 상상도 못할 일이지만, 고려 왕실에서는 가까운 친척과 결혼하는 일도 있었어. 하지만 왕이 이모와 결혼한 건 고려 왕실 전체에서도 드문 경우야. 이런 결혼이 가능했던 건 이자겸의 욕심이 남달랐기 때문이지.

 영심이는 궁금해!

가까운 친척과 결혼했다 구요?

고려 왕실은 순수한 혈통을 유지하고 왕권을 강화하기 위해 같은 핏줄을 나눈 사람들끼리 결혼하는 '족내혼'을 하는 경우가 많았어. 족내혼은 고려 후기로 갈수록 점차 사라졌어.

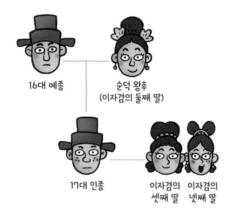

16대 예종   순덕 왕후 (이자겸의 둘째 딸)

17대 인종   이자겸의 셋째 딸   이자겸의 넷째 딸

"나 이외에는 외척이 되지 못하게 할 것이야. 내가 최고의 권력을 가져야 해!"

외척이 되면 귀족들 가운데서도 가장 큰 권력을 가질 수 있었는데, 이런 권력을 다른 사람에게 나눠 주지 않고 자신이 독차지하고 싶었던 거야. 인종에게는 이자겸이 **외할아버지이면서** **장인**이 되었어. 그러니 이자겸은 최고의 권력을 누렸고, 심지어는 그 권세가 왕을 위협할 정도였지.

140

이자겸은 외척을 넘어 왕의 자리까지 넘봤어. 그러자 인종이 먼저 이자겸을 제거하려고 손을 썼지. 하지만 이자겸 편에는 고려 최고의 무장이라고 불리는 **척준경**이 있었어. 척준경과 이자겸은 **사돈** 사이였거든. 척준경은 왕이 머무르던 궁궐에 불을 지르고 왕의 군사들을 제압해 버렸지. 결국 인종은 이자겸에게 패하고 갇혀 지내게 되었어.

인종은 반격을 노리고 있었는데, 마침내 그 기회가 왔어. 이자겸은 대대로 왕실과 혼인 관계를 맺은 고려 최고의 귀족 가문이었는 데 반해, 척준경은 무예 실력이 출중해서 출세한 사람이었거든. 이자겸이 은근히 척준경을 무시하자 척준경도 이자겸에 반감을 품게 되었지. 인종은 이런 둘 사이를 이간질해서 더욱 멀어지게 했어.

결국 척준경이 군사를 이끌고 이자겸을 붙잡아 이자겸은 권세를 잃게 되었지. 그 뒤에 척준경도 처벌을 받게 되었어(이자겸의 난, 1126년). 왕권이 불안정해진 고려는 다시 안정을 찾을 수 있을까?

곽두기 사전

사돈 자식이 결혼한 두 집안의 관계를 말해. 부모들끼리 서로 이렇게 부르기도 해.

척준경(?~1144)
척준경은 가난한 집안 출신이었는데, 여진과의 싸움에서 큰 공을 세워서 높은 관직에 올랐어. 이자겸은 척준경의 힘을 빌리기 위해 척준경과 사돈을 맺었지.

용선생의 포인트
이자겸이 난을 일으켰으나 실패함.

고려의 수도를 옮기자?

이자겸은 쫓겨났지만, 고려 왕실의 체면은 말이 아니었어. 왕이 장인과 권력 싸움을 했으니 백성들의 마음도 뒤숭숭했지. 게다가 궁궐까지 불타 버려서 나라가 망하는 건 아닌가 생각했을 거야.

그때 묘청이라는 스님이 나타났어. 묘청은 서경, 그러니까 지금의 평양 지역에서는 꽤 유명한 스님이었어. 특히 산과 강을 보고 좋은 집터나 못자리를 찾는 풍수지리로 유명했어. 당시 사람들은 집터나 못자리를 좋은 곳으로 정하면 좋은 일이 생긴다고 믿었거든.

묘청은 서경 출신 신하들의 추천으로 인종을 만날 수 있었어. 그리고 인종에게 놀라운 주장을 했지.

"개경은 땅의 기운이 약해졌습니다. 땅의 기운이 왕성한 서경으로 수도를 옮겨야 합니다!"

묘청은 서경으로 수도를 옮기면 고려가 맞이한 여러 어려움이 해결될 거라고 했어. 자연재해도 없어지고, 골칫거리였던 여진족도 스스로 고려에게 항복할 거라고 했지.

처음에는 이런 묘청의 주장이 힘을 얻어 서경에 궁궐도 새로 짓게 되었지. 인종도 이자겸의 난의 흔적이 남아 있는 개경을 벗어나고 싶은 마음도 있었을 거야. 하지만 수도를 옮기는 것은 무척 큰 일이었어.

대대로 개경에 살던 개경 출신 귀족들이 순순히 찬성할 리 없었지. 개경 출신 귀족들의 강력한 반대로 수도를 옮기는 일이 이뤄지지 않자, 묘청은 서경에서 반란을 일으켰어(묘청의 난, 1135년)!

수도를 옮겨, 말어?

시험에 꼭 나와!

서경

수도

개경

142

묘청이 반란을 일으킬 수 있었던 건 서경 출신 귀족들이 개경 출신 귀족들에 비해 차별 대우를 받는다고 여겼던 이유도 있었어. 서경은 태조 때부터 중요한 곳으로 여겨져서 제2의 수도가 되었지만, 인종 때 와서는 예전만큼 대우를 받지 못했거든. 서경 출신 귀족들은 수도를 옮겨 높은 대우를 받고 싶어서 묘청을 중심으로 서경으로 수도를 옮기자는 주장을 했는데, 뜻대로 되지 않자 반란을 일으킨 거지.

개경에서는 곧 반란을 진압하기 위해 군대를 보냈어. 진압군의 총사령관은 『삼국사기』의 저자로 유명한 김부식이었지. 결국 묘청이 일으킨 반란은 1년 여 만에 진압되었어. 하지만 고려 내부의 반란은 이것이 끝이 아니었어.

용선생의 포인트

서경 천도가 실패하자 묘청이 반란을 일으킴.

김부식과 『삼국사기』 ▶

김부식은 고려의 유명한 유학자이자 정치가였어. 그는 묘청의 난을 진압한 후에 흐트러진 고려의 질서를 다잡기 위해서는 역사를 바로 세워야 한다고 생각하고 고려 이전의 역사를 정리한 『삼국사기』를 썼어.

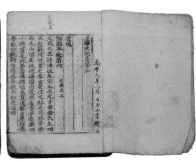

무신들이 문신들을 죽이고 권력을 잡다

고려는 원래 무신보다 문신이 높은 대우를 받았어. 전쟁에서 최고 사령관도 무신이 아닌 문신이 맡았지. 강감찬이나 윤관, 김부식도 모두 문신이었어. 그리고 신하들 중 최고의 자리인 재상에 오를 수 있는 것도 문신만 가능했어. 게다가 반란 사건들이 일어나는 혼란한 상황에도 문신 귀족들의 사치스러운 생활이 계속되자 무신들의 불만은 점점 커졌지.

특히 의종 때는 무신들의 불만이 극에 달하게 되었어. 의종은 인종의 아들로 인종의 뒤를 이어 왕이 되었지. 왕이 된 의종은 주변에 젊은 문신들을 거느리고 시를 지으면서 경치 좋은 곳으로 놀러 다니곤 했어. 이렇게 왕과 신하들이 행차하면 당연히 호위병들도 따랐겠지?

의종을 호위하던 무신들 가운데는 3품의 높은 자리에 있는 무신들도 있었어. 그런데 젊은 문신들이 이 높은 무신들을 무시하는 일도 종종 있었지. 김부식의 아들이 무신들 가운데 계급이 가장 높았던 정중부의 수염을 촛불로 태운 일도 있었어!

이렇게 모욕을 당하던 무신들을 결국 폭발하게 만든 사건이 일어났어. 그날도 의종은 문신들과 무신들을 데리고 궁궐 밖으로 나와 잔치를 즐겼지. 의종은 무술 대회를 열어 무신들에게 실력을 겨루게 했어. 이긴 사람에게 상을 줘서 무신들의 사기를 높이곤 했거든.

그런데 이 무술 대회에서 사건이 터진 거야. 대장군 벼슬의 이소응이 경기에서 졌는데, 젊은 문신이 뺨을 때리면서 모욕을 준 거야.

"어린 문신이 감히 대장군의 뺨을 때리다니! 도저히 문신들을 가

만히 놔둘 수 없다!"

그날 밤 **보현원**이라는 절에서 의종 일행이 밤을 보내게 되었는데, 이때 무신들이 들고일어났어. **이의방**과 정중부 등의 무신들이 앞장섰지.

"문신들을 모조리 잡아라!"

무신들은 의종을 따랐던 문신들을 찾아내 죽여 버렸어. 또 의종을 붙잡고, 궁궐로 급히 군사를 보내 태자까지 붙잡아 꼼짝 못하게 했지. 결국 무신들은 수십 명의 문신들을 죽이고, 왕의 동생을 새 왕으로 세웠어. 그리고 무신들이 권력을 쥐고 나라의 중요한 일들을 결정하게 됐어.

이때부터 100여 년 동안 무신들이 최고 권력자가 되었는데, 이를 **무신 정권**이라고 불러. 그리고 무신들이 일으킨 이 정변을 **무신 정변** (1170년)이라고 부르지.

 ☆ 시험에 꼭 나와!

 🐟 더 알려 줄게!

보현원
개성의 남쪽에 있던 절인데, 의종이 여기에 연못을 만들고 자주 와서 놀았다고 해.

무신 정변

🐛 용선생의 포인트
문신들에게 차별을 받던 무신들이 정변을 일으켜 권력을 잡음.

무신이 다스리는 나라

무신들이 문신들을 몰아내고 정권을 잡은 뒤에는 나라를 잘 다스렸을까? 그건 처음부터 힘든 일이었어. 무신들은 나라를 잘 다스리기 위해 정변을 일으킨 게 아니었거든. 자신들이 문신 귀족들처럼 대우를 받아야 한다고 생각했을 뿐이니까. 그래서 이전의 귀족들처럼, 아니 그보다 더 심하게 백성들을 수탈했지.

문신들이 문제가 많다고 해도 나라를 다스리는 데는 문신들의 역할도 필요했어. 특히 공문서를 작성하는 일은 무신들로서는 도저히 못할 일이었지. 그런데도 문신들을 죄다 쫓아내고 무신들로 그 자리를 채워 놓으니 나라가 제대로 다스려질 리가 없잖아.

게다가 무신들은 권력을 잡은 후 누가 최고 권력자가 될 것인가를 두고 끊임없이 싸웠어.

"나도 장군인데, 정변을 일으켜서 권력을 차지하지 말라는 법은 없지!"

 곽두기 사전

일단락 일의 한 단계를 끝내는 것을 말해.

무력으로 권력자를 죽여 최고 권력자가 바뀌는 일이 반복됐어. 처음 권력을 잡은 건 정변을 일으켰던 이의방이었는데, 이의방을 제거하고 정중부가 권력을 차지했지. 이후로도 계속된 싸움을 일단락시킨 건 최충헌이었어.

최충헌도 무신이었지만, 이전 무신들과는 달랐어. 그는 나라를 다스리기 위해서는 문신도 필요하다는 걸 알았지. 하지만, 이전처럼 무신을 모욕하고 업신여기던 그런 문신이어서는 곤란했어.

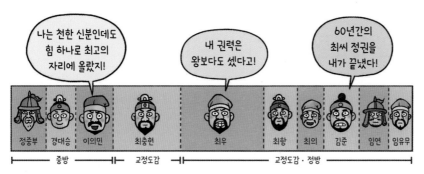

▲ 무신 집권자와 지배 기구

최충헌은 자신의 말을 잘 들으면서 관리로서의 능력이 있는 문신들을 등용했지. 그리고 새로운 기관을 만들어서 권력을 유지하는 데 이용했어. 교정도감은 관리들을 감시하는 기관이었는데, 나중에는 나랏일 전반을 관리하면서 최고 권력 기관이 되었지. 또 도방은 최충헌의 호위 기구였어. 나라의 기관이었지만, 최충헌 개인의 사병과 다름이 없었어.

이런 기구들로 최충헌은 그 이전의 권력자들보다 한층 안정적으로 권력을 유지할 수 있었어. 그리고 그 아들인 최우가 권력을 이어받았지.

최우는 최충헌보다 더 강력한 권력을 휘둘렀어. 무신 정권의 권력자들 가운데 권력이 가장 안정적이었다고 해. 최우는 자신의 집에 정방이라는 기구를 둬서 나라의 관리들을 자기 마음대로 임명했어. 왕이 있는 궁궐이 아니라 최우의 집에서 나랏일들이 결정됐어. 최우가 임명한 관리들은 당연히 최우에게 충성을 바쳤겠지?

이렇게 최씨 집안의 권력은 그 이후로도 이어져 4대에 걸쳐 60년간이나 계속되었어.

🦫 곽두기 사전

호위 중요한 사람을 곁에서 따라다니며 보호하고 지키는 것을 말해.

 용선생의 포인트

최충헌과 최우는 문신들을 등용하고 새로운 관청을 설치해 권력을 안정시킴.

농민·천민들도 더 이상 참지 않는다!

귀족들이 몰락하고 무신들이 권력을 잡게 되어서 백성들은 살기 좋아졌을까? 아니, 예전보다 훨씬 더 살기 힘들어졌지! 무신들은 이전의 귀족들 못지않게 백성들을 수탈했을 뿐만 아니라 더 폭력적으로 백성들을 다스렸거든. 그러자 백성들도 더 이상 참지 않고 봉기를 일으켜 무신 정권에 저항했어.

✔ 서술형 단골 문제야!

정중부가 권력을 잡고 있을 때는 충남 공주 지역에서 대규모의 농민 봉기가 일어났어. 봉기가 일어난 곳은 공주에 있는 '명학소'라고 하는 지역이 중심이었지. 그리고 여기서 망이와 망소이라는 사람들이 봉기의 주동자라고 해. 이름이 조금 특이하지? 망이와 망소이는 사실 진짜 이름이 아닐 수도 있대. 이름이 제대로 알려져 있지 않은 사람들을 조정에서 그렇게 불렀을 가능성도 있어.

명학소의 '소'는 수공업품을 생산하는 특수한 곳을 말해. 이 소 지역에 사는 사람들은 다른 지역 사람들이 내는 세금 이외에 나라에서 필요한 수공업품을 만들어서 바쳐야 했어. 너무 불공평하지? 명학소의 사람들은 숯을 만들어서 나라에 바쳤어. 이곳 주민들은 그이전에도 살기가 힘들었지만, 무신 정권기에는 더욱 힘들어졌던 거야. 그러자 더 이상 참지 못하고 들고일어난 거지.

> **🐷 곽두기 사전**
>
> 숯 나무를 가마에 넣어 구워 낸 검은 땔감을 말해.

명학소에서 봉기가 일어나자 주변 지역의 농민들도 합세했다고 해. 소 지역이 아니더라도 농민들이 먹고살기가 힘들었던 건 마찬가지였거든. 백성들을 가장 괴롭혔던 건 무신 권력자들이 거둬 가는 세금이었고 말이야.

망이·망소이의 봉기는 결국 조정에서 군대를 보내 진압되고 말았어. 하지만 그 이후로도 농민들의 봉기는 전국적으로 계속 이어졌어.

이 시기에는 농민들만 봉기를 일으켰던 게 아니야. 고려 사회에서 가장 아래에 위치한 노비들도 봉기를 일으켰어. 노비들은 주인들에게 물건 취급을 받으면서 가장 열악한 환경에 있었거든.

영심이는 궁금해!

소 지역에 사는 사람들은 많이 억울했겠어요!
맞아. 고려 시대에는 소 지역 외에도 향, 부곡이라는 특수한 행정 구역이 있었어. 향과 부곡에 사는 사람들은 주로 농사를 지었는데, 왕실과 절의 땅도 맡아서 농사지어야 했어. 향, 소, 부곡에 사는 사람들은 사회적으로도 좋지 못한 대우를 받았고, 다른 지역으로 이사하는 것도 금지했다고 해.

최충헌이 권력을 잡고 있을 때, 개경에서는 **만적**이라는 노비가 다른 노비들을 모아 외쳤어.

"왕후장상의 씨가 따로 있지 않다!"

당시 사람들은 왕이나 귀족 같은 사람들은 태어날 때부터 정해진 것이라고 생각했어. 그런데 만적은 그런 신분이 처음부터 정해진 게 아니라고 외친 거야. 당시 사람들에게는 꽤나 충격적이었겠지? 이 때문에 많은 노비들이 만적의 뜻에 따랐지.

곽두기 사전

왕후장상 제왕·제후·장수·재상을 아울러 이르는 말이야.

더 알려 줄게!

고려 시대 노비들의 생활
고려 시대의 노비들은 크게 공노비와 사노비로 구분되었어. 공노비는 관청에서 잡일을 하거나 나라의 땅을 농사지었지. 사노비는 개인에게 소속된 노비인데, 주인집에서 집안일을 하거나, 따로 살면서 주인의 땅을 농사지었어. 노비들은 가족을 꾸리고 재산을 모을 수도 있었지만, 주인의 재산이었기 때문에 자기 의지와 상관없이 팔려 다녀야 했고, 대부분 비참하게 살았어.

하지만 봉기를 일으키려고 했던 계획이 들통나면서 봉기는 실패로 끝나고 말았어.

이렇게 농민과 천민들의 봉기는 귀족들의 반란과 함께 고려 사회 전체를 뒤흔들어 놓았지. 게다가 고려 밖에서는 다시 거대한 전쟁의 그림자가 드리우고 있었어.

용선생의 포인트
무신 집권기에 농민과 천민들이 전국에서 봉기를 일으킴.

왕수재의 **역사 노트**

1. 고려와 여진족의 갈등

① 고려 북쪽의 여진족이 국경을 위협함.

② 윤관이 별무반을 이끌고 동북 9성을 개척했지만, 곧 여진족에게 돌려줌.

2. 흔들리는 귀족 사회

① 이자겸의 난 : 외척인 이자겸이 난을 일으켜 왕위를 노림.

② 묘청의 난 : 묘청이 서경으로 수도를 옮기자고 주장함.

→ 개경 귀족의 반대로 천도가 어려워지자 묘청이 서경에서 반란을 일으킴.

→ 김부식에 의해 진압됨.

3. 고려의 권력을 차지한 무신

① 무신 정권의 성립 : 무신들이 문신들과의 차별에 불만을 품고 난을 일으킴(무신 정변).

→ 무신들이 최고 권력자가 되어 나라를 다스림.

② 최씨 정권의 성립 : 최충헌은 문신들을 등용해 통치에 이용함.

최고 권력 기관
교정도감과 도방을 통해 권력을 유지함.
호위 기구
최충헌 아들 최우는 정방을 두어 나라의 관리를 마음대로 임명함.
관리 임명 기구

③ 농민과 천민의 봉기 : 무신들의 수탈로 백성들이 봉기를 일으킴.

망이·망소이의 난(특수 구역에 대한 차별), 만적의 난(천민에 대한 차별)

최씨 정권이 권력을
안정 시키기 위해
설치한 기관들을
기억하자!

나선애의 **실력 다지기**

01

고려 귀족들의 생활 모습으로 가장 알맞은 것은 무엇일까?

① 조개껍데기로 목걸이를 만들었어요.
② 거대한 고인돌을 만들었어요.
③ 빗살무늬 토기를 사용해 곡식을 저장했어요.
④ 청자로 그릇과 생활용품을 만들어 사용했어요.

02
한국사능력검정시험 29회 초급

다음 가상 일기의 밑줄 그은 '나'의 활동으로 알맞은 것은 무엇일까?

○○○○년 ○○월 ○○일
　드디어 국경 주변을 어지럽히던 여진을 몰아냈다. 나의 건의로 만들어진 별무반이 있었기에 가능했다. 기병을 보강해 만든 별무반은 말을 타고 싸우는 여진을 물리치기에 적합했다. 우리 병사들의 수고에 큰 고마움을 느낀다.

① 동북 9성을 쌓았어요.
② 4군 6진을 개척했어요.
③ 강동 6주를 획득했어요.
④ 충주 고구려비를 세웠어요.

03
한국사능력검정시험 41회 중급

다음 가상 뉴스에서 보도하는 사건이 일어난 시기를 연표에서 알맞게 고른 것은 무엇일까?

서경 천도를 주장하던 묘청 등이 난을 일으켰습니다. 현재 김부식이 이끄는 관군이 진압에 힘쓰고 있습니다.

918		1019		1126		1232		1392
	(가)		(나)		(다)		(라)	
고려 건국		귀주 대첩		이자겸의 난		강화 천도		고려 멸망

① (가)　　② (나)　　③ (다)　　④ (라)

04

다음 질문에 대한 대답으로 알맞은 것은 무엇일까?

이자겸에 대해 말해 볼까요?

① 후고구려를 세웠어요.
② 무신 정변을 일으켰어요.
③ 서경에서 난을 일으켰어요.
④ 왕의 외척이 되어 권력을 휘둘렀어요.

05 한국사능력검정시험 42회 초급

다음 만화 장면에 해당하는 사건으로 알맞은 것은 무엇일까?

① 무신 정변　　　　② 이자겸의 난
③ 망이·망소이의 난　④ 원종과 애노의 난

06

다음 인물이 한 일로 알맞은 것을 〈보기〉에서 찾아 각각 기호를 써 보자.

〈보기〉

㉠ 정방을 만들었어요.
㉡ 별무반을 만들었어요.
㉢ 교정도감을 만들었어요.
㉣ 이자겸의 난을 막았어요.

(1) 최충헌 : _____ , (2) 최우 : _____

---

07 2018 대학수학능력시험

(가)에 들어갈 내용으로 알맞은 것은 무엇일까?

우리 모둠이 발표하기로 한 고려 시대의 특수 행정 구역에 대해 조사해 보았니?

응! 향, 부곡, 소 등이 있었더라.

무신 집권기에 반란을 일으켰던, 망이와 망소이가 소의 주민이었어.

이런 지역의 주민은 (가)

① 거란과 끝까지 싸우자고 주장했어.
② 의관, 역관 등 기술관직을 세습했어.
③ 궁예를 몰아내고 나라를 세우자고 했어.
④ 일반 지역에 비해 세금 등에서 차별 대우를 받았어.

---

08 서술형 문제

무신 집권기에 백성들이 일으킨 봉기 2개를 쓰고, 백성들이 들고일어나게 된 까닭도 간단히 써 보자.
[3점]

_____

_____

_____

_____

_____

오늘은 고려 귀족의 삶을 가상 현실 세계에서 체험해 볼 거야. 기계를 써 보렴.

VR 기계를 언제 준비 하셨대요?

와~

우아~. 고려 귀족들이 차를 마시고 있어.

진짜 고려 시대에 와 있는 것 같아!

더듬 더듬

식탁 위 주전자, 찻잔 모두 청자네. 푸른빛이 너무 아름다워.

사람들이 앉은 의자까지 청자라니 정말 화려해!

호호호

송나라 사신이 본 고려

고려의 개경에는 송나라를 비롯한 여러 나라의 사신들이 와서 머물렀어. 그중 서긍이라는 송나라 사신은 개경에 약 한 달간 머무르면서 자신이 보고 들은 것을 그림과 글로 기록하여 『고려도경』이라는 책으로 만들어 송나라 황제에게 바쳤어. 『고려도경』에는 다른 역사서에는 나오지 않는 고려인의 일상에 대한 흥미로운 내용이 많이 등장해. 예를 들어 고려 사람들은 고기를 잘 먹지 않았고 채소나 해산물을 주로 먹었다고 해. 또 고려에서는 남녀가 같이 목욕한다는 기록도 있어. 그 외에 김부식, 이자겸 등 고려의 권세가들에 대한 서긍의 평가도 들어가 있단다.

4. 몽골과의 전쟁과 고려의 개혁

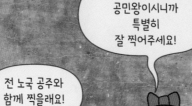

고려 개혁에 힘쓰신
공민왕이시니까
특별히
잘 찍어주세요!

전 노국 공주와
함께 찍을래요!

자,
찍습니다!

두 분이 참
잘 어울려요!

공민왕과 노국 공주 초상

고려 말 개혁을 이끈 공민왕과 그의 부인 노국 공주의 초상화야. 조선의
종묘에는 공민왕의 업적을 기리고 제사를 지내기 위해 '공민왕 신당'이
있는데, 여기에 공민왕과 노국 공주의 그림이 모셔져 있어.

1231	1232	1270	1356	1377
몽골의 1차 침입	강화도로 수도를 옮김.	개경으로 돌아옴.	공민왕의 반원 개혁	『직지심체요절』 간행

고려, 세계 최강의 몽골군에 맞서다

무신들이 나라를 다스려 사회가 혼란스러웠을 때, 중국 북쪽에서는 세계사의 흐름을 바꿀 사건이 일어났어. 중국 북쪽 몽골 고원에는 **몽골족**이 여러 부족으로 나눠 흩어져 살았는데 **칭기즈 칸**이라는 인물이 나와 여러 부족을 통일하고 큰 나라를 세웠지.

몽골은 매우 강한 군사력을 가지고 있었는데, 무엇보다 군대의 이동 속도가 매우 빨랐어. 몽골 사람들은 아주 어릴 때부터 말과 함께 자라서 말을 타는 데 달인들이었거든.

게다가 몽골군은 전쟁을 할수록 더욱 성장해 나갔어. 적들이 사용한 무기와 전술을 배워서 자기들의 전쟁에 이용했지. 그뿐만이 아니야. 칭기즈 칸은 능력이 있으면 종족을 가리지 않고 사람을 써 몽골인은 물론 거란, 여진, 송나라, 그리고 저 멀리 서역의 사람들까지도 부하로 거느렸어. 몽골은 세계사에서 가장 넓은 영토를 가진 나라를 만들게 되는데, 칭기즈 칸이 그 시작이었던 거지.

이런 몽골이 고려와 처음으로 만난 건 중국으로 세력을 넓혀 나가던 때였어. 몽골과 고려는 외교 관계를 맺었고 몽골 사신이 고려를 방문했어. 그런데 **몽골 사신 저고여**가 돌아가는 길에 압록강 근처에서 누군가에게 살해당한 거야! 사건의 범인이 누구인지 확실치 않았지만 몽골은 고려의 책임이라고 우겼고, 결국 이 사건을 빌미로 몽골과 고려의 전쟁이 시작됐어.

칭기즈 칸(?~1227)
칭기즈 칸은 흩어져 있던 부족들을 통일하고 몽골 제국을 세운 인물이야. 여진족이 세운 금나라와 중앙아시아의 여러 나라를 정복해 큰 제국을 만들었지.

능력만 있다면 누구든 나에게 오라!

히히힝

영심이는 궁금해!

저고여는 누가 살해한 걸까요?

저고여 사건의 진범이 누군지는 알 수 없어. 고려일 수도 있고, 압록강 주변에 살던 여진족일 수도 있지. 심지어는 몽골의 자작극으로 보는 사람도 있어. 그런데 범인이 누구이냐와 상관없이 몽골은 고려에 침입할 구실을 찾고 있었던 것으로 보여.

몽골의 첫 침입은 1231년이었어. 최씨 정권의 최우가 권력을 잡고 있을 때였지. 두 나라의 군대는 귀주성에서 맞섰어. 이 전투에서 고려가 만만찮은 나라라는 걸 몽골도 확인하게 됐지. 몽골은 고려와 강화를 맺고 군대를 돌렸어. 그런데 강화의 내용은 고려가 몽골에게 엄청난 양의 **공물**을 바쳐야 하고, 인질도 보내야 했으며, 몽골 관리가 고려에 파견되어 **내정**까지 간섭한다는 것이었어.

"몽골의 요구대로라면 나라를 통째로 내어 주는 것과 다를 것이 없구나!"

최우는 몽골의 요구를 도저히 받아들일 수 없다고 생각했어. 그리고 고심 끝에 수도를 개경에서 **강화도**로 옮기고 몽골에 맞선다는 계획을 세웠지(강화 천도, 1232년). 기병 중심의 몽골군이 바다를 건너서 공격하기는 어려울 것이라고 생각한 거야.

☆ 시험에 꼭 나와!

고려가 약속을 어기고 강화도로 수도를 옮기자 몽골군은 다시 쳐들어왔어. 그런데 최우는 강화도로 수도를 옮기면서 강화도에 대한 수비는 튼튼하게 했지만 육지의 수비에 대해서는 대책을 내놓지 못했어. 육지에 남은 사람들은 스스로 살 길을 찾아야 했지.

몽골군은 무리해서 강화도를 공격하지 않고 육지에 남아 전국을 약탈했어. 육지에 남은 고려의 백성들은 있는 힘을 다해 몽골군에 맞서 싸웠지. 용인의 **처인 부곡**에서는 조그마한 토성에서 백성들이 몽골군에 맞섰어. 이들을 이끌었던 사람은 스님 **김윤후**였어. 김윤후와 처인 부곡의 백성들은 치열하게 싸웠고, 이때 고려

곽두기 사전

공물 옛날에 보다 힘이 센 나라에 바치던 물건이나 곡식을 말해.

곽두기 사전

내정 나라 안의 정치를 말해.

군의 화살에 몽골군의 사령관이 맞아 쓰러졌지. 몽골군은 지휘관을 잃게 되자 곧 군대를 돌려 돌아갔어. 세계 최강을 자랑하던 몽골군이 고려의 작은 마을에서 맞서 싸우던 백성들에게 패배한 거야!

▲ 처인성(경기 용인)
승려 김윤후가 백성들과 함께 몽골의 살리타이 장군을 사살한 곳으로 알려져 있어.

육지에 남아 있던 군사들도 몽골군에 맞서 싸웠어. 안성의 죽주(경기 안성)에서는 송문주가 이끄는 고려군이 몽골군을 물리쳤지. 송문주는 이전에 몽골군과 싸운 경험이 있었는데, 그 경험을 토대로 몽골군의 전술을 간파하고 공격을 막아 낸 거야.

또 충주성에서는 처인 부곡에서 활약한 김윤후가 다시 활약했어. 처인성 전투 이후 20여 년이 지난 때였는데, 김윤후는 처인성 전투에서의 공으로 충주성을 지키는 장군이 되어 있었어.

몽골군은 충주성을 포위하고 공격을 멈추지 않았지. 백성들의 사기는 바닥에 떨어졌어. 그러자 김윤후는 큰 결심을 했어.

"전쟁에서 승리한다면 신분에 상관없이 상을 내릴 것이다!"

김윤후는 이렇게 말하면서 성 안의 노비 문서를 모두 모아 불태워 버렸어. 엄격한 신분제 사회에서는 상상하기도 힘든 일이었지만, 김윤후의 굳은 결심을 지켜본 충주성의 백성들은 하나로 똘똘 뭉쳐 몽골군에 저항했어. 결국 지친 몽골군은 군대를 돌릴 수밖에 없었지.

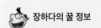 장하다의 꿀 정보

김윤후가 몽골군 처치를 충분히 했다.

몽골의 침입을 물리친 김윤후를 기억해!
김윤후가
몽골군과 맞서 싸운 곳은
처인 부곡과
충주성이다!

처인 부곡과
충주성에서!
몽골군을

 용선생의 포인트
몽골이 쳐들어오자 고려는 강화도로 수도를 옮기고, 육지의 백성들이 몽골에 저항함.

그대의 항복을
받아주지!

고려의 태자가 몽골에 항복하다

이렇게 고려가 몇몇 전투에서 몽골군에게 승리를 거두긴 했지만 그것으로 전쟁이 끝난 건 아니었어. 몽골군은 전국을 돌아다니며 사람들을 죽이고, 약탈하고, 불을 질러 고려를 생지옥으로 만들었지. 그런데도 최씨 정권은 전국에서 세금을 거두고 강화도에서 화려한 생활을 계속 누렸어. 백성들은 몽골군과 최씨 정권, 양쪽에서 괴롭힘을 당했던 거야.

몽골군의 계속된 침략과 최씨 정권의 무능함 때문에 백성들은 차츰 지쳐 갔어. 몽골군에게 항복해서 몽골군의 앞잡이가 되는 사람들도 나타났지. 또 전국이 불바다가 되면서 중요한 문화재들도 많이 사라져 버렸어. **초조대장경**과 **황룡사 9층 목탑** 같은 우리나라를 대표하는 문화재들이 불타 없어진 것도 이때야.

최씨 정권은 백성들의 마음을 모으고 몽골군이 돌아가길 바라면서 대장경을 만들었어. 사라진 초조대장경을 대신하는 새로운 대장경이었지. 백성들도 간절한 마음으로 정성을 들여 재조대장경을 완성했어. 지금 **팔만대장경**이라고 부르는 대장경이지.

▲ 초조대장경
처음 만든 대장경을 말해. 거란이 고려를 침략했을 때 거란이 물러가길 바라며 불교의 경전들을 모아 목판을 만든 거지. 초조대장경의 경판은 불에 타 버리고, 현재는 인쇄본 일부만 남아 있어.

▲ 합천 해인사 장경판전과 대장경판
장경판전은 대장경판을 보관하는 곳이야. 팔만대장경은 원래 강화도에 있었는데, 조선 시대에 경남 합천 해인사로 옮겨 왔지. 합천 해인사 장경판전과 해인사 대장경판 모두 국보야.

그러다 최씨 정권의 마지막 권력자였던 최의가 다른 무신들에게 죽임을 당하고 **최씨 정권이 몰락**하게 됐어. 최씨 정권이 몰락하자 조정에서는 몽골에 항복을 결정했지. 고려의 태자가 직접 몽골의 칸에게 가서 항복을 했어. 이후 무신 정권이 완전히 끝나면서 수도도 강화도에서 개경으로 다시 옮겼지(**개경 환도**, 1270년).

곽두기 사전

칸 몽골의 왕을 부르는 말이야.

그런데 이런 결정에 반대한 사람들도 있었어. 바로 **삼별초**야. 삼별초는 고려의 특수 부대였는데, 최씨 정권 아래에서 사병 역할을 했어. 그들은 무신 정권이 끝났으니 개경으로 돌아가면 자신들에게 벌이 내려질 거라고 생각했지.

그래서 왕의 명령을 듣지 않고 몽골에 저항하기로 결정했어. 왕의 명령을 듣지 않았으니 반역이 된 셈이었지. 그들은 아예 왕족 가운데 한 사람을 골라서 새로운 왕으로 세웠어. 삼별초는 강화도에서 **진도**로 근거지를 옮겨 새로 성을 쌓기도 했어. 몽골과 고려의 군대가 이들을 진압하려고 했지. 그러자 삼별초는 근거지를 **제주도**로 옮기며 버텼지만 결국 진압되고 말았어.

▲ 진도 용장성
삼별초가 진도에 쌓은 성이야. 삼별초는 몽골군이 해전에 약하다는 점을 이용해 섬에서 몽골군에 대항하려 했어. 삼별초는 전라도와 경상도를 공격해서 개경으로 가는 뱃길을 막아 고려 정부와 몽골군에 저항했어. 사적.

몽골의 침입

→ 몽골의 침입로 (1~7차 침입)
→ 삼별초의 이동
→ 삼별초의 항전
▨ 삼별초의 세력권

황룡사 9층 목탑 소실 (1238년)

강화 천도(1232년)
해인사 대장경판 제작 (1236년~1251년)

삼별초의 항쟁 (1270년)

초조대장경 소실 (1232년)

삼별초의 최후 항쟁 (1273년)

고려 땅에 전쟁터가 아닌 곳이 없군요!

용선생의 포인트
고려가 몽골에 항복하자, 삼별초가 저항함.

너는 내가 시키는 대로만 해라!

흑…!

원나라의 간섭에 신음하는 고려

삼별초의 항쟁에서 흥미로운 부분은 백성들도 삼별초를 도왔다는 거야. 백성들이 무신 정권 아래에서 권력을 휘두른 삼별초를 좋아할 이유는 별로 없었거든. 그런데도 삼별초를 도와 몽골에 저항했다는 건, 그만큼 몽골이 준 고통이 컸다는 뜻이기도 해. 그리고 몽골에게 항복을 하면 앞으로 큰 고통을 겪게 될 것이라는 사실을 알고 있었기 때문이기도 했지.

백성들의 걱정은 현실로 다가왔어. 이때 몽골은 나라 이름을 중국식인 **원나라**로 바꾸고 중국과 아시아 전체에 영향력을 미치고 있었어. 그리고 본격적으로 고려의 내정에 간섭하기 시작했지. 원나라가 고려의 내정에 간섭한 시기를 '**원 간섭기**'라고 불러.

이 시기 동안 고려는 나라의 주체성에 큰 상처를 입었어. **고려의 왕도 원나라 황제가 임명할 정도였으니** 말이야. 그 이전에도 형식적으로는 중국 황제가 고려의 왕을 임명한다고 했어. 하지만 정말 형식적인 것이어서, 실제로는 우리가 새로운 왕이 정해지면 이를 중국에 통보하는 정도였어. 그런데 원 간섭기에는 실제로 원 황실의 뜻대로 고려의 왕을 정하고, 심지어는 원 황실의 입맛에 맞지 않으면 고려의 왕을 강제로 바꿔 버리기도 했어.

고려의 왕자들은 어려서부터 원나라에 인질로 가 있어야 했어. 그리고 원 황실의 공주와 결혼해야만 고려의 왕이 될 수 있었지. 고려 왕이 원 황실의 사위가 되었기 때문에 고려는 **원나라의 사위 나라**로 불렸어. 덕분에 '고려'라는 나라 이름은 유지할 수 있었지만, 주권은 크게 훼손되었지.

영심이는 궁금해!

왕의 이름도 바꿨다구요?

고려는 황제가 다스리는 나라였어. 그런데 황제가 다스리는 나라와 왕이 다스리는 나라는 사용하는 용어에서 격이 달랐지. 원 간섭기 고려는 제후국에 걸맞은 표현들을 써야만 했어. 고려는 다음 황제가 될 왕자를 '태자'라고 불렀는데, '세자'라고 바꿔 불러야 했지. 임금이 죽은 뒤 붙이는 이름에도 '조'나 '종'이 아니라 '왕'을 붙였어. 그래서 이 시기의 왕들은 '충렬왕', '충선왕' 같이 '왕'자가 붙었어.

이놈들, 대체 어디까지 간섭하려고 들까?

원나라는 고려의 영토 일부를 자신들이 차지하고 직접 다스리기도 했어. 평양 지역에 **동녕부**, 함흥 지역에 **쌍성총관부**, 제주도에 **탐라총관부**를 두고 이 지역을 직접 다스렸지. 동녕부는 고려의 요청에 의해 얼마 지나지 않아 돌려주었지만, 쌍성총관부와 탐라총관부 지역을 되찾는 일은 수십 년이 지나 원나라의 힘이 약해진 이후에나 가능했어.

또 고려 안에는 **정동행성**이라는 관청을 설치해서 고려의 내정에 간섭했어. 정동행성은 원래 일본 정벌을 위해 설치한 관청으로 고려와 원나라의 연락이 주 업무였어. 그런데 일본 정벌이 실패한 이후에도 없어지지 않고 계속 남아 내정 간섭 기구가 되었지.

고려는 원나라에 막대한 공물을 바쳐야 했어. 그중에도 고려인들을 특별히 힘들게 했던 공물이 있었지. 바로 '해동청'이라고 불렸던 매를 바치는 일이었어. 몽골 사람들은 매사냥을 좋아했는데, 고려에 많이 살았던 해동청이라는 매가 사냥 능력이 뛰어났대. 그래서 원나라에서는 이 해동청을 바치기를 요구했지. 고려에서는 **응방**이라는 관청까지 만들어 매를 잡아 길러서 바쳤어. 이 과정에서 응방 소속의 관원들이 백성들의 땅을 빼앗고 **행패**를 부렸지. 그런데도 원나라가 뒤에 있었기 때문에 나라에서도 뭐라고 하지 못했어.

고려의 매는 참 좋아. 많이 구해 오라고 해야지!

더 알려 줄게!

원나라의 일본 정벌

원나라는 고려와의 전쟁이 끝나자 바다 건너 일본으로 눈을 돌렸어. 고려는 일본 정벌에 군사와 배, 군량을 지원해야 했지. 몽골과 고려 연합군은 두 차례 일본으로 쳐들어갔지만 모두 태풍의 영향으로 제대로 싸우지도 못하고 패하고 말았어.

곽두기 사전

행패 난폭한 짓이나 못된 말을 해 남을 괴롭히는 것을 말해.

▲ 개성 경천사지 십층석탑

원 간섭기인 충목왕 때 만들어진 탑이야. 원나라의 영향을 많이 받아 탑의 모양도 몽골이나 티베트의 불탑과 비슷한 모습이야. 국립 중앙 박물관 소장. 국보.

영심이는 궁금해!

몽골풍에는 어떤 게 있었나요?

대표적으로 '변발'이라고 불리는 몽골식 머리 모양과 '호복'이라고 하는 몽골식 복장이 있어. 이 외에도 몽골 문화는 고려의 언어, 음식, 풍속 등에 많은 영향을 주었고, 지금까지도 그 흔적이 일부 남아 있어.

이렇게 물건이나 동물을 바치는 일보다 더 힘든 일이 있었는데, 바로 사람을 바치는 일이었어. 원나라에서는 고려의 결혼하지 않은 젊은 여자들을 바치기를 요구했는데, 이렇게 끌려가는 여자들을 **공녀**라고 했어. 공녀로 원나라에 간 사람들은 원나라 황실의 궁녀나 관리의 아내, 첩이 되는 경우가 많았지.

높은 신분의 사람도 공녀로 바쳐지는 경우가 있었기 때문에 부모들은 어린 딸들을 서둘러 결혼시키는 일이 많아졌어. 그러자 조정에서는 원나라의 요구를 충족하기 위해 일시적으로 결혼을 금지하는 명령을 내리기까지 했지.

고려의 왕자부터 공녀에 이르기까지 많은 고려인들이 원나라에 가서 생활했어. 반대로 원나라의 관리나 상인들이 고려에 들어오기도 했어. 많은 사람이 오가면서 교류도 아주 활발해졌지.

이 때문에 고려에서는 몽골의 옷차림 등이 유행했어. 이렇게 고려에서 유행한 몽골 문화를 '**몽골풍**'이라고 해. 반대로 원나라에도 고려 사람들이 많이 살면서 고려의 문화가 원나라에서 유행하기도 했어. 이를 '**고려양**'이라고 하지. 원 간섭기는 고려의 주체성이 심각하게 위협받은 시기였지만, 폭넓은 교류를 통해 새로운 문화가 만들어진 시기이기도 했어. 이렇게 새로운 문화는 조선 전기의 문화 발달에도 영향을 줬어.

✔ 서술형 단골 문제야!

요즘엔 몽골풍이 유행이라고!

고려인이야, 원나라 사람이야?

쯧쯧! 저렇게 철이 없어서야…!

용선생의 포인트

원나라가 고려의 정치에 간섭함. 두 나라 사이에는 많은 교류가 이뤄졌음.

164

공민왕이 원 간섭기를 끝내다

원의 간섭은 고려 입장에서 견디기 어려운 것이었어. 그런데 이러한 원의 간섭에서 벗어나려고 기회를 엿보던 사람이 있었지. 바로 고려의 왕이었던 **공민왕**이야.

공민왕도 이전의 왕들과 마찬가지로 원나라에서 생활하고 원나라 공주와 결혼도 했지. 그 덕분에 왕이 될 수는 있었지만, 원의 간섭을 참고 있을 생각은 없었어. 마침 원나라의 귀족들과 환관들이 부정부패를 일삼고 각지에서 반란이 일어나는 바람에 원나라의 힘이 많이 약해졌지. 공민왕은 드디어 원나라의 간섭에서 벗어날 것을 선언했어!

 시험에 꼭 나와!

"원나라식의 옷차림이나 머리 모양을 모두 금지할 것이다!"

공민왕은 원나라 간섭을 받기 이전으로 고려의 제도와 풍습을 돌리려고 했어. 그래서 **원나라의 풍습도 금지**하고, **원나라의 연호도 사용하지 않았지**. 또 나라 안에서 원나라 힘을 믿고 횡포를 부리던 **권문세족**들도 제거했어. 고려에서 내정 간섭을 하던 기구로 남아 있었던 **정동행성도 없애 버렸고**, 원나라가 차지하고 있던 **쌍성총관부 지역도 되찾았어**. 오히려 원나라 힘이 약해진 틈을 타서 원래 고려의 국경선을 넘어 북쪽으로 영토를 더 넓혔지(공민왕의 반원 개혁, 1356년).

 공민왕 때 되찾은 영토

원(몽골)

강계 · 갑주 · 길주
초산 · 장진
의주 · 화주(영흥)
서경
개경 · 고려

곽두기 사전

권문세족 고려 후기의 지배 세력을 부르는 말이야. 대대로 권력을 누린 귀족이나 무신 정권 때 성장한 집안, 원나라의 힘을 이용해 성장한 집안 등이었어.

원나라식의 모든 것을 날려 버리겠다.

으악! 사람 살려!

쌍성총관부

정동행성

더 알려 줄게!

전민변정도감

신돈이 개혁을 추진하면서 만든 관청이야. 억울하게 빼앗긴 땅이나 노비가 된 사람들을 원래대로 돌려주는 일을 하는 관청이었지. 신돈 이전에도 비슷한 관청들이 있었지만, 모두 제대로 일을 하지 못했어. 하지만 신돈은 강력한 개혁을 추진해서 백성들의 지지를 받았어.

공민왕의 개혁은 여기에서 그치는 것이 아니었어. 원나라의 간섭을 물리치는 것은 물론 고려의 백성들이 살기 좋은 나라를 만들려는 게 공민왕의 뜻이었어. 귀족들의 사치, 무신들의 억압, 그리고 원나라와 그에 빌붙은 권문세족의 횡포에 백성들이 신음하고 있었거든.

공민왕은 개혁을 계속해 나가기 위해 **신돈**이라는 인물을 등용했어. 공민왕은 당시 고려의 지배층들이 인맥으로 서로 얽혀 있어서 진정한 개혁을 하기 어렵다고 생각했지. 개혁을 하려고 보면 죄지은 사람이 자신과 친척이거나 스승과 제자로 이어져 있던 거야. 그런데 신돈은 출가한 승려였거든. 그것도 높은 지위의 승려가 아니라 불교계에서도 크게 인정하지 않았던 승려였어.

공민왕은 이런 신돈이야말로 자신의 개혁 의지를 실현할 인물이라고 생각해서 그를 등용해 개혁을 이끌게 했어. 신돈은 공민왕의 믿음대로 권세가들이 빼앗은 땅을 원래 주인에게 돌려주고 억울하게 노비가 된 사람들은 양인으로 되돌려 주었지. 권문세족의 횡포에 짓눌렸던 백성들은 만세를 불렀어.

하지만 공민왕의 개혁이 끝내 완성되지는 못했어. 신돈이 권문세족을 몰아내고, 그들의 재산을 빼앗아 백성들에게 되돌려주자 신하들의 반발이 매우 거세졌지. 게다가 그들은 모두 인맥으로 얽혀 있었으니, 연줄이 없던 신돈은 외롭게 싸워야 했어. 공민왕과 신돈의 사이마저 틀어지면서 신돈은 제거되었고, 얼마 후 공민왕도 측근으로 거느리던 신하들에게 죽임을 당하고 말았어.

이후 공민왕의 개혁은 이어지지 못했어. 오히려 새로운 권세가들이 등장하면서 나라는 다시 어지러워지게 되었지. 하지만 공민왕과 신

◀ 현릉과 정릉
왼쪽은 공민왕의 무덤인 현릉이고, 오른쪽은 공민왕의 부인인 노국 공주의 무덤인 정릉이야. 노국 공주는 원나라 황실 출신의 공주였지만 공민왕의 개혁을 지지했어. 공민왕이 반란 사건으로 위기에 처했을 때는 반란군에게 맞서며 공민왕을 지키기도 했어. 하지만 아이를 낳다 그만 죽고 말았고, 공민왕은 너무나 슬퍼하며 노국 공주의 초상화를 보며 눈물을 흘렸다고 해.

돈이 남긴 뜻은 **신진 사대부**들에게 이어졌어.

공민왕은 개혁을 추진하면서 젊은 인재들을 육성하기 위해 **성균관**을 새로 지었지. 성균관은 나라의 인재들을 길러 내는 최고 교육 기관이었어. 신진 사대부들은 여기서 성장한 사람들이야. 이들은 원 간섭기에 본격적으로 들어온 **성리학**을 익혔어. 그리고 주로 글공부를 해서 과거 시험을 통해 관직에 오른 사람들이 많았지.

당시 권세가들 가운데는 과거를 치르지 않고 원나라의 힘에 의지해서, 또는 권력가의 눈에 들어서 출세한 사람들이 많았거든. 신진 사대부들은 이런 권세가들을 비판했어. 그리고 원나라의 간섭에서 완전히 벗어나 외교 관계를 끊을 것을 주장하기도 했지. 대표적인 인물로 **이색**, **정몽주**, **정도전** 등이 있어. 이들은 고려 말에 정치를 주도해 나가는 세력으로 떠오르게 돼.

▲ 「천산대렵도」
공민왕이 그렸다고 전해지는 그림이야. 말을 타며 사냥하는 사람들의 모습이 그려져 있어. 국립 중앙 박물관 소장.

용선생의 포인트
공민왕이 개혁을 실시해 원나라의 간섭을 물리침.

홍건적과 왜구의 침략으로 또 다시 위기가 찾아오다

공민왕의 개혁이 계속 진행되지 못한 또 다른 이유도 있었어. 원 간섭기가 끝나갈 무렵 나타난 홍건적과 왜구의 침입 때문이었지.

홍건적은 원나라 말에 각지에서 등장한 반란군 가운데 하나였어. 붉은색 두건을 썼기 때문에 홍건적이라고 불렸지. 이들이 원나라와 다투다가 그 일부가 고려에 쳐들어오게 된 거야. 홍건적은 두 차례에 걸쳐 고려를 침략했는데, 특히 두 번째 침략 때는 규모가 매우 컸어. 공민왕은 개경을 버리고 경북 안동까지 피란을 떠나야 할 정도였지 (홍건적의 2차 침입, 1361년).

하지만 고려도 손 놓고 가만히 있었던 건 아니었어. 특히 뛰어난 무장들이 많이 등장했는데, 바로 **최영**과 **이성계** 같은 인물들이었어. 이성계는 공민왕 때는 아직 젊은 무장이었는데도 홍건적의 2차 침입 때 개경을 되찾는 데 앞장서서 큰 공을 세웠지.

고려의 위기는 이것으로 끝이 아니었어. 이번에는 바다 건너 일본에서 온 해적, **왜구**가 고려를 위협했어. 왜구는 일본 내의 정치가 안정되었을 때는 잠잠하지만 일본이 혼란하게 되면 식량을 구하기 위해 바다를 건너 노략질을 일삼았지.

14세기 후반에는 왜구들이 매우 활발히 활동하던 시기였어. 특히 공민왕을 이어 왕이 된 우왕 때는 왜구들이 극성을 부려 1377년 한 해에만 50번이 넘게 고려를 침략했다고 해!

최영(1316~1388)
최영은 고려 말 내부의 반란과 외적의 침입을 막기 위해 고려 전역을 누빈 장수야. 그래서 백성들에게 인기가 아주 높았지.

더 알려 줄게!

내륙까지 쳐들어온 왜구
왜구들은 처음에는 고려의 조세 운반선을 노렸어. 고려는 배를 통해서 지방의 곡식을 개경으로 옮겼는데, 이 배들을 노린 거야. 고려는 조금 힘이 들더라도 육로를 통해서 조세를 운반하기로 했지. 그러자 왜구들은 내륙까지 들어와 노략질을 하기 시작했어. 소규모 해적이 중심이었던 왜구들이 규모도 커지고 기병까지 부리기도 했어.

이랴~!

이제는 흰 수염만 봐도 너무 무섭지 않니?

왜구들은 거칠 것 없이 노략질하고 가는 곳마다 사람을 죽이고 불을 질러 고려 사람들에게 큰 피해를 주었어. 이때 최영은 늙은 나이였는데도 아무도 나서지 않자 스스로 나서 홍산(충남 부여)에서 왜구를 크게 무찔렀지. 이후 왜구는 '우리가 두려워하는 자는 백발의 최영뿐이다'라고 할 정도로 최영을 두려워했다고 해.

1380년에는 왜구들이 대규모로 **진포**(전북 군산)에 쳐들어왔지. 고려는 새로 개발한 **화포**를 실은 100척의 함선을 진포로 출동시켰어. 화포를 직접 개발한 **최무선**은 고려 수군을 이끌고 500여 척이나 되는 왜구의 배를 공격하여 큰 승리를 거뒀어.

바다에서 크게 패한 왜구는 육지로 도망했어. 하지만 육지에는 당시 북쪽 국경 지역에서 명성을 떨치던 이성계가 있었지. 이성계는 왜구들이 자리 잡고 있는 지리산 주변으로 향했어. 그때 아지발도라고 하는 왜구 장수가 있었는데, 온몸을 갑옷으로 둘러싸고 매우 용맹해서 고려군이 앞으로 나아가지 못하고 있었지.

이성계는 신기에 가까운 활 솜씨로 유명했는데, 화살로 아지발도의 투구 꼭지를 맞춰 투구를 벗겨 버렸지. 그 사이에 이성계의 부하가 아지발도를 향해 다시 화살을 날려 아지발도를 쓰러뜨렸어. 장수가 쓰러지자 왜구들도 힘을 잃었지. 고려군은 왜구들을 공격해 왜구들의 피로 지리산을 적셨다고 해(**황산 대첩**, 1380년).

 영심이는 궁금해!

왜구를 무찌르는 데 화포가 큰 역할을 했군요?

최무선은 고려에 들어온 중국인을 통해 화약 제조 방법을 알게 되었어. 최무선의 건의로 화약 무기를 만드는 관청인 화통도감도 설치되었지. 최무선은 여기서 화약 무기를 개발해서 화포를 배에 실을 수 있게 만들었어.

이성계(1335~1408)

공민왕이 원나라를 몰아내고 쌍성총관부를 되찾을 때, 그곳의 실력자였던 이성계와 그의 아버지가 고려를 도와주었어. 이후 이성계는 고려의 장수가 되어 홍건적과 왜구를 무찔렀지.

 용선생의 포인트

고려는 홍건적과 왜구의 침입으로 어려움을 겪었으나 최영과 이성계 등의 활약으로 극복할 수 있었음.

어려움 속에서도 화려하게 문화를 꽃피우다

고려는 외적의 침입에 많이 시달렸지만, 어려움 속에서도 우리의 전통문화를 화려하게 꽃피웠어.

고려의 문화를 얘기할 때 가장 먼저 떠오르는 것은 **고려청자**야. 고려 귀족들이 사랑했던 청자는 원래 중국에서 먼저 만들기 시작했어. 하지만 신라 때부터 제조 기술이 소개되기 시작했고, 고려에 들어와 완전히 꽃을 피웠지. 특히 **상감 기법**을 사용한 고려청자는 중국에서도 부러워할 정도였대. 고려에서는 청자로 그릇뿐만 아니라 생활용품도 만들어 썼어.

나전 칠기도 이웃 나라들이 부러워한 문화재였어. 나전은 조개나 전복의 껍데기를 오려서 가구 등에 붙여 장식한 걸 말해. 나전 칠기는 고려의 기술이 매우 정교하게 발전했다는 것을 보여줘.

고려의 인쇄술도 빼놓을 수가 없지. 우리나라는 예부터 인쇄술이 발달했어. 불국사 석가탑에서는 『무구정광대다라니경』이라는 현존하는 가장 오래된 목판 인쇄물이 나왔어. 고려에 들어서는 목판 인쇄술은 더욱 발달했지.

▲ 나전 경함
나전은 조개나 전복의 껍데기를 표면에 붙여 장식하는 공예 작품이야. 경함은 불교 경전 등을 넣어 두는 상자를 말해. 국립 중앙 박물관 소장. 보물.

부처님의 힘으로 거란의 침입을 물리치기 위해서 **초조대장경**을 만들었고, 몽골의 침입으로 초조대장경의 목판이 불타 버리자 다시 재조대장경, 즉 **팔만대장경**을 만들었어. 고려 대장경이라고도 부르는 이 팔만대장경은 매우 정확하게 만들어져 지금도 불교를 연구할 때 참고한다고 해.

목판 인쇄술만 발달한 게 아니야. 고려 후기에는 <u>세계 최초로 금속</u> ☆ 시험에 꼭 나와! <u>활자</u>를 만들어서 책을 찍어 내기도 했어. 금속 활자는 한 페이지 전체를 나무 판에 조각한 목판 인쇄와 달리 한 글자씩 만들어서 활자들을 조합해 찍어 낸 거야. 그래서 새로운 책을 인쇄할 때도 목판 인쇄보다 훨씬 더 쉽게 찍어 낼 수 있었지. 현재 남아 있는 책 가운데 이런 금속 활자로 찍어 낸 세계에서 가장 오래된 책이 『**직지심체요절**』, 줄여서 『**직지**』라고 부르는 책이야!

고려는 건축술도 발달했는데, 몇 개 남아 있는 고려 시대 건축물을 통해 알 수 있어. 그 가운데 특히 **부석사의 무량수전**이 대표적인 건물이야. 무량수전은 기둥의 가운데 부분이 볼록하게 한 **배흘림 양식**이 유명해. 이렇게 건물을 지으면 안정감을 준다고 해.

◀ 『**직지심체요절**』

정식 이름은 『백운화상초록불조직지심체요절』이야. 프랑스 국립 도서관에서 근무하던 박병선 박사에 의해 발견되었어. 유네스코 세계 기록 유산으로 등재되어 있어.

◀ 영주 부석사 무량수전
부석사는 경북 영주에 있는 절이야.
현존하는 몇 안 되는 고려 시대의 목조
건축물이지. 국보.

목화솜을 넣어
옷이 정말
따뜻해!

문익점(1329~1398)
문익점은 원나라에 사신으로 갔
다가 돌아오는 길에 목화씨를 가
져왔어. 3년간의 노력 끝에 겨우
목화 재배에 성공해 전국에 목화
씨를 퍼뜨릴 수 있었다고 해.

고려 후기에는 원나라와의 교류로 여러 기술도 들어왔는데,
특히 주목할 것은 고려 사람들의 옷을 바꿔 놓은 **목화**의 도입
이었어. 그 이전에는 일반 백성들은 주로 삼베로 만든 옷을 입
었어. 부유한 귀족들이야 비단 옷에 추우면 가죽 옷까지 입을
수도 있었지만, 백성들은 추워져도 삼베옷을 껴입는 수밖에 없
었어.

그런데 **문익점**이 원나라로부터 목화씨를 들여와 목화 재배에
성공한 거야. 목화에서 실을 뽑는 기술까지 터득하여 사람들에게 알
리기 시작하자, 몇 년이 지나지 않아 전국에 목화 재배가 퍼졌다고
해. 목화는 이전의 삼베보다 싸고 따뜻하게 옷을 만들 수가 있었어.
전국에 보급된 목화는 20세기에 화학 섬유가 들어오기 전까지 수백
년 동안 우리나라 사람들의 옷을 책임졌지.

고려는 이렇게 뛰어난 문화를 조선에 넘겨주면서 우리 전통 문화
를 계승 발전시킬 수 있는 토대를 마련해 주었어.

용선생의 포인트

고려는 고려청자, 금속 활자 등 찬란한 문화를 꽃피워 민족 문화 발전에 이
바지함.

왕수재의 **역사 노트**

1. 몽골군에 맞서 싸운 고려

몽골의 1차 침입
- 몽골이 사신 저고여 살해 사건을 빌미로 쳐들어옴.
- 최우가 수도를 강화도로 옮김.

⇩

**거듭된
몽골의 침입과
고려의 저항**
- 김윤후가 처인 부곡과 충주성에서 몽골과 맞서 싸움.
- 송문주가 죽주에서 몽골군과 맞서 싸움.
- 재조대장경(팔만대장경)을 만들어 몽골군이 돌아가기를 바람.

⇩

고려의 항복
- 최씨 정권이 몰락하자 몽골에 항복하고 개경으로 수도를 옮김.
- 삼별초는 몽골에 끝까지 맞서 싸웠으나 진압됨.

2. 원나라의 간섭과 벗어나려는 움직임

원 간섭기	공민왕의 개혁
• 동녕부(평양), 쌍성총관부(함흥), 탐라총관부(제주도)를 두어 다스림. • 정동행성을 설치해 내정에 간섭함. • 원나라에 매, 공녀 등을 바침. • 몽골풍이 유행함.	• 원나라의 풍습을 금지하고, 친원파를 제거함. • 내정을 간섭하던 정동행성을 없앰. • 쌍성총관부를 되찾음. • 승려 신돈을 등용해 개혁을 추진.

(원 간섭기 ⇨ 공민왕의 개혁)

3. 화려한 고려의 문화

① 공예: 고려청자(상감 기법 사용), 나전 칠기, 불화 등

② 인쇄: 『직지심체요절(직지)』(세계에서 가장 오래된 금속 활자본)

③ 건축: 영주 부석사 무량수전 등

④ 의복: 목화의 전국적인 재배(문익점)

고려는
몽골의 침입에
어떻게 맞서
싸웠을까?

나선애의 실력 다지기

7점 이상이야? 훌륭해!
6점 이하는 다시 읽어 보자!

01
한국사능력검정시험 40회 초급

다음 가상 편지에 나타난 시기의 사실로 알맞은 것은 무엇일까?

> 그리운 어머님께
>
> 산성으로 들어가셨다는 지난번 편지 잘 받았습니다. 조정이 천도하여 강화도로 들어온 지 오랜 시간이 지났지만, 몽골과의 전쟁은 끝날 듯하면서 계속 이어지고 있습니다.
>
> 그래도 부처님의 힘으로 전쟁을 끝낸다면 어머님을 다시 육지에서 뵐 수 있으리라 생각합니다. 그때까지 부디 무사하시길 빌겠습니다. 다시 소식 올릴 때까지 건강하십시오.
>
> - 큰아들 올림 -

① 소경을 설치했어요.
② 강동 6주를 획득했어요.
③ 호족들이 지방에서 힘을 키웠어요.
④ 황룡사 9층 목탑이 불타 없어졌어요.

02

몽골의 침입에 대한 설명으로 알맞은 것은 O, 알맞지 않은 것은 X를 써 보자.

(1) 몽골은 사신 저고여의 살해 사건을 빌미로 고려에 쳐들어왔어요. (   )

(2) 최우는 몽골과 맞서기 위해 수도를 제주도로 옮겼어요. (   )

(3) 김윤후는 처인 부곡과 충주성에서 몽골군을 물리쳤어요. (   )

03

빈칸에 공통으로 들어갈 단어로 알맞은 것은 무엇일까?

> **진도 용장성**
>
> 진도 용장성은 [   ]가 몽골에 맞서서 싸우기 위해 쌓은 성이에요. [   ]는 고려가 몽골에 항복하고 개경으로 수도를 옮기자 저항했어요.

① 9서당
② 별무반
③ 삼별초
④ 화랑도

04
한국사능력검정시험 초급 31회

밑줄 그은 '이 시기'에 일어난 사실로 알맞지 않은 것은 무엇일까?

① 변발이 유행했어요.
② 정동행성이 설치되었어요.
③ 일본과 활발하게 교류했어요.
④ 권문세족이 지배층이 되었어요.

05

(가)에 들어갈 내용으로 알맞은 것은 무엇일까?

탐구 보고서

- 탐구 주제: ｜ (가) ｜
- 탐구 내용
  - 친원파를 제거했어요.
  - 원나라 풍습을 금지시켰어요.
  - 쌍성총관부를 되찾았어요.

---

① 몽골과 맞서 싸운 최우
② 행정 조직을 정비한 성종
③ 개혁 정치를 실시한 공민왕
④ 나라의 기틀을 마련한 소수림왕

06

밑줄 그은 '이 사람'에 대한 설명으로 알맞은 것은 무엇일까?

> 공민왕은 승려인 이 사람을 등용해 고려를 개혁을 하려고 했어요.

① 나라에 도교를 널리 퍼트렸어요.
② 과거제를 실시해 인재를 뽑았어요.
③ 담판을 벌여 강동 6주를 차지했어요.
④ 억울하게 노비가 된 사람을 양인으로 되돌려 주었어요.

07

아래 문화유산에 대한 설명으로 알맞은 것은 무엇일까?

외국에 있는 우리 문화유산

- 간행 시기: 1377년(우왕3)
- 소개: 불교 교리의 주요 내용을 정리한 것으로, '직지심체'는 사람의 마음을 직관하여 부처의 깨달음에 도달한다는 의미이다.
- 소장처: 프랑스 국립 도서관
- 특징: 2001년에 유네스코 세계 기록 유산으로 등재되었다.

---

① 의천에 의해 만들어졌어요.
② 신돈이 불교 교리를 정리한 책이에요.
③ 현존하는 가장 오래된 금속 활자본예요.
④ 불교의 힘으로 거란의 침입을 막기 위해 만들었어요.

08

고려는 몽골을 피해 수도를 옮겼어. 고려가 수도를 옮긴 곳과 그곳으로 수도를 옮긴 까닭을 써 보자. [3점]

_____

_____

_____

오늘은 이 금속 활자를 만들어 볼 거야.

작아서 안보여요! 가까이서 보여 주세요.

왜 금속 활자의 뒷면이 파여있나요?

사용하는 구리의 양을 줄이기 위해서야.

그럼 금속 활자를 만들어 볼까? 먼저 밀랍에 글씨를 새겨.

내 이름을 새겨볼까?

새긴 글자를 한 글자씩 떼어 낸 뒤 가지에 붙여 주형틀을 만들어.

저 건들지 마세요!

밀랍 주위를 흙으로 감싼 뒤, 쇳물을 틀에 부어. 이건 위험하니까 선생님이 할게!

으악! 멀리서도 뜨거운 열기가 느껴져요!

이제 겉의 흙을 깨고, 활자를 톱으로 떼 내어 다듬으면 금속 활자는 다 만들어진 거야.

네모 모양으로 예쁘게 다듬어야지.

만든 금속 활자로 인쇄를 해 볼까? 먼저 인쇄할 내용에 맞춰 활자를 배열해 보자.

콩자반 집기보다 어렵네.

금속 활자 인쇄에 사용하는 먹은 색이 진하지 않아서 잘 문질러야 해!

네~. 열심히 하고 있어요!

우아~. 우리가 만든 금속 활자로 찍어 낸 인쇄물이에요.

활자를 잘 조합하면 새로운 글도 많이 찍을 수 있겠어요.

어? 왜 내 이름만 반대로 들어가 있지? 야, 네가 잘못 넣은 거 아냐?

무슨 소리야? 나는 똑바로 넣었다고!

하다야, 활자를 만들 때 찍힐 걸 생각해서 반대로 새겼어야지!

아이참, 그걸 지금 말씀해 주시면 어떡해요.

서양 금속 활자와의 비교

『직지심체요절』이 간행되고 약 80년 후에 서양에서는 구텐베르크가 금속 활자를 만들었어. 구텐베르크는 금속 활자로 성서(성경)를 많이 찍어 내어 사람들에게 보급했지. 구텐베르크의 성서는 유럽 전역으로 널리 보급되었고, 금속 활자 인쇄술 역시 전 유럽으로 퍼져 유럽의 인쇄 혁명에 이바지했어. 그리스와 로마의 고전이 널리 보급되어 '르네상스'라는 문화 부흥을 이끌었고, 루터의 글이 널리 퍼져 종교 개혁이 일어났지. 그러나 고려에서는 금속 활자 인쇄술의 발달이 다양한 출판 활동이나 정보의 보급으로 이어지지 못해 사회 변화에 끼친 영향력이 크지는 않았어.

3 조선의 건국과 발전

교과 연계

초등 사회(5-2) 1-3. 민족 문화를 지켜 나간 조선
중학 역사 ② IV. 조선의 성립과 발전

『훈민정음』 「해례본」
훈민정음의 사용법을
풀어쓴 책이야.

1446년 훈민정음 반포

1300

1400

1392년 조선 건국

종묘 정전
조선 시대 왕과 왕비의
신주를 모신 곳이야.

「동래부 순절도」
임진왜란 때 일분군에 맞
서 싸운 동래부 사람들을
그렸어.

1592년 임진왜란

1500 > 1600

새 나라 조선에는
어떤 일이
일어날까?

1. 조선의 건국
2. 세종 대의 문화와 과학
3. 조선 전기의 정치와 사회
4. 임진왜란과 병자호란

1636년 병자호란

남한산성
병자호란 때 인조가
머무르며 청에 대항했던
곳이야.

1. 조선의 건국

경복궁 근정전
경복궁의 가장 중심이 되는 건물이야. 조회나 외국 사신을
맞는 등 국가의 중요한 행사가 열리는 곳이었지. 국보.

내가 위화도에서 회군해
1392년에 조선을 세우고,
여기에 경복궁을
짓게 했다네.

정말 좋은 위치에
궁궐을 세우셨네요.
저희 집이랑
가깝거든요.

1388	1392	1394	1398	1413
위화도 회군	조선 건국	한양 천도	왕자의 난	8도 정비

압록강의 작은 섬에서 고려의 운명이 결정되다

아시아를 넘어 유럽까지 위협하며 세계 최대 제국을 이뤘던 원나라도 각지에서 일어난 반란을 막지 못하고 북쪽으로 쫓겨났어. 그리고 원나라의 뒤를 이어 중국 대륙의 주인이 된 것은 **명나라**였지.

고려는 중국에서 원나라와 명나라가 싸우는 틈을 타서 공민왕 때 땅을 넓혔어. 원 간섭기 이전의 국경선이었던 천리장성을 넘어 그 북쪽까지 땅을 넓혔지. 그러자 명나라가 경계하기 시작했어. 아직 나라가 안정되어 있지 않던 명나라는 혹시라도 고려가 몽골 고원으로 쫓겨난 원나라와 힘을 합쳐 자기들을 공격하지 않을까 걱정됐지. 그래서 자신들이 먼저 고려를 압박해 왔어. 고려가 이에 대응하면서 동아시아는 새로운 시대로 접어들었단다.

누가 이길까?

명나라를 건국한 주원장은 홍건적 출신이야. 원나라에 반대하는 세력을 모아 나라를 세운 뒤, 원나라를 만리장성 북쪽으로 몰아내고 중국을 차지했어.

명나라는 원나라가 차지했던 땅이 모두 자기들 것이라고 우겼어. 그러면서 공민왕 때 차지한 고려의 북쪽 땅을 내놓으라고 했지. 고려의 우왕은 명나라의 결정에 분노했어.

"우리 고려를 아주 우습게 보는군. 명나라의 요동을 쳐서 고려가 결코 **호락호락**하지 않다는 것을 보여주겠다!"

고려의 우왕과 왕의 장인 **최영**은 고려 최고의 장수였던 **이성계**에게 명나라 땅인 요동을 공격하게 했어. 하지만 이성계는 생각이 달랐지.

'명나라는 고려보다 강하다. 이런 큰 나라와 전쟁을 하면 백성들이 큰 피해를 보게 될 것이야. 요동 공격을 해선 안 돼!'

왕의 명령에 마지못해 요동을 향해 나아가던 이성계는 압록강의 위화도라는 작은 섬에서 군대를 돌리기로 결심했어. 왕명을 어기기로 한 거지! 이성계가 군대를 돌린 이 사건을 '**위화도 회군**'이라고 불러(1388년).

군대를 이끄는 장군이 왕의 명령을 듣지 않는다는 것은 곧 반역과 마찬가지였어. 그리고 반역자가 살아남을 수 있는 방법은 왕을 몰아내고 권력을 차지하는 길뿐이었지. 그래서 이성계의 군대는 우왕과 최영이 있는 개경으로 쏜살같이 달려갔어.

최영과 이성계는 개경 시내에서 격렬한 전투를 벌였어. 하지만 개경에서 급하게 병사를 모은 최영의 군대는 이성계 군대의 적수가 되지 못했지. 마침내 이성계는 우왕과 최영을 내쫓고 어린 창왕을 왕으로 세워 권력을 잡았어.

곽두기 사전

호락호락하다 사람이 하라는 대로 잘 따라 만만해 다루기 쉬운 걸 말해.

영심이는 궁금해!

이성계는 왜 요동을 공격할 수 없다고 한 거예요?
이성계는 다음의 네 가지 이유를 들었어.
1. 큰 나라를 상대로 전쟁을 할 수 없다.
2. 여름에 전쟁을 하면 병사들이 지친다.
3. 왜구들이 틈을 노리고 쳐들어 올 수 있다.
4. 장마철이라 활의 아교가 녹고 전염병이 돈다.
아교는 짐승의 가죽이나 뼈를 끊는 물에 푹 삶아 만든 풀이야.

고려가 이렇게 무너지는 구나~
최영

권력을 잡은 이성계에게는 든든한 지원군이 있었어. 바로 **신진 사대부**야. 신진 사대부는 원나라의 간섭을 물리치고, 백성을 괴롭히는 권문세족을 몰아내자고 주장한 사람들이지.

그 가운데서도 특히 **정도전**은 강력한 개혁을 주장했어. 정도전은 이성계와 함께라면 자신이 구상하는 개혁을 펼칠 수 있을 거라고 생각했어.

"고려를 개혁하는 데 장군의 힘이 필요합니다."

"좋소, 백성들을 위해 힘을 합칩시다."

정도전을 비롯한 신진 사대부가 가장 힘을 기울인 것은 토지 제도를 개혁하는 일이었어. 당시 위세를 떨치던 권문세족들은 농민들의 땅을 불법적으로 빼앗아 매우 넓은 땅을 차지하고 있었거든. 이들 때문에 새로 관리가 된 신진 사대부에게는 나눠 줄 땅도 없었어. 또 백성은 권문세족이 부과한 엄청난 세금 때문에 몹시 힘들어했지.

이성계와 신진 사대부는 권문세족들의 불법적인 땅을 빼앗고, 이를 정당한 절차에 따라 나눠 주는 시험에 꼭 나와! **과전법**을 시행했어(1391년). 이로써 권문세족은 힘을 크게 잃게 되었지. 반대로 신진 사대부는 경제적으로 안정될 수 있었고, 백성들도 이전보다 세금 부담이 훨씬 줄어들었어.

▲ 정도전(1342~1398)
새 나라 조선을 세우는 데 가장 앞장섰던 인물이야. 조선의 정치, 경제, 문화의 기초를 설계하는 데 큰 역할을 했지.

영심이는 궁금해!

과전법이란 게 뭐예요?
관리들의 등급을 정해서 토지를 나눠 주는 법인데, 관리들은 나라를 대신해서 그 토지에서 농사지은 백성들에게 세금을 거둘 수 있었어.

 용선생의 포인트
이성계가 위화도 회군으로 권력을 잡고, 신진 사대부와 함께 과전법을 시행함.

그대의 개혁 정책을 내가 힘껏 밀어주겠소.

그런데 손은 좀 살살.

신진 사대부가 두 갈래로 나뉘져 싸우다

개혁을 하더라도 고려를 버릴 수는 없지!

▲ 정몽주(1337~1392)
고려의 대표적인 충신이야. 정몽주는 외교에도 뛰어나 일본에서 왜구에게 잡혀간 고려의 백성들을 데리고 오기도 했어.

신진 사대부 가운데는 정도전과는 달리 온건한 방법으로 개혁을 추진하자고 주장하는 사람들도 있었어. 정몽주가 대표적인 인물이지. 정도전과 정몽주는 성균관에서 함께 공부하면서 고려를 개혁할 뜻을 품은 동지였어. 정도전과 이성계가 손을 잡는 데도 정몽주가 도움을 줬을 정도니까 말이야.

둘은 권문세족의 힘을 약하게 만들고 신진 사대부가 중심이 되어 백성들이 잘 살 수 있게 하고자 노력했어. 하지만 공민왕이 죽으면서 개혁이 좌절되고 그 뒤로 귀양살이를 하는 등 힘겨운 시간을 보내기도 했지. 그럼에도 불구하고 개혁에 대한 의지는 꺾이지 않고 오히려 더 강해졌어.

이들은 고려를 개혁해야 한다는 데는 뜻을 모았지만, 다른 점도 있었어. 정도전은 나라를 뿌리부터 개혁하기 위해서 고려를 무너뜨리고 새 나라를 건설해야 한다고 생각했지. 반면 정몽주는 고려라는 나라를 유지하면서 그 안에서 잘못된 제도들을 고쳐야 한다고 생각했어.

급기야 신하들은 두 패로 나뉘져 싸우기 시작했어. 한편에서는 이성계를 중심으로 조준, 정도전 등의 신진 사대부들이 새 나라를 세우자고 주장했지. 다른 한편에서는 정몽주를 중심으로 이색, 권근 등의 신진 사대부들이 고려를 지키자고 주장했어. 위화도 회군 이후에 이성계가 바로 왕이 되지 못했던 것도 정몽주를 비롯한 반대파들이 만만찮기 때문이었지.

고려를 유지… 읏!

새로운 나라를 세워…

빡
빡

정도전과 이성계 일파는 어떻게든 새로운 왕이 필요하다는 주장을 해야 했어. 그래서 한 가지 꾀를 내었지. 우왕이 공민왕의 아들이 아닌 신돈의 아들이라고 소문을 낸 거야. 그리고는 고려 왕실의 자손이 아닌 우왕과 그 아들 창왕을 쫓아내야 한다고 주장했어.

결국 위화도 회군 몇 달 뒤 왕실의 먼 친척을 왕으로 앉혔는데, 이 사람이 고려의 마지막 왕인 **공양왕**이야. 공양왕은 이름만 왕이었지 실제 권력을 갖지는 못하고 이성계에게 왕위를 넘겨줄 때만 기다리는 신세였지.

🐸 장하다의 꿀 정보

친구들, 정몽주와 정도전이 같은 정씨라서 헷갈린다고? 이렇게 외워봐!

정도전은 이름부터 '도전'적이다, 그래서 치고받고 싸우며 새 나라를 만들려고 했다.

정몽주는 '몽실몽실'한 느낌으로 부드럽게 개혁을 하려고 했다. 이렇게 말이야!

용선생의 포인트
신진 사대부의 개혁 과정에서 정도전과 정몽주가 갈등함.

고려의 충신이 스러지고 이성계의 조선이 탄생하다

이성계·정도전 세력과 정몽주 세력이 치열하게 싸우고 있을 무렵 이성계가 말에서 떨어져 다치는 일이 생겼어. 정몽주는 병문안을 핑계 삼아 이성계의 집을 방문했지. 이성계의 상태가 어떤지 확인해 보기 위해서였을 거야.

이때 이성계의 다섯째 아들 **이방원**이 정몽주와 얘기를 나눴어. 이방원은 정몽주에게 함께 손잡고 새로운 나라에서 잘살아 보자고 정몽주를 설득했지. 정몽주만 이성계 편으로 돌아선다면 더 이상 새 나라를 세우는 데 걸림돌은 없었거든. 하지만 정몽주는 다음과 같은 시로 답했어.

고려에 대한 내 마음은 변함이 없소!

단심가

이 몸이 죽고 죽어 일백 번 고쳐 죽어
백골이 흙이 되어 넋이라도 있고 없고
님 향한 일편단심이야 가실 줄이 있으랴!

목숨을 바쳐서라도 고려에 대한 충성심이 절대 변치 않을 것이라는 뜻이었지. 이방원은 정몽주의 뜻을 절대 꺾을 수 없을 것이라는 걸 깨달았어. 그리고는 정몽주가 돌아가는 길에 **부하를 보내 정몽주를 죽여 버렸지**. 고려를 지키던 충신은 이렇게 쓰러지고 만 거야!

정몽주가 사라지자 더 이상 이성계를 반대할 세력은 없었어. 새 나라를 세우는 일은 착착 진행되어 정몽주가 죽고 몇 달 뒤 이성계가 왕이 되었지. 그리고

◀ 선죽교
북한 개성에 있는 작은 돌다리야. 정몽주는 이성계의 집에서 자신의 집으로 돌아가다가 죽임을 당했는데, 이곳 선죽교에서 죽었다는 전설이 있어.

새로운 나라의 이름은 우리 역사 최초의 나라인 고조선을 잇는다는 뜻에서 '조선'으로 정해졌어(조선 건국, 1392년).

이성계는 500년 동안 고려의 수도였던 개경을 벗어나려고 했어. 정몽주가 사라지긴 했지만, 여전히 고려를 그리워하고 조선에 충성하지 않는 사람들도 있었거든. 개경을 벗어나지 않는 한 그들이 조선에 위협이 될 수도 있다고 생각했어.

"새 나라에 걸맞은 새 수도를 찾도록 하라!"

신하들은 전국의 후보지를 찾았어. 대전의 계룡산 부근이나 서울의 신촌 지역이 유력한 후보로 떠올랐어. 그런데 결국 서울의 경복궁 근처가 새로운 수도로 결정되었어. 바로 '한양'이라고 부르던 지역이야. <u>☆시험에 꼭 나와!</u> <u>한양은 수도로서 유리한 조건</u>을 갖고 있었어. 한반도의 중심에 위치하고 있었고 **교통이 편리**해 전국 방방곡곡으로 연결되는 길이 나 있었지. 또 한강이 가까이 있어 **배로 조세**(세금)**를 실어 나르기 편했어.** 뿐만 아니라 북쪽은 산으로 둘러싸여 **외적을 막는 데 유**리했고, 한강 하류 쪽의 **넓은 평야**가 있어 수도로서 아주 적합한 곳이었지.

새 수도 한양을 계획하고 건설하는 일은 이성계의 오른팔인 정도전이 맡았어. 정도전은 유교의 가르침을 따라 건물들의 위치와 이름을 정하였지. 한양의 모습을 들여다볼까?

▲ 한양의 위치

한양은 한반도의 중앙에 위치해. 고려 시대에도 수도 개경과 더불어 남경이라 하여 중시되었어.

장하다의 꿀 정보

교외에서 평화롭게 조깅을 했다!

한양의 이점을 이렇게 외웠어!

교통이 편리하고,
외적의 침입을 막기에 좋고,
주변에 평야가 있고, 한강의 뱃길로
조세 운반이 편리!

용선생의 포인트

이성계가 조선을 건국하고 수도를 한양으로 옮겼음.

조선 시대 한양

숙정문 한양의 북쪽 대문이야. 고갯마루에 있어서 사람들의 왕래는 거의 없었어.

경복궁 조선의 첫 번째 궁궐이야. 사적.

사직단 토지와 곡식의 신에게 제사를 지내던 곳이야. 종묘와 함께 왕조를 상징했지. 사적.

조선 시대 한양의 모습이야!

돈의문 한양의 서쪽 대문이야. 일제 강점기 때 허물어서 지금은 남아 있지 않아.

숭례문 한양의 남쪽 대문이야. 국보.

주요 건축물을
직접 찾아가 보면
기억에 더 잘
남을 거야.

창덕궁 태종이 지은 궁궐이야. 유네스코 세계 문화유산에 등재되었어. 사적.

창덕궁

종묘

흥인지문

한양 도성

흥인지문 한양의 동쪽 대문이야. 보물.

한양 도성 조선 시대 한양을 둘러싼 성곽이야. 지금은 일부가 남아 있어.

종묘 왕실의 조상에게 제사 지내던 곳이야. 옆으로 긴 1층짜리 건물이지. 사적.

도성도
한양 도성 주변을 그린 지도야. 산의 모양만 보면 산수화 같지? 누가 그렸는지는 몰라. 하지만 18세기에 마련된 장용영 건물이 있는 걸로 보아 조선 후기에 제작한 것 같아. 원래 이 지도는 남쪽의 목멱산이 위로, 북쪽이 아래로 제작되었는데, 왕이 한양을 바라보는 시점을 반영한 거래. 그래서 왕이 보는 지도로 추정돼. 지금은 지도의 위아래를 뒤집어 놓은 거야. 서울대학교 규장각 한국학 연구원 소장. 보물.

파란색 곤룡포를 입은 왕은 나밖에 없지!

▲ 조선 태조 어진

'어진'은 왕의 초상화를 말해. 태조 이성계는 청색 곤룡포를 입었어. 곤룡포는 왕이 정사를 볼 때 입는 옷이야. 어진 박물관 소장. 국보.

🫓 곽두기 사전

공명정대 태도나 행동이 사사로운데 이끌리지 않고 아주 정당하고 떳떳하다는 뜻이야.

이성계의 아들들이 왕위를 두고 싸우다

이성계가 새 나라의 왕이 되는 데 가장 큰 공을 세운 사람은 정도 전과 이방원이었어. 정도전은 신진 사대부를 대표하면서 각종 개혁 정책을 시행하였고, 한양 건설도 책임졌지. 반면 이방원은 조선 건국 의 가장 큰 걸림돌이었던 정몽주를 제거했어.

그런데 이들은 조선의 정치를 어떻게 이끌어 나가야 할 것인가를 두고 생각이 전혀 달랐어. 정도전은 신하들 가운데 가장 뛰어난 인 물을 재상으로 임명해서 재상을 중심으로 나라를 운영해야 한다고 주장했어.

"왕은 타고나는 것이니 현명할 수도 있고 그렇지 않을 수도 있습 니다. 만약 현명하지 못한 사람이 왕이 되어 정치를 이끈다면 이 나 라는 어떻게 되겠습니까?"

반면 이방원은 왕이 강력한 권한을 가져야 한다고 생각했지.

"신하들은 사적인 욕심에 얽매일 수 있지만, 왕은 곧 나라와 마찬 가지이니 공명정대하게 나라를 이끌 수 있지요."

이렇게 생각이 정반대로 달랐던 둘은 태조에 이어 다음 왕이 될 세자를 책봉하는 데서 크게 갈등했어. 이성계가 큰 아들을 놔두고

신의 왕후 한씨(사망)

이성계(태조)

신덕 왕후 강씨

방우(진안군) 방과(영안군) 방의(익안군) 방간(회안군)

방원(정안군) 방연(덕안군) 경신 공주 경선 공주

경순 공주 방번(무안군) 방석(의안군)

▲ 태조 이성계 가계도

이방원과 배다른 형제인 막내아들 이방석을 세자로 책봉한 거야.

'공이 큰 것도 아니고, 첫째 아들도 아닌 어린 동생을 세자로 책봉하시다니! 이건 분명 정도전이 뒤에서 조종한 것이로구나!'

세자 책봉에 불만이 컸던 이방원은 세자로 책봉된 어린 동생과 자신과 계속 대립하던 정도전을 제거해 버리기로 마음먹었어. 그리고 마침내 태조가 앓아누워 있을 때를 틈타 군사들을 이끌고 '**왕자의 난**(1398년)'을 일으켜 세자 이방석과 정도전을 죽여 버렸어!

태조에게는 정도전 등이 왕자들을 죽이려고 해서 어쩔 수 없이 그들을 공격한 것이라고 둘러댔지. 태조는 이방원의 말을 믿기 힘들었지만, 이방원이 권력을 차지해 버린 상황에서 더 이상 뭐라고 하지 못했어.

이방원은 권력을 손에 쥐었지만 사람들이 동생을 죽였다고 자기를 손가락질할까 걱정했어. 그래서 바로 세자가 되지 않고, 자기 위의 둘째 형인 이방과를 세자로 세웠어. 태조는 곧 왕위에서 물러나고 세자가 왕이 되었는데, 그가 조선의 두 번째 왕인 정종이야. 정종은 왕위에 오르긴 했지만 실권을 쥐고 있었던 이방원의 눈치만 살폈지.

정종은 격구라는 공놀이를 하거나 사냥을 하면서 시간을 보냈다고 해. 그리고 2년 뒤에 자신의 동생이자 실권자인 이방원에게 왕위를 물려주었어. 드디어 이방원이 왕이 되었어. 그가 바로 조선의 3대 왕인 **태종**이야.

용선생의 포인트

이방원이 왕자의 난을 일으켜 세자 이방석과 정도전을 죽이고 권력을 차지함.

태종, 조선을 안정시키다

☆ 시험에 꼭 나와!

　태종은 왕이 되고 나서 무척 많은 일을 했어. 그의 여러 업적은 모두 왕권을 강화하기 위한 것이었지. 그는 왕실이 안정되어야 고려 말과 같은 혼란이 없을 것이라고 생각했어. 고려는 무신 정권 때부터 원 간섭기를 거쳐 고려 말에 이르기까지 늘 왕실이 불안했고, 이 때문에 많은 문제들이 생겼거든.

　그는 왕권을 안정시키기 위해 먼저 **사병을 없앴어.** 몽골과의 전쟁이 끝난 이후로 고려는 마음대로 군대를 조직하고 병력을 늘릴 수가 없었어. 조금만 군사 행동을 해도 원나라가 의심의 눈초리로 봤기 때문에 제대로 된 군대가 없는 것이나 마찬가지였지.

　그런데 공민왕 때부터 왜구와 홍건적의 침입으로 전쟁이 많이 일어났어. 그래서 힘 있는 자들은 자신의 사병을 거느리고 전쟁을 지휘하는 경우가 많았지. 태종이 왕자의 난을 일으킬 수 있었던 것도 역시 사병이 큰 역할을 했기 때문이야. 그런데 자신이 왕이 되었으니 이제는 왕이 거느린 나라의 군대 이외에 신하들이 거느린 사병은 왕권에 위협이 되었던 거야. 그래서 신하들의 반대에도 불구하고 사병을 모두 없애 버렸지.

　태종은 왕권에 위협이 되는 요소들을 하나씩 없애 나갔어.

　"왕 이외에 권력을 휘두르는 사람은 그 누구라도 제거할 것이다!"

곽두기 사전

사병　권력을 가진 개인이 부리는 병사를 말해.

모든 사병을 없애도록 하라!

권력은 모두 내 것이야, 흐흐!

태종은 권세를 믿고 함부로 하는 신하들이나 자신의 처남, 그러니까 왕비의 남자 형제들까지 제거해 버렸어. 자신이 죽고 아들이 왕위에 오르면 외척들이 큰 권력을 휘둘러 왕권을 위협하고 나라의 질서를 어지럽힐 수 있다고 생각했거든.

또 중앙의 명령이 지방에 잘 전달될 수 있도록 지방 제도도 고쳐 나갔단다. 고려 시대에는 주현과 속현 외에도 특수 행정 구역인 향·소·부곡 등이 있었고, 군사 행정 구역인 양계 지역도 있었어. 이들은 저마다 다른 기준으로 다스려지고 있어 지방 제도가 매우 복잡했지. 태종은 전국을 하나의 기준으로 나누어 다스리기로 했어. 그래서 전국을 8도로 나누고 여기에 시험에 꼭 나와! **관찰사**를 파견했지. 전국을 '조선 8도'라고 불렀던 것이 바로 이때부터 비롯된 거지.

8도에 파견된 관찰사는 지방 수령들이 일을 잘하나 살피는 관직이었어. 고려 시대에도 비슷한 관직이 있긴 했지만, 낮은 자리에 있는 관리들을 파견해서 제 역할을 하기 어려웠지. 하지만 조선에서는 높은 자리에 있는 관리를 관찰사로 보내서 수령들을 감독하게 한 거야. 수령들이 바짝 긴장했겠지?

영심이는 궁금해!

8도는 오늘날의 도 이름이랑 비슷하네요?

맞아. 인구가 늘어나면서 행정을 원활히 하기 위해 충청도, 경상도, 전라도를 남북으로 나눴을 뿐이지. 충청북도, 충청남도 식으로 말이야. 또 전라도에 속해 있던 제주도는 별도의 도로 나눠졌어.

8도의 정비

- 백두산
- 길주
- 함길도(함경도)
- 평안도
- 안주
- 함흥
- 평양
- 황주
- 황해도
- 해주
- 경기도
- 강원도
- 한성
- 강릉
- 원주
- 충주
- 청주
- 충청도
- 상주
- 경상도
- 전라도
- 경주
- 전주
- 나주

◀ **8도의 이름**
태종 때 정비된 조선 8도의 모습이야. 각 도의 이름은 지역의 큰 고을 이름을 한 글자씩 따서 지었어. 충청도는 충주 + 청주에서 이름을 따 만들어졌어. 강원도는 강릉 + 원주, 전라도는 전주 + 나주, 경상도는 경주 + 상주 이런 식으로 말이야. 그리고 예부터 왕이 살던 곳을 '경', 그 주변을 '기'라고 했는데, 이 둘을 합쳐 '경기도'가 되었지.

한편 중앙에서는 정승(재상)들로 이루어진 의정부의 역할을 줄였어. 조선의 각 행정 부서는 의정부에 보고를 하고, 의정부에서는 이 가운데 중요한 일만 가려서 왕에게 보고하는 게 원칙이었어. 이렇게 하면 의정부에 있는 정승들의 힘이 커질 수밖에 없었지. 왕에게 보고할 일과 보고하지 않을 일을 정승들이 선택하니 말이야. 태종은 이런 규칙을 바꿔 버렸어.

"과인이 업무가 많긴 하지만, 백성을 사랑하는 마음으로 각 부서의 일을 직접 듣도록 하겠노라!"

태종은 각 행정 부서가 왕에게 직접 업무에 대해 보고하게 하고 자신의 명령을 따르도록 했어. 왕의 권한은 더욱 커졌겠지?

또한 인구를 잘 파악하기 위해서 호패법을 실시했어. 호패법이란 16세 이상의 모든 남자들이 지금의 주민등록증과 비슷한, 일종의 신분증인 호패를 차고 다니게 한 법이야. 호패법을 시행하면서 군대나 노동력을 동원하기도 쉬워졌고, 세금도 철저하게 부과할 수 있었지.

태종의 정책에 대해 비판하고 반대한 사람들도 많지만, 태종은 왕권을 강화하는 것만이 조선이 살 길이라고 생각한 것 같아. 태종이 이렇게 왕권을 안정시킨 덕분에 그 다음 세대에는 조선의 문화가 찬란하게 꽃필 수 있었지.

▲ 호패
태종은 16세 이상의 남자들에게 호패를 항상 차고 다니게 했어. 호패에는 이름과 출생연도, 과거 합격 연도 등을 새겼어.

장하다의 꿀 정보

왕사의 팔을 보호하라!

태종의 업적을 이렇게 외웠어!

왕권 강화를 위해 사병을 없애고, 8도 정비와 관찰사 파견, 행정 부서에서 직접 보고하게 하고, 호패법 실시!

난 이런 사람이오!

군대 갈 나이구먼! 나와 함께 갑시다!

이게 아닌데….

용선생의 포인트
태종이 왕권을 강화하기 위해 사병을 없애고, 8도를 정비해 관찰사를 파견했으며 호패법을 시행함.

왕수재의 **역사 노트**

1. 조선의 건국 과정

위화도 회군

⇩

    압록강의 섬

- 이성계가 위화도에서 군대를 돌려 우왕과 최영을 몰아내고 권력을 잡음.

토지 개혁

⇩

- 이성계 세력과 손잡은 신진 사대부가 권문세족의 토지를 빼앗고 과전법을 실시함.

    새로 관리가 된 사람에게 땅 나눠 줌

신진 사대부의 갈등

⇩

- 정도전, 조준 등은 개혁을 위해 새 나라를 세울 것을 주장.
- 정몽주, 이색 등은 고려를 유지하면서 개혁할 것을 주장.

조선 건국

- 이성계의 아들 이방원이 정몽주를 죽임.
- 이성계가 조선을 건국함(1392년).

2. 조선의 수도, 한양

① 한반도의 중심에 위치하고 있어 교통이 편리함.

② 북쪽이 산으로 둘러싸여 외적을 막기 좋음.

③ 근처에 넓은 평야가 있음.

④ 한강이 가까이 있어 배를 이용한 조세(세금) 운반에도 유리함.

3. 나라의 기틀을 다진 태종

① 사병을 없애고 왕권을 강화함.

② 전국을 8도로 정비하고 관찰사를 파견함.

③ 인구를 파악하고 조세를 정확하게 거두기 위해 호패법을 실시.

> 태종의 업적을 세종의 업적과 비교해 자주 출제되니까 꼭 알아 두자!

/10점

7점 이상이야? 훌륭해!
6점 이하는 다시 읽어 보자!

01

고려 말의 상황에 대한 설명으로 알맞은 것은 무엇일까?

① 이성계가 일본 땅인 쓰시마섬을 공격했어요.

② 이성계가 최영을 내쫓고 권력을 차지했어요.

③ 명나라가 고려에게 남쪽 땅을 내놓으라고 했어요.

④ 최영과 신진 사대부가 과전법을 시행했어요.

02 한국사능력검정시험 38회 초급

(가)~(다)의 사건을 일어난 순서대로 알맞게 나열한 것은 무엇일까?

조선의 건국

위화도에서 회군하다. (가)

이성계가 즉위하다. (나)

정몽주가 피살되다. (다)

① (가)-(나)-(다)　　② (가)-(다)-(나)

③ (다)-(가)-(나)　　④ (다)-(나)-(가)

03 한국사능력검정시험 32회 초급

(가)에 들어갈 인물로 알맞은 것은 무엇일까?

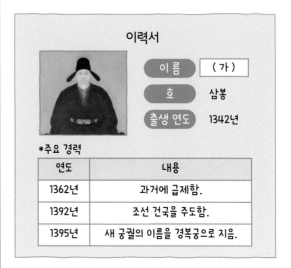

이력서

이름	(가)
호	삼봉
출생 연도	1342년

*주요 경력

연도	내용
1362년	과거에 급제함.
1392년	조선 건국을 주도함.
1395년	새 궁궐의 이름을 경복궁으로 지음.

① 이색　　② 조준

③ 정도전　　④ 정몽주

04

조선의 수도인 한양의 이점으로 알맞은 것에는 O, 알맞지 <u>않은</u> 것에는 X를 써 보자.

(1) 한반도의 중심에 있어 교통이 편리했어요.
(　　)

(2) 산으로 둘러싸여 있어 외적을 막기에 좋았어요. (　　)

(3) 근처에 낙동강이 있어 일본과 교류하기 좋았어요. (　　)

05
한국사능력검정시험 37회 초급

밑줄 그은 '이곳'에 해당하는 문화유산의 이름으로 알맞은 것은 무엇일까?

이곳은 조선 시대 역대 왕과 왕비의 신주를 모신 사당이야.

① 종묘   ② 경복궁

③ 보신각   ④ 사직단

06

다음 ㉠, ㉡에 들어갈 알맞은 말을 <보기>에서 찾아 써 보자.

<보기>	태조	태종	관찰사	별무반

(㉠)은 나라를 효과적으로 다스리기 위하여 전국을 8개의 도로 나누고 (㉡)를 파견하였다.

(1) ㉠ : (   )

(2) ㉡ : (   )

07
중학교 학업 성취도

다음 글에서 설명하고 있는 제도에 대한 설명으로 알맞은 것은 무엇일까?

조선은 16세 이상의 남자들이 신분을 증명할 수 있는 패를 지니고 다니도록 했다. 그 패에 신분이나 직업 등이 적혀 있었다.

① 신진 사대부의 힘이 약해졌어요.

② 태조 이성계에 의해 실시되었어요.

③ 군대나 노동력을 동원하기 쉬워졌어요.

④ 권문세족이 사라지는 계기가 되었어요.

08
서술형 문제

신진 사대부를 대표하는 정몽주와 정도전은 생각이 같은 부분도 있고 다른 부분도 있었어. 각 인물의 주장을 간단하게 써 보자. [3점]

(1) 정몽주 : _____

_____

_____

(2) 정도전 : _____

_____

_____

연극 : 고려 말을 개혁한 사람들

오늘은 역할 놀이를 할 거야. 정몽주를 맡고 싶은 사람?

저요! 고려 최고의 충신이잖아요!

나는 정도전을 맡아야겠어.

그럼 난 이성계!

그래, 이분들을 각자 맡아서 연기해 보자.

이 파란색 옷은 딱 내 취향이네!

두기야, 우리는 백성 1, 2 하자.

태조 이성계

정몽주

정도전

이 땅은 전부 우리 권문세족의 땅이다!

아이코, 그러면 저희는 뭘 먹고 살아야 합니까요!

내 땅!

권문세족

백성

털 썩

해도해도 너무하십니다요.

고려는 뿌리부터 모든 걸 바꿔야 합니다.

내가 힘껏 돕겠소!

불끈

부들부들

정도전

이성계

조선을 설계한 정도전, 충신으로 떠받들어진 정몽주

정도전은 고려 말의 개혁을 이끌고 조선을 개국하는 데도 앞장 섰어. 특히 한양을 설계하고, 조선의 법을 기초했지. 비록 이방 원에게 죽임을 당했지만 조선을 전체적으로 설계한 사람이 정 도전이라는 건 부인할 수 없어.

한편 정몽주도 이방원에게 죽임을 당했지만, 오히려 이방원이 최고의 충신으로 떠받들었어. 나라를 세울 때는 정도전 같은 인 물이 필요했지만, 나라가 세워진 뒤에는 자신에게 충성을 다하 는 인물이 필요했던 거야. 그래서 조선을 세우는 데 반대했던 인물임에도 불구하고 조선 시대 내내 충신의 상징으로 존경을 받았어.

2. 세종 대의 문화와 과학

『훈민정음』「해례본」
훈민정음의 원리와 사용하는 방법이 자세히 쓰여 있어.
간송 미술관 소장. 국보.

안정된 조선과 명의 관계

고려와 조선은 중국의 새 주인이 된 명나라와 처음에 사이가 좋지 않았어. 그것도 그럴 것이 명나라는 고려를 위협하고, 고려는 요동을 공격하려고까지 했으니 전쟁 직전까지 갔던 셈이거든.

그러다 태종이 즉위한 후에 관계가 조금씩 좋아지기 시작했어. 태종은 명나라의 인정을 받는 게 자신의 왕권을 안정시키는 데 중요하다고 생각했어.

"못마땅하긴 해도, 조선의 안정을 위해서는 큰 나라인 명나라와 친하게 지내야겠어."

명나라 역시 조선과의 관계를 안정시키는 것이 자신들에게 유리하다고 생각했지. 그 결과 서로의 안정을 위해 조선과 명의 '사대 관계'가 시작됐어.

조선과 명의 '사대 관계'는 명나라에서 조선 왕에게 하는 '책봉'과, 조선이 명나라에 하는 '조공'으로 이루어져. '책봉'은 명나라에서 조선의 국왕을 인정해 준다는 뜻이고, '조공'은 그 대가로 조선에서 사신을 파견해서 공물을 바치는 일이야.

얼핏 들으면 큰 나라인 명나라에 작은 나라인 조선이 항복하는 것 같지만, 사실은 그렇지 않았어. 보통은 조공으로 바치는 물건보다 더 많은 물건을 명나라 황제가 돌려줘야 했고, 그 때문에 조선에서 오히려 적극적으로 사신을 보내려고 했지.

 영심이는 궁금해!

고려 시대에도 송나라에서 고려 사신을 반대했다면서요?

고려 사신들도 송나라 황제에게 바칠 물건을 가져갔지만 송나라 황제 역시 고려의 사신들에게 엄청난 양의 물건을 내려 주어야 했지. 그래서 중국의 유명한 소식이라는 학자는 고려에서 사신을 보내 오는 것이 손해가 되니 고려 사신을 받지 말자는 주장까지 했어.

"조선은 우리 명나라에 3년에 1번만 사신을 보내도록 하시오."

"안 됩니다. 1년에 3번은 사신을 보내겠습니다."

조선은 정기적으로 1년에 3번 사신을 보내고, 그 밖에도 특정 사건에 대해 보고한다든가 특별한 요청을 한다는 핑계로 몇 번이고 사신을 더 보냈어. 조선은 명나라의 발달된 문물을 수입하고 싶었어. 또 명나라의 사정이 어떤지도 궁금했거든. 그래서 계속 사신을 보낸 거야.

이렇게 명나라로 간 사신들은 조선의 금·은·가죽·면·돗자리 등을 선물로 가져갔고, 명나라에서는 비단·자기·약재·책 등과 같은 물건을 받아 왔어.

태종에 이어 세종 때는 명나라 이외의 주변 국가들과의 관계도 안정되었어. 조선의 바다 건너에는 일본이 있었는데, 일본과의 관계에서 가장 문제가 되었던 것은 왜구였어. 고려 말부터 왜구의 활동이 극심해서 조선 초까지도 조선을 괴롭히고 있었던 거야.

태종은 세종에게 왕위를 물려주고 **상왕**으로 있으면서 왜구의 본거지인 **쓰시마섬** 공격을 준비했어. 태종의 명을 받은 **이종무**는 군사를 거느리고 쓰시마섬을 정벌했고, 그 이후에는 일본과 여러 규칙을 정해서 평화적으로 무역을 하게 되었지(쓰시마섬 정벌, 1419년).

한편 조선의 북쪽에는 여진족이 있었어. 태조 이성계는 여진족과 친하게 지냈기 때문에 큰 문제가 없었지. 하지만 이후에 식량이나 생필품이 필요했던 여진이 조선을 침략하기 시작했어.

"우리 땅, 우리 백성을 괴롭히는 것은 내버려 둘 수 없다!"

여진 정벌에는 큰 비용이 들어서 신하들의 반대도 있었지만, 세종은 결연한 의지로 여진 정벌에 나섰어.

세종은 **최윤덕**을 압록강 상류에 보내 **4군**을 설치하고, 두만강 일대에는 **김종서**를 보내 **6진**을 설치하게 했어. 그 결과 압록강과 두만강을 경계로 하는 국경선이 만들어졌지. 지금 한반도 지도의 생김새는 세종의 <u>4군 6진 개척</u> 이후에 완성된 거야!

☆ 시험에 꼭 나와!

 곽두기 사전

상왕 살아있으면서 왕의 자리를 다른 사람에게 물려 준 임금을 말해.

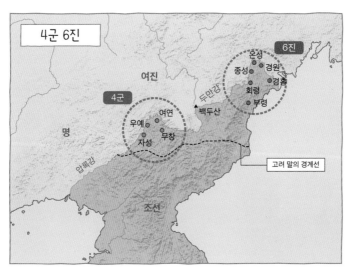

세종은 4군 6진을 개척한 후 이곳에 백성들을 옮겨 살게 했어요!

용선생의 포인트

조선이 명나라와의 관계를 안정시키고, 왜구와 여진을 정벌함.

세종과 집현전

태종에 이은 세종의 시대는 문화, 과학, 기술 발전의 전성기였어. 안정된 왕권을 물려받은 세종은 백성을 위한 학문 연구를 중요하게 생각했지. 그는 신분을 가리지 않고 능력 있는 사람들을 뽑아 등용하고, 학자들을 모아 많은 책을 펴냈어.

세종은 국립 학문 연구소라고 할 수 있는 **집현전**을 만들었어 (1420년). 집현전은 '지혜로운 학자들이 모인 집'이라는 뜻이야. 학자들이 학문 연구에 집중할 수 있도록 환경을 마련해 줬지.

세종은 **사가독서제**와 같은 제도를 실시했어. 사가독서제는 집현전 학사들 가운데서도 특별히 뛰어난 사람들을 뽑아 휴가를 주어, 다른 업무 없이 책만 읽게 한 제도였어. 세종의 이러한 노력과 관심으로 **성삼문, 신숙주, 정인지**와 같은 조선 초기의 뛰어난 학자들이 등장할 수 있었지.

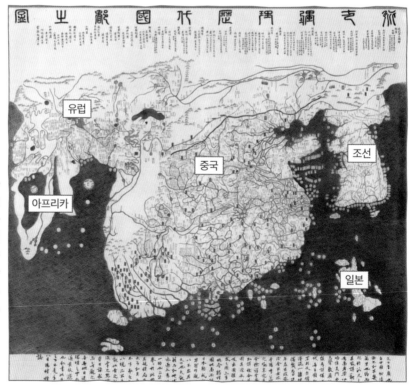

▶「혼일강리역대국도지도」
태종 때 제작된 세계 지도야. 지금까지 전하는 세계 지도 가운데 동양에서 가장 오래되었어. 지도 한가운데 중국이 가장 크게 그려져 있고, 그 다음으로 우리나라를 크게 그렸어. 반면 일본과 아프리카, 유럽은 아주 작게 표현했어. 당시 사람들의 세계관을 엿볼 수 있어.

유럽

중국

조선

아프리카

일본

세종은 고려의 역사를 정리하는 데도 큰 관심을 기울였어.

"지나간 고려 시대 역사를 제대로 알아야 조선을 올바르게 다스릴 수 있는 법이야!"

『고려사』를 만드는 일은 세종이 죽기 직전까지도 계속 진행했다고 해. 그리고 세종이 죽고 다음 해에 비로소 『고려사』가 간행되어 고려 시대의 역사를 정리한 중요한 책으로 전해지게 되었지.

세종 대에는 『고려사』 이외에도 많은 책을 만들었어. 우리나라와 중국의 역사에서 도덕적으로 모범이 되는 사람들의 이야기를 모아 글과 그림으로 꾸민 『삼강행실도』를 만들었지. 또 전국 고을의 자세한 정보를 담은 『세종실록지리지』도 편찬했어.

이렇게 많은 책을 만들기 위해서는 인쇄술도 발달해야겠지? 세종 대에는 고려에서 처음 쓰기 시작한 금속 활자가 더욱 정교하게 발전해서 이전보다 훨씬 읽기 쉬운 책을 만들어 낼 수 있었어.

 영심이는 궁금해!

선생님! 세종은 음악도 사랑했대요! 저처럼요.

세종은 궁중에서 사용되는 음악을 정리하는 일에도 관심을 기울였어. 박연에게 국가의 행사에서 연주하는 음악들을 체계적으로 정리하도록 했어. 그 결과 여민락 등 여러 궁중 음악과 다양한 악기가 만들어졌어.

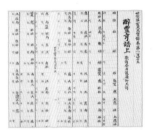

▲ 정간보
세종이 만든 악보야. 칸을 이용해 가사는 물론 박자도 기록할 수 있었지.

 용선생의 포인트

세종이 집현전을 설치하고 여러 책을 펴냄.

갑인자는 이전 금속 활자들보다 글자가 정교하고, 많이 찍어 내도 모양이 비뚤어지지 않는다네!

◀ 갑인자
1434년(갑인년)에 세종의 명으로 만든 금속 활자야. 이전의 빽빽하고 보기 어려운 활자를 보완해 좀 더 크게 만들었어.

백성을 위한 과학 기술

영심이는 궁금해!

신진 사대부들이 왜 농사에 관심을 가졌어요?

고려 말에 등장한 신진 사대부들은 주로 지방에서 크지 않은 넓이의 땅을 경작해 먹고살던 사람들이었어. 그래서 작은 땅을 가지고 많은 곡식을 수확할 수 있는 방법에 대해 관심을 가졌지. 이들은 중국의 농법을 적극적으로 도입하기도 했단다. 그래서 『농상집요』와 같은 농사 관련 책도 들여와 소개했던 거야.

"나라는 백성을 근본으로 삼고, 백성은 먹을 것을 하늘로 삼는다."

세종이 신하들에게 했던 말이야. 세종이 백성을 생각하는 마음을 잘 알 수 있겠지? 세종은 백성들이 굶주리지 않게 하는 것이 무엇보다 중요하다고 생각했어.

세종은 농사짓는 방법을 백성들에게 널리 알리려고 했어. 고려 말에도 원나라에서 농사짓는 방법이 쓰인 『농상집요』라는 책이 들어왔지. 고려 말 신진 사대부들이 농업을 발전시켜 백성들의 삶을 조금이라도 안정시키기 위해서 보급한 거야. 『농상집요』는 이후에도 중요한 책으로 이용되었지. 하지만 중국의 농사법을 들여온 것이었기 때문에 우리 땅, 우리 날씨와 맞지 않는 부분이 있었어.

그래서 세종은 우리 환경에 맞는 농사법을 연구했지. 경상도·전라도·충청도에 사는 늙은 농부들에게 일일이 농사의 비결을 묻게 하고, 그렇게 얻은 비결들을 모아서 『농사직설』을 펴냈어. 『농사직설』은 조선의 상황에 맞게 벼를 재배하는 논농사 중심으로 만들어진 것이 특징이야.

농사를 짓는 데는 씨를 뿌리고 추수해야 할 시기와 시간을 아는 것도 중요한 일이었어. 하지만, 당시에는 중국의 달력을 들여와 쓰고 있어, 우리나라에 들어맞지 않는 일이 많았지. 그래서 세종은 우리나라에 알맞은 달력을 만들어야 한다고 생각했어.

달력을 만들기 위해서는 별의 움직임을 잘 관찰해야 해. 세종은 정확한 날짜와 **절기**를 알아내기 위해 별자리 측량 도구를 만들게 했지. 이 일은 **장영실**이 맡았어. 장영실은 해와 달, 별의 움직임을 관측하는 기구인 **간의, 혼천의** 등을 만들고, 정확한 시간을 관측할 수 있도록 시계도 개발했지. **앙부일구**는 해시계인데, 오목한 그릇에 눈금을 표시하고, 해의 움직임에 따라 그림자로 시각을 알 수 있는 시계였어. 이런 해시계는 휴대할 수 있는 형태로도 개발되었어.

 곽두기 사전

절기 한 해를 스물넷으로 나누어 계절의 표준이 되게 하는 것이야. 입춘, 동지 등이 있어.

장영실(?~?)
노비 출신이었지만 세종 때 능력을 인정받아 명나라에서 천문 기구를 연구할 기회를 얻었어. 앙부일구, 자격루 등 수많은 과학 기구들이 그의 손에서 탄생했지.

▲ 『칠정산』
세종 때 외국의 사례를 참고해 우리나라의 실정에 맞게 만든 달력 계산법이야. 현재 우리가 사용하는 달력과 비교해도 큰 차이가 없을 정도로 정확하다고 해.

천체 관측 기구

▲ 간의(왼쪽)와 혼천의(오른쪽)
혼천의는 여러 개의 둥근 띠가 하루에 한 바퀴씩 돌아, 별자리의 움직임에 맞게 돌아가도록 돼 있어. 태양과 달, 별들의 움직임을 알 수 있지. 간의는 복잡한 혼천의를 간단하게 줄여 만들었는데, 혼천의의 결함을 보완해 줄 정도로 정밀도가 높았대.

▲ 앙부일구
'하늘을 우러러보는 가마솥(앙부)'처럼 생긴 '해시계(일구)'를 뜻해.

세종은 앙부일구를 사람들이 많이 다니는 길에 설치해 백성들이 편리하게 시간을 확인할 수 있게 했지. 그런데, 해시계는 한 가지 약점이 있었어. 흐린 날씨가 이어져서 태양의 그림자가 없으면 시간을 알 수 없다는 것이었지.

그래서 장영실은 날씨에 상관없이 시간을 알 수 있는 시계를 만들었어. 그는 다른 나라의 물시계를 참고해서 자동으로 울리는 물시계를 만들어 냈지. 자격루는 물이 일정한 속도로 아래로 흐르는 원리를 이용해 만든 물시계야. 일정 시간이 지나면 자동으로 종이나 북 등을 쳐 시간을 알렸지. 당시로서는 대단한 발명품이었겠지?

스스로 시간을 알려 주는 자격루

① 큰 항아리(파수호)에 물을 부으면, 물이 일정한 속도로 흘러 기다란 항아리(수수호)로 떨어져.

③ 작은 구슬이 큰 구슬을 치면 큰 구슬이 떨어지면서 첫 번째 지렛대를 눌러 인형이 종을 쳐.

② 수수호에 물이 차오르면 막대기가 조금씩 위로 떠올라 작은 구슬을 떨어뜨리게 돼!

④ 큰 구슬이 계속 떨어지면서 두 번째 지렛대를 누르면, 팻말을 든 인형이 튀어나와 시각을 알려 주지!

작은 항아리

작은 구슬

설매

수수호

농사를 잘 짓기 위해서는 비의 양을 정확하게 파악하는 것도 중요해. 언제 어느 정도의 비가 오는지를 알아야 거기에 맞는 농사법을 마련할 수 있거든.

이런 이유로 만들어진 게 바로 **측우기**야. 측우기는 유럽 최초의 우량계보다 198년이나 앞선 발명품이래. 원리는 간단하지만, 농사를 짓는 데 과학적 지식을 이용하려고 했다는 점에 주목해야 해. 그리고 이런 눈부신 과학 기술의 발전은 세종이 백성을 생각하는 마음에서 비롯됐다는 것도 잊지 말길 바라.

영심이는 궁금해!

세종 때 진짜로 농업이 발전했나요?

세종은 농사짓는 방법을 발전시켰을 뿐 아니라 황무지를 개간하고 씨앗의 품종도 개량했지. 그 결과 건국 초기와 비교해서 조선의 농업 생산량이 1.5배나 높아졌다고 해.

> 🙂 용선생의 포인트
> 농사를 잘 짓기 위해 『농사직설』을 펴내고, 천체 관측 기구와 각종 시계, 측우기를 만듦.

수표는 높이가 3m나 되네!

▲ 수표
강물의 높이로 비가 내린 양을 측정하는 기구야. 세종 때에는 청계천과 한강에 수표를 설치했어.

원통이 측우기야. 돌은 측우기를 사용하기 위해 만든 받침이지.

▲ 측우기
비가 내린 양을 측정할 수 있는 도구야. 원통 모양의 그릇에 비를 받아 눈금이 있는 자로 그 깊이를 측정했어.

훈민정음의 창제

☆ 시험에 꼭 나와!

세종 때의 수많은 업적에도 최고의 업적은 역시 <u>훈민정음</u>, 즉 한글의 창제라고 할 수 있지! 세종이 훈민정음을 만들기 전까지는 기록을 남기기 위해서는 한자밖에 사용할 수 없었어.

우리나라 말은 한자를 쓰는 중국과는 달라서, 한자만으로 하고 싶은 말을 모두 다 표현하기란 여간 불편한 일이 아니었어. 한자로는 '꼬끼오!'하는 소리나, '훨훨'하는 모양을 글로 표현하기 어렵거든.

"한자가 어려워 백성들이 자신의 목소리를 내기 어려우니, 우리말에 맞는 우리의 글자가 필요하겠구나!"

✔ 서술형 단골 문제야!

백성들의 사정을 안타까워한 세종은 우리말을 제대로 표현할 수 있는 글자인 훈민정음을 만들기로 결심했어.

조선이 세워지기 전 주변의 여러 나라들은 중국의 한자가 아닌 자신들의 글자를 만들어 쓰기 시작했어. 거란이나 여진, 티베트와 원나라에서 사용한 문자들이 그것이었어. 세종은 이렇게 여러 나라들이 자신의 문자를 만드는 데 영향을 받았을 거야. 그리고 그 글자들도 훈민정음을 만드는 데 참고했지.

영심이는 궁금해!

훈민정음 창제 이전에는 한자 이외에는 기록을 남길 방법이 없었나요?

'이두'가 있었지. 주로 지방의 향리들이 많이 사용했는데, 한자의 음과 뜻을 이용해 기록을 남기는 방법이었어. 중국의 한문과는 달랐지만, 어쨌든 한자를 이용한 기록 방법이었던 거지.

하지만 훈민정음의 창제 과정이 수월했던 것만은 아니야. 기존 한자를 중심으로 공부해 왔던 유학자들은 한글을 받아들일 수 없었거든. 글자를 안다는 것 자체로 글자를 모르는 백성들보다 위에 있을 수 있었던 시대야. 그런데 일반 백성들도 모두 배울 수 있는 쉬운 글자가 나온다면 자신들의 권위가 흔들릴 것이라 생각했지.

그뿐만이 아니었어. 유학은 한자의 발달과 그 역사를 같이 하는 학문이야. 유학을 배운다는 것과 한자를 배운다는 게 곧 같은 의미였던 거지. 그래서 새로운 문자를 만드는 것은 유학을 버리는 게 아니냐라고 생각한 거야.

당시 집현전의 **최만리**는 훈민정음 창제를 반대했던 대표적인 인물이야. 그는 새로운 문자를 만드는 데 반대하는 이유를 다음과 같이 말했어.

---

① 새로운 문자를 만드는 것이 중국의 제도를 받아들인 조선의 전통에 어긋난다.
② 거란, 여진 등의 나라를 흉내 내서는 안 된다.
③ 한글을 쓰다 보면 오랜 시간 쌓은 전통이 사라질 것이다.
④ 나랏일이 급한데 글자를 만드는 데 시간을 허비해선 안 된다.

고유 문자를 만드는 것은 오랑캐나 하는…!

하지만 세종의 입장도 단호했어. 오히려 최만리에게 한국어와 언어에 대해서 충분히 공부하지 않고 손쉬운 주장을 한다고 호통을 치기도 했지.

▲ 『훈민정음』 「해례본」
집현전 학자들이 훈민정음을 만든 원리와 용법을 자세하게 설명한 글이야. 해례본 덕분에 한글은 세계에서 유일하게 만든 목적과 원리가 알려진 언어로 인정받게 되었어. 유네스코 세계 기록 유산이야. 간송 미술관 소장. 국보.

▲ 『훈민정음』 「언해본」
훈민정음 중 한글을 만든 이유와 한글의 사용법을 간략하게 설명한 '예의' 부분을 우리말로 바꿔 놓은 글이야. 우리가 잘 아는 "나라 말이 중국과 달라…."로 시작하는 한글 문장은 언해본에 있어.

영심이는 궁금해!

세종이 28글자를 만들었는데 왜 우리가 쓰는 글자는 24개인가요?

훈민정음은 창제 당시 자음 17자, 모음 11자로 구성되었어. 이후 일부가 폐기되어서 자음 14자, 모음 10자만 쓰여. 현재 쓰이지 않는 글자에 ㆁ(옛이응), ㆆ(여린히읗), ㅿ(반치음), ·(아래아)가 있어.

여러 신하들과 유학자들의 반대에도 세종은 결국 훈민정음 28자를 창제하고 백성들에게 반포했어(1446년). 훈민정음이 반포된 이후에도 양반들은 한문을 우선시하고 훈민정음을 박대했지.

하지만 훈민정음은 세종의 창제 정신에 맞게 일반 백성과 여성들에게 조금씩 퍼져 나갔어. 그리고 지금의 '한글'로 이어져 오게 되었지. 지금 이 순간에도 우리는 한글을 쓰면서 세종이 백성을 생각한 마음을 생각해 봐야 할 것 같아.

용선생의 포인트
세종이 백성들을 생각하는 마음으로 훈민정음(한글)을 만듦.

왕수재의 **역사 노트**

1. 조선 초기 주변 나라와의 관계

명나라	• 사대 관계를 맺음. • 금·은·가죽·면·돗자리 등을 바치고 비단·자기·약재·책 등의 물건을 받음.
일본	• 세종 때 왜구를 없애기 위해 쓰시마섬을 정벌함. ^{이종무!} • 일본과 규칙을 정해 교역함.
여진	• 세종 때 압록강에 4군, 두만강에 6진을 설치함. ^{최윤덕! 김종서!} ⇒ 압록강과 두만강을 경계로 하는 국경선이 만들어짐.

2. 세종 대의 문화 발전

① 집현전을 설치해 학자들이 학문을 연구할 수 있도록 함.

②『고려사』를 만들어 고려의 역사를 정리함.

③『삼강행실도』,『세종실록지리지』등 많은 책을 편찬함.

3. 세종 대의 과학 기술 발전

① 우리 환경에 맞는 농사 비결을 모아『농사직설』을 펴냄.

② 간의, 혼천의 등 별자리 측량 도구와 앙부일구, 자격루 등 시계를 개발함.
   ^{해시계! 물시계!}

③ 측우기를 개발해 강우량을 파악함.

4. 훈민정음의 창제

① 세종이 스물여덟 자로 이루어진 '훈민정음(한글)'을 창제함.

② 신하들의 반대에도 훈민정음을 반포함(1446년).

세종의 업적은
시험에 잘 나오니까
꼼꼼하게 정리해 둬!

/10점

7점 이상이야? 훌륭해!
6점 이하는 다시 읽어 보자!

나선애의 실력 다지기

01

조선 전기의 대외 관계로 알맞은 것에는 ○, 알맞지 않은 것에는 ✕를 써 보자.

(1) 조선은 명나라와 사대 관계를 맺었어요. ( )

(2) 조선은 여진족이 사는 쓰시마섬을 정벌했어요. ( )

02 한국사능력검정시험 37회 초급

(가)에 들어갈 제목으로 알맞은 것은 무엇일까?

> **역사 신문**
>
> **(가)**
>
> [지도: 여진, 명, 조선, 압록강, 두만강, 백두산, 온성, 종성, 경원, 회령, 경흥, 부령, 우예, 여연, 자성, 무창]
>
> 국경에 여진족의 침입이 잦아짐에 따라 정부는 최윤덕과 김종서 등을 보내 여진족을 정벌하였다. 그 결과 조선의 영토는 압록강과 두만강까지 넓어졌다.

① 청해진을 설치하다.

② 4군 6진을 개척하다.

③ 강동 6주를 획득하다.

④ 요동 지방에 진출하다.

03 한국사능력검정시험 38회 초급

다음 탐구 주제에 대한 모둠별 발표 제목으로 알맞은 것은 무엇일까?

> **탐구 주제: 세종 대 문화와 과학 기술의 발전**
>
> (가) 천리 밖도 보인다는 천리경
>
> (나) 우리 현실에 맞는 농사법을 정리한 『농사직설』
>
> (다) 별을 관찰하던 첨성대
>
> (라) 종로 거리를 달리는 전차

① (가) ② (나) ③ (다) ④ (라)

04

다음 책에 대한 설명으로 알맞은 것을 <보기>에서 찾아 기호를 써 보자.

> **<보기>**
>
> ㉠ 고려의 역사를 정리한 책
>
> ㉡ 전국 고을의 자세한 정보를 담은 책
>
> ㉢ 도덕적으로 모범이 되는 사람들의 이야기를 글과 그림으로 꾸민 책

(1) 『고려사』 : _____

(2) 『삼강행실도』 : _____

(3) 『세종실록지리지』 : _____

05

다음 특별전에 전시될 사진으로 가장 알맞은 것은 무엇일까?

특별전

사진으로 보는 조선 시대의 문화유산

행복구에서 조선 시대의 문화유산에 대해 특별전을 개최합니다.
많은 관심 부탁드립니다.

• 장소: 구민회관
• 일시: △△월 △△일

① 칠지도　　　　② 고려청자
③ 앙부일구　　　④ 농경문 청동기

07

밑줄 그은 '이 왕'의 업적으로 알맞은 것은 무엇일까?

이곳은 조선시대 왕과 왕비가 묻힌 곳입니다. 이 왕은 훈민정음을 창제했습니다.

① 과거제를 실시했어요.
② 집현전을 운영했어요.
③ 화랑도를 정비했어요.
④ 정동행성을 폐지했어요.

06

다음에서 공통적으로 이야기 하고 있는 것으로 알맞은 것이 무엇인지 써 보자.

• 세종의 명을 받아 장영실이 만들었어요.
• 물의 흐름을 이용해 종, 북, 징을 자동으로 쳐서 시간을 알려주는 기구예요.

08

세종은 훈민정음을 만들어 반포했어. 훈민정음이 만들어진 목적과 훈민정음 창제의 의의에 대해 간단히 써 보자. [3점]

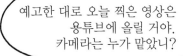

예고한 대로 오늘 찍은 영상은 용튜브에 올릴 거야. 카메라는 누가 맡았니?

짠! 제가 맡았어요!

너 뭔가 달라 보인다?

이 변사는 어젯밤 엄마 팩을 하고 잤지!

그럼 레디, 컷!

누구나 쉽게 배울 수 있는 새 글자를 만드는 거야!

늦은 밤까지 세종은 문자 연구에 열심인데….

여기에 점을 찍고, 혀 모양이 이러니까 흐….

도대체 무슨 고민이 있으신지….

무엇을 연구하는지 신하들에게도 비밀~, 쉿!

1443년

그동안 나는 누구나 쉽게 배우고 사용할 수 있는 언문 28자를 만들었다!

전하, 이런 중대한 일을 저희와 상의도 없이 진행하시다니요. 게다가 고유 문자를 만드는 건 오랑캐나 하는 짓이옵니다.

한자를 버리면 옛 성현의 말씀도 모르게 되옵니다!

세종은 드디어 훈민정음 창제 사실을 밝히지만, 신하들의 반대에 부딪히고….

3. 조선 전기의 정치와 사회

성균관 명륜당(서울 종로)
성균관에서 유생들이 글공부하던 곳이야. 과거 시험을 이곳에서 보기도 했지.
명륜당 앞에 세워진 은행나무는 나이가 무려 400살이나 된다고 해. 사적.

1453
계유정난

1485
『경국대전』 완성

1498
무오사화

1506
중종반정

1543
백운동 서원
(소수 서원) 건립

조선의 제도를 정비하다

세종을 이어 왕위에 오른 **문종**은 불과 2년 만에 38세의 나이로 죽었어. 그 뒤를 이은 어린 아들 **단종**은 겨우 11세의 나이였지.

"경들은 어린 나를 도와주기 바란다."

새로운 왕의 나이가 어렸기 때문에, 자연히 높은 자리의 신하들이 나라를 다스렸어. 문종은 죽기 전에 대신들에게 단종을 도와 달라고 당부했고, 단종도 모든 사안을 의정부·**6조**의 대신들과 함께 하겠다고 선언했거든.

하지만 정치가 대신들을 중심으로 흘러가자 불만을 품은 사람이 나타났어. 바로 어린 단종의 삼촌인 **수양 대군**이었지. 문종의 동생인 수양 대군은 반란을 일으켜 자신을 반대하는 대신들을 죽이고 단종을 몰아낸 후 왕위에 올랐어(계유정난, 1453년). 그가 바로 조선 제7대 왕 세조야.

왕위를 차지한 세조는 왕권을 강화하려고 노력했어. 많은 공신을 책봉해서 신하들을 자신의 편으로 끌어들였지. 또 태종이 시행했다가 세종 대에 폐지된 정책들을 다시 끄집어냈어. 행정 부서인 **6조에서 왕에게 직접 보고**하게 하고, **호패법**도 다시 시행했지.

곽두기 사전

6조 조선 시대에 국가의 일을 나누어 맡아보던 6개의 부서를 말해.

더 알려 줄게!

사육신

성삼문, 박팽년 등의 신하들은 쫓겨난 단종을 다시 왕위에 올리려고 계획했어. 하지만 사전에 발각되어 처형당하고 말았지. 이들은 고문을 당하면서도 세조를 왕으로 인정하지 않았다고 해. 이때 죽은 여섯 신하를 가리켜 사육신이라고 해.

◀ **청령포(강원 영월)**
단종이 유배된 곳이야. 배가 없으면 드나들기도 어려웠지.

세조를 이어 예종이 왕위에 올랐지만, 1년 만에 죽고 그 뒤를 이어 **성종**이 즉위했어. 성종이 처음 즉위했을 때는 세조의 정치를 도왔던 대신들이 권력을 잡고 있었어. 성종은 이들을 견제하면서 왕과 신하들이 조화롭게 정치를 운영해 나갈 수 있는 방법을 찾았어.

"젊은 선비들을 등용해서 고위 대신들이 나랏일을 마음대로 하지 못하게 해야겠어."

성종은 젊은 선비들을 뽑아 **3사**에 임명했어. 3사란 관리들을 감독하는 **사헌부**, 나랏일에 대해 **간언**을 올리는 **사간원**, 학문 연구를 하는 **홍문관**의 세 관청을 말해. 이 기관의 관리들은 비록 높은 자리는 아니지만 나랏일에 대해서 자기주장을 펼칠 수 있었고, 이들의 주장에 대해서는 대신은 물론 왕도 함부로 막을 수 없었어.

3사의 젊은 관원들은 활발한 활동으로 힘을 키워 나갔어. 그리고 차츰 자신들의 세력을 형성하기 시작했지. 이후에 이들을 선비들의 무리라는 뜻으로 '사림'이라고 불렀어. 성종 대에는 성종과 대신, 그리고 사림이 균형을 이루며 나랏일을 처리했지.

 곽두기 사전

간언 웃어른에게 잘못된 일을 고치도록 충고하는 걸 말해.

영심이는 궁금해!

세조와 성종의 정책은 어디서 본 것 같은 느낌이 들어요.

아마도 태종과 세종의 정책들과 비슷하게 느껴져서 일 거야. 세조는 왕권을 강화하면서 태종이 시행했던 정책들을 다시 시행했지. 한편 성종은 어릴 때부터 세종을 본받으려고 노력했던 것 같아. 그래서 세조 때 폐지됐던 경연(왕의 공부)을 부활하고, 집현전 대신에 홍문관을 설치해서 학문 연구를 하게 했지. 신하들과 조화롭게 정치를 이끌려고 했던 부분도 세종과 비슷한 부분이야.

▲ 조선 최고의 법전, 『경국대전』

'나라를 다스리는 큰 법전'이라는 뜻이야. 조선의 행정 부처인 6조에서 맡은 업무를 기준으로 「이전」, 「호전」, 「예전」, 「병전」, 「형전」, 「공전」의 순서대로 엮었어. 나랏일과 관련된 법률뿐만 아니라 백성들의 일상생활과 관련된 내용도 있지. 가령 남자는 15세, 여성은 14세가 되어야 결혼할 수 있다던가, 토지나 집을 사거나 팔면 100일 내 관청에 보고해야 한다는 등의 내용 말이야.

세조와 성종은 정치를 운영하는 방법은 서로 달랐지만, **조선의 제도를 정비**해야겠다는 생각은 같았어. 이들이 가장 중요하게 생각했던 것이 바로 조선의 법전을 편찬하는 일이었지.

조선은 건국 초기부터 법전을 만들어 제도를 정비하려고 했어. 고려는 기본적인 법전이 없어서 법을 집행하는 게 들쑥날쑥할 수밖에 없었거든. 그래서 조선을 세운 신진 사대부들은 이전의 법과 이웃나라의 법을 참고해서 『경제육전』이라는 법전을 만들었어.

그 이후에도 조선의 법은 계속 고쳐져서 세조는 그때까지 만들어진 모든 법을 정리하는 법전을 만들 계획을 세웠어. 세조의 죽음으로 완성되지 못했던 법전은 성종 때 비로소 완성해서 온 나라에 반포하게 되었지. 그것이 바로 조선 최고의 법전 **『경국대전』**이야(1485년).

『경국대전』이 완성된 뒤로 『경국대전』을 보완하는 법전이 여럿 나왔어. 하지만, 그 법전들은 『경국대전』의 내용을 부정한 것이 아니라 보충하는 것들이었어. ☆시험에 꼭 나와! <u>『경국대전』은 500여 년 동안 조선 최고의 법전으로서 모든 법전의 기준이 되었지.</u>

🐸 장하다의 꿀 정보

성종은 조선의 제도를 정비한 왕이야. 그런데, 고려의 제도를 정비한 왕도 성종이었던 것 기억하지?

이들은 제도를 마련했다는 뜻에서 이룰 성(成)자를 써서 성종이라고 한 거야. 이제 고려든 조선이든 성종이 나오면 제도를 정비한 왕이란 거 알아둬!

제도를 마련한   성종들!

용선생의 포인트

세조와 성종을 거쳐 『경국대전』이 완성되고 사림이 등장함.

사화, 선비들이 화를 입다

성종 때 고위 대신들과 사림, 국왕이 조화를 이뤄 나랏일을 운영하던 분위기는 성종의 뒤를 이은 **연산군** 때가 되면서 확 바뀌었어.

"전하 이러시면 아니되옵니다!"

"경들은 이것도 안 된다, 저것도 안 된다, 안 된다 소리만 하는구나!"

사림들이 유교의 여러 덕목으로 자신에게 간언하자 연산군의 불만은 커져 갔어. 급기야 연산군은 **사화**를 일으켜 사림들을 대거 제거했어. 사화란 선비들이 화를 입었다는 뜻인데, 조선에서는 크게 네 번의 사화가 있었어. 그 첫 번째와 두 번째 사화가 연산군 대에 일어났지.

연산군은 사림들이 자신의 증조할아버지인 세조를 비판했다는 이유로 많은 신하들을 죽였어. 무오년에 이 사건이 일어났다고 해서 **무오사화**라고 불러.

또 자신의 어머니가 억울하게 죽었다고 생각해서 어머니의 죽음과 관련된 신하들을 처벌했지. **갑자사화**라고 불리는 이 사건에서는 사림뿐만 아니라 대신들도 큰 피해를 입게 되었어.

사화 외에도 연산군은 나랏일을 자기 멋대로 운영했고, 백성들에게도 못살게 굴어서 조선 최악의 폭군으로 기록됐지. 결국 참지 못한 신하들은 뜻을 모아 **반정**을 일으켜 연산군을 쫓아내고 연산군의 이복동생인 중종을 새 임금으로 앉혔어(중종반정, 1506년).

🪶 곽두기 사전

반정 돌이킬 반(反), 바를 정(正)을 써서 바른 상태로 돌아간다는 뜻이야. 조선 시대에는 중종과 인조의 반정이 있었지.

중종이 왕위에 올랐을 때는 반정의 공신들이 엄청난 권력을 누렸어. 중종은 이들을 견제하기 위해서 성종과 마찬가지로 3사의 권한을 강화하고 사림을 등용했어. 이때 **조광조**와 같은 신진 학자가 뽑혀 개혁을 주도해 나갔지.

조광조는 **현량과**라는 새로운 관리 선발 방법을 시행해 젊은 사림들이 벼슬에 오를 수 있는 길을 열었어. 그리고 이들을 이끌고 도교나 민간 신앙과 관련된 행사나 관청을 없앴어. 유교에서는 다른 종교를 옳지 않은 사상이라고 생각했거든. 또 공신들의 권한을 크게 약화시키기도 했지.

하지만 이런 조광조의 개혁에 대해 중종은 너무 급진적인 방법이라고 생각했던 것 같아. 고위 대신들이 조광조를 헐뜯자 중종도 이에 동조해 결국 조광조와 그를 따르던 사림들을 조정에서 쫓아내 버렸어. 이 사건이 세 번째 사화인 **기묘사화**야.

마지막 사화는 중종의 아들인 명종 대에 일어났어. 명종의 어머니인 **문정 왕후**와 명종의 외삼촌인 **윤원형**이 반대파들을 대거 숙청한 사건이 네 번째 사화인 **을사사화**야.

이렇게 사화를 거치면서 많은 사람들이 희생되었어. 하지만 사림은 계속해서 자라나고 있었지. 이들은 유교적 질서를 백성들에게 보급하면서 힘을 키워 갔어.

 장하다의 꿀 정보

사화가 많이 나와 헷갈린다고? 4대 사화를 한번 정리해 볼까?

무오사화 - 연산군이 세조에 대한 비판을 빌미로 사림을 없앰.

갑자사화 - 연산군이 자신의 어머니의 죽음과 관련된 신하들을 대거 처벌함.

기묘사화 - 중종과 대신들이 개혁 정책을 추진하던 조광조와 그의 무리를 쫓아냄.

을사사화 - 문정 왕후의 동생 윤원형이 반대파를 없앰.

 용선생의 포인트

네 번의 사화를 통해 많은 사림이 희생됨.

사림의 성장과 붕당의 탄생

사림은 나라 전체에 유교 윤리를 보급하기 위해 노력했어. 중앙 정치에서는 사화를 겪으며 좌절했지만, 지방에서는 조금씩 힘을 키워 나갈 수 있었지. 사림은 지방 사회에서 힘을 키우기 위해 **서원**을 세웠어.

서원은 사립 교육 기관이야. 선비들이 모여 성리학을 공부하고, 성리학에서 모시는 옛 **성현**들에게 제사도 지내는 곳이었지. 조선 최초의 서원은 중종 대에 주세붕이 세운 **백운동 서원**이었어. 명종 때는 백운동 서원에 '소수 서원'이라는 이름을 새긴 현판과 책, 토지, 노비 등을 하사했어. 이렇게 나라에서 공식적으로 인정하고 지원한 서원을 **사액 서원**이라고 해. 나라에서 지원을 하자 전국에서 서원이 건립되기 시작했지.

사림들은 서원에서 학문을 연구하고 제자들을 길러 냈어. 그리고 나랏일에 대한 지방 선비들의 여론을 모으면서 정치적으로도 힘을 키웠지. 서서히 지방에서 힘을 키운 사림들은 **시나브로** 중앙 정계에 진출해서 권력을 잡기 시작했어.

~~서술형 단골 문제야!~~

곽두기 사전

성현 성인과 어진 사람을 말해. 서원에서 제사 지내는 성현은 보통 공자, 주자(중국의 유학자), 정몽주 등이었지. 조선 후기에는 이황이나 이이, 송시열 같은 조선의 유학자에게도 제사를 지냈어.

곽두기 사전

시나브로 모르는 사이에 조금씩 조금씩이란 뜻이야.

▲ 소수 서원(경북 영주)

우리나라 최초의 서원이야. 서원의 중앙에는 학생들이 공부하는 강당이 있고, 그 주위로 교수와 학생들의 숙소가 자리 잡고 있어. 그리고 서원의 가장 안쪽에는 성현에 제사 지내는 사당이 있지. 소수 서원은 유네스코 세계 문화유산에 등재되었어. 사적.

▲ 이황(1501~1570)
이황은 도덕과 원칙을 중요하게 생각했어. 그의 연구는 일본과 중국의 유학자들에게도 영향을 주었어.

▲ 이이(1536~1584)
이이는 현실 개혁에 관심을 두었어. 임진왜란이 일어나기 전에 전쟁을 대비해서 군사를 길러야 한다고 주장하기도 했어.

선조 때는 사림의 중앙 진출이 활발해졌어. 이전에 권력을 쥐고 있던 대신들은 물러났고, 선조는 적극적으로 사림들을 등용했거든. 이제 조정은 사림으로 모두 채워졌지.

그러다 보니 사림들 사이에서 갈등이 생겨나기 시작했어. 그 계기는 **이조 전랑**이라는 관직에 누구를 임명하느냐 하는 것이었지. 이조 전랑은 높은 관직은 아니었지만, 하급 관리들을 임명할 수 있는 중요한 자리였거든.

결국 사림은 **동인**과 **서인**, 두 무리로 갈라졌어. 동인은 **이황**의 가르침을 따르는 사람들이 많았는데, 이황은 도덕과 원칙을 중요하게 생각했지. 반면 서인은 **이이**의 가르침을 따르는 사람이 많았어. 이들은 현실 개혁을 중요하게 생각했단다.

이렇게 학문적인 입장이나 이념에 따라 사림들이 무리를 만든 것을 붕당이라고 해. 이들 **붕당**은 서로 견제하고 비판하면서 조선의 정치를 이끌어 갔지. 선조 때부터 이후 300여 년간 조선의 정치는 국왕과 이들 붕당이 그 주역이 되었어.

 곽두기 사전

이조 전랑 이조 전랑은 높은 관직은 아니지만 3사의 관리를 임명하고, 자신의 후임을 임명할 수 있는 권한이 있어서 아주 중요한 자리였어.

 용선생의 포인트
서원을 통해 힘을 키운 사림이 붕당을 만듦.

유교 문화의 확산

법과 함께 나라를 다스리고 사회를 안정시키는 데 중요한 것이 바로 도덕 교육이지. 조선은 왕부터 신하, 백성 모두가 유교의 가르침에 따르는 나라였어. 그래서 조선을 '유교의 나라'라고 부르기도 해. 유교의 가르침 가운데서도 특히 강조된 것은 삼강오륜이었어.

"부모 자식과 임금 신하, 남편과 아내의 관계는 천하의 근본이니, 그 관계가 안정되면 천하도 안정되는 법이다!"

이러한 생각에 따라 세종이 만들라고 명령한 책이 바로 『삼강행실도』야. 『삼강행실도』는 효자·충신·열녀의 사례를 모아 만든 조선의 도덕 교과서였어. 『삼강행실도』는 한문을 알지 못하는 어린이와 일반 백성들을 위해서 그림을 곁들여 설명했다는 것이 큰 특징이야. 중종 때는 『삼강행실도』를 보충하는 『이륜행실도』를 만들기도 했지.

🐱 곽두기 사전

삼강오륜 사람 사이에 마땅히 지켜야 하는 유교적 윤리를 말해. 백성은 나라에 충성하고, 부모와 웃어른을 공경하며, 남녀 간의 도리를 지켜야 한다는 거야.

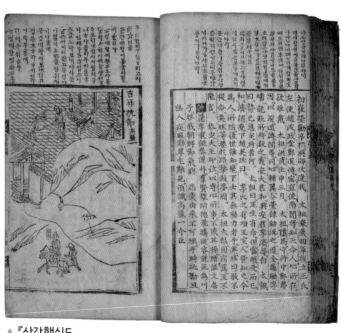

▲ 『삼강행실도』

세종은 백성들에게도 성리학의 가르침을 전하기 위해 글과 함께 그림을 넣어 누구든지 내용을 쉽게 알 수 있도록 했어. 1490년 성종 때에는 여기에 한글 번역을 추가한 책을 펴냈지.

나라에서 유교 보급을 힘쓰는 동안 지방 사회에서는 사림들이 유교 문화를 보급하려고 힘썼어. 사림들은 서원과 더불어 향약을 만들어 사회 질서를 바로잡으려고 했지.

향약은 마을 주민들이 지켜야 할 규칙을 스스로 정한 거야. 그 내용은 부모에게 효도하고, 이웃을 돕는 등의 일이었어. 원래 지방 사회에는 어려운 일이나 마을의 큰일이 생기면 서로 돕는 전통이 있었어. 사림은 여기에 **유교적인 윤리**를 더해 규칙을 만든 거야.

사림은 향약을 만드는 데서 한 걸음 더 나아가 그것이 잘 시행되는지 감독까지 했어. 그래서 마을에서 향약을 어긴 사람을 보면 자치적으로 처벌하기도 했지. 이 과정에서 사림들이 임의대로 규칙을 적용해서 마을 사람들을 괴롭히는 일도 생겼지만 말이야.

이렇게 **성리학**을 익힌 사람들이 열심히 노력한 결과 조선 사회는 조금씩 바뀌어 갔어. 부모와 어른을 공경하고, 나라에 충성하고 남자와 여자 사이의 구분을 당연한 것으로 받아들이는 분위기가 되었지. 장례나 제사와 같은 의례로 유교의 영향을 받았으며, 맏아들을 중심으로 하는 가족 관계도 차츰 정착하게 되었어.

 영심이는 궁금해!

고려 시대에는 제사를 어떻게 지냈어요?

고려 시대에는 절에서 장례를 치르고 제사까지 지내는 경우가 많았어. 절 근처에서 화장하고 그 유골을 절에 모신 후에 다시 절을 찾아와 제사를 지내기도 했지. 그리고 아들만 제사를 맡을 수 있었던 것이 아니라 딸이나 외손자도 제사를 맡을 수 있었단다.

 용선생의 포인트

국가와 사림들의 주도로 조선 사회에 유교 문화가 확산됨.

조선 시대의 신분

조선도 고려와 마찬가지로 태어나면서부터 신분이 정해져 있었던 신분제 사회였어. 법으로는 신분을 **양인**과 **천민**으로만 나눴지. 하지만 실제로는 양반·중인·상민·천민의 넷으로 신분이 구분되고 있었어.

가장 높은 신분이었던 **양반**은 원래 문신과 무신을 합쳐서 관리들을 일컫는 말이었어. 하지만 양반은 차츰 **지배층**을 일반적으로 부르는 말이 되었지. 양반이 되기 위해서는 **과거 시험**에 합격해 관리가 되어야 했어.

양반은 대대로 벼슬을 하면서 경제적으로 넉넉했어. 많은 땅과 노비를 가지고 있어서 스스로 일하지 않아도 노비들이 농사지은 것으로 여유롭게 살 수 있었지.

중인은 양반과 상민의 중간 계층들이었어. 중인은 **기술직 관리**나 **지방의 하급 관리**가 대부분이었어. 기술직 관리는 외국어, 수학, 의학 같은 전문적인 지식을 가졌지. 이들은 과거 시험 가운데 **잡과**를 거쳐 기술직 관리가 될 수 있었어.

중인은 양반들만큼 사회적으로 대우받지는 못했지만, 자신의 능력으로 경제적인 부를 쌓을 수 있었어. 특히 사신의 통역관으로 참여한 중인들은 이웃나라의 물건을 사 와 상인들에게 넘겨 큰돈을 벌기도 했지.

🐟 **곽두기 사전**

잡과 조선 시대 과거에는 문과, 무과, 잡과가 있었어. 잡과로 법률, 통역, 의학 등의 기술직 관리를 뽑았지.

양반

중인

조선 시대의 일반 백성이었던 **상민**은 법으로는 과거 시험을 볼 수 있었지만, 경제적인 여유가 없어서 교육을 거의 받지 못해 관리가 되기는 어려웠어. 상민의 대부분을 차지하는 건 **농민**이었고, **상인**이나 **수공업자**도 일부 있었지.

상민은 나라에 세금을 내고, 국방의 의무도 졌어. 또 큰 토목 공사에서 일을 하는 것도 상민이었지. 그러니 나라를 떠받드는 기둥이었다고 할 수 있어.

천민은 조선 시대 최하층 신분이었는데, 대부분이 **노비**였어. 노비들은 노비 주인이 누구냐에 따라 관청에 속한 '**공노비**'와 개인이 소유한 '**사노비**'로 나뉘었어. 또 주인집에 살면서 일을 하는 솔거 노비와 주인과 따로 살았던 외거 노비도 있었지.

노비 주인은 노비를 물건처럼 생각해서 그들을 사고팔거나 상속하기도 했어. 또 노비의 자식도 노비가 되었지. 하지만 노비도 가족을 꾸리고 자기 재산도 소유했어. 심지어는 노비를 거느린 노비도 있었지. 하지만 이건 매우 드문 예이고, 대부분의 노비는 매우 힘들게 생활할 수밖에 없었단다.

한편 백정이나 광대, 무당, 기생 등은 법적으로는 양인이었지만 천한 직업을 갖고 있다 하여서 실제로는 천민처럼 여겨졌어.

 영심이는 궁금해!

외거 노비들은 어떤 일을 했나요?

주인과 떨어져 살던 외거 노비들은 주인에게 매년 일정한 양의 물건을 바치면 되었어. 그래서 주인이나 다른 사람의 땅을 경작했어. 간혹 물건을 만들거나 장사를 하는 사람도 있었지.

용선생의 포인트
조선 시대에는 양반, 중인, 상민, 천민의 신분이 있었음.

농사는 나라의 근본이지!

상민

내가 올 때까지 마당 청소 다 해 놓아라!

에헴!

예, 나리~.

급신

천민

조선 시대 사람들의 의식주와 놀이

조선 시대 사람들은 의식주에서부터 놀이 문화까지 많은 점에서 고려와 달랐어. 고려 때 상류층은 주로 **비단** 옷을, 일반 백성들은 **삼베**로 만든 옷을 입었어. 그런데 고려 말에 목화가 보급되면서 **면**으로 옷을 만들어 입기 시작했지.

면은 싸면서도 질기고 따뜻했거든. 그 전까지 백성들은 추울 때도 삼베옷을 껴입는 수밖에 없었는데, 면이 보급되면서 좀 더 따뜻하게 겨울을 날 수 있었지. 나라에서 면으로 된 옷을 입도록 적극적으로 권장해서 양반이든 상민이든 할 것 없이 면으로 된 옷이 유행했어. 집집마다 면으로 옷을 만들어 입어서 **면포**는 화폐 대신 사용할 정도가 되었지.

😀 **곽두기 사전**

면포 포는 옷감을 말해. 면 포는 목화에서 뽑은 면으로 만든 옷감이야.

집의 모습도 바뀌었어. 고려 때도 지붕에 기와를 쓰긴 했지만, 조선에 들어 화재 예방책으로 **기와**를 권장해서 더욱 널리 쓰게 되었어. 또 남녀 간에 구분을 당연시하는 유교 문화 때문에 남녀가 사용하는 공간을 나누기 시작해서 양반 집에서는 **안채**와 **사랑채**로 구분해 생활했지.

고려의 귀족들은 궁궐처럼 큰 집을 짓고 화려한 생활을 누렸어. 하지만 유교에서는 이런 사치는 해서는 안 된다고 가르쳤지. 그래서 조선의 양반들은 집도 이전보다 검소하게 짓게 되었어. 물론 일반

백성들이 보기에는 그것도 어마어마하게 커 보였겠지만 말이야. 일반 백성들은 여전히 초가집에 사는 게 보통이었고, 집의 크기도 '초가삼간'이라는 말처럼 방과 마루, 부엌으로 이루어진 아주 작은 규모가 대부분이었거든.

조선 시대에는 신분에 따라 먹는 것도 차이가 많이 났는데, 부유한 양반 집에서는 쌀밥에 고기나 생선, 채소 등의 반찬으로 9개의 반찬을 올린 9첩 상을 차렸대. 하지만 일반 백성들의 밥상에는 보통 3첩을 차리는 정도였지.

그렇다면 조선 시대 사람들은 무엇을 하고 놀았을까? 조선 시대에도 다양한 놀이가 있었어. 그런데 이 놀이에서도 신분과 남녀의 차이가 있었지.

양반 남자들은 바둑, 활쏘기, 시 짓기 등을 즐겼고, 여자들은 수놓기나 화살을 통에 던져 넣는 투호 등을 즐겼어. 양반집의 아이들은 지금의 보드게임과 같이 주사위를 던져 말판의 말을 움직이는 승경도 놀이를 했는데, 그 내용은 높은 관리가 되는 것이었대.

밖에서 뛰노는 놀이는 상민들이 더욱 즐겼어. 조선 시대에는 **농경과 관련한 놀이**들이 널리 이루어졌는데, 1년의 중요한 시기마다 제사를 지내고 축제 삼아 놀이를 즐겼어.

▼ 승경도
말판에 관직명을 써 놓고 윷목을 던져 나온 숫자에 따라 말을 이동하는 게임이야. 낮은 관직부터 시작해 고위 관직에 먼저 오르는 사람이 이겨. 그런데 말판 중간중간에 승진을 하거나 혹은 유배, 사약을 받는 등 무시무시한 벌칙도 있어. 주로 양반집 아이들이 했대.

그나저나 방이 몇 개야?

▲ 고싸움놀이
고싸움놀이는 정월 대보름 즈음
에 많이 했어. 두 개의 고를 높이
올려 맞부딪쳐 상대의 고를 제압
하는 방법으로 승부를 겨뤄. 싸움
의 결과로 한 해의 풍년을 점치기
도 했대.

농사와 관련해서는 단체 놀이가 많았어. 대표적인 게 **줄다리기**야.
두 편으로 나누어서 줄을 잡아당기는 줄다리기는 풍년을 점치고 기
원한다는 뜻을 담고 있었지. 줄다리기는 정월 대보름, 단오, 추석 때
많이 했어.

여성들은 **그네뛰기**, **널뛰기**, **놋다리밟기**, **강강술래** 같은 단체 놀이
를 즐겼지. 또 아이들은 제기차기, 팽이치기를 하고, 겨울에는 썰매
타기를 즐기기도 했어. 뿐만 아니라 씨름, 축국, 격구처럼 본격적인
스포츠를 즐기는 사람들도 있었어.

어때, 조선 시대 사람들도 힘들게 공부하고 농사짓기만 한 건 아니
지? 우리도 다 같이 조선 시대 놀이나 함께 해 볼까?

 용선생의 포인트

조선 시대에는 신분과 성별에 따라 의식주와 놀이도 차이가 있었으며, 단체
로 하는 놀이들이 많았음.

왕수재의 **역사 노트**

1. 조선의 제도 정비

① 단종을 몰아내고 왕위를 차지한 <u>세조가 왕권을 강화함.</u>

② 성종이 3사에 사림을 기용함.

③ 성종 때 조선 최고의 법전인 『경국대전』이 완성됨.
_{세조가 만들기 시작!}

2. 사림의 성장

① 사림의 위기: 사화로 많은 사림이 희생됨.

② 사림의 성장: 서원을 바탕으로 지방에서 힘을 키운 뒤, 중앙 정치에 진출함.

③ 붕당의 결성: 사림이 이조 전랑을 두고 동인과 서인으로 나뉘면서 붕당이 만들어짐.
_{인사권 가짐.}

3. 조선의 유교 문화 확산

_{글과 그림으로 구성.}
① 중앙: 『삼강행실도』, 『이륜행실도』 등을 보급함.

② 지방: 사림이 향약을 만들어 보급. → 조선에 유교 문화가 확산됨.

4. 조선의 신분 제도

양반	• 조선의 지배층 • 과거 시험에 합격해 관리 생활을 함.
중인	• 기술 관리나 지방의 하급 관리 • 기술 관리는 잡과를 통해 관리가 됨.
상민	• 농민이나 상인, 수공업자 • 국가에 세금을 내고, 토목 공사에 동원됨.
천민	• 최하층 신분으로 대부분 노비 • 관청에 속한 '공노비'와 개인 소유의 '사노비'로 구성.

사림의 등장과 성장은 시험에 꼭 나와!

/10점

7점 이상이야? 훌륭해!
6점 이하는 다시 읽어 보자!

01

다음 세조에 대한 설명으로 알맞은 것을 모두 찾아 기호를 써 보자.

〈보기〉

ㄱ 단종을 몰아내고 왕위를 차지했어요.

ㄴ 사화를 일으켜 많은 사람을 죽였어요.

ㄷ 젊은 선비를 3사에 임명했어요.

ㄹ 6조에서 왕에게 직접 보고하게 했어요.

02 한국사능력검정시험 39회 초급

(가)에 들어갈 내용으로 알맞은 것은 무엇일까?

세조 때 만들기 시작해 성종 때 완성된 조선의 기본 법전은 무엇일까요?

한국사 퀴즈 대회

(가)

① 『경국대전』

② 『삼국사기』

③ 『훈민정음』

④ 『삼강행실도』

03 2019 대학수학능력평가

(가)에 들어갈 내용으로 알맞은 것은 무엇일까?

이달의 책

• 책 제목: [(가)]

• 책 소개: 이 책은 조선 시대 정치가인 ○○○의 일생을 정리한 것이다. 중종반정 이후 정계에 진출한 ○○○는 현량과 실시를 건의하고, 공신들의 권한을 크게 약화시켰다. 이러한 그의 활동은 기묘사화의 원인이 되었다.

① 정도전, 새 왕조를 설계하다.

② 최치원, 혼란한 정치를 비판하다.

③ 조광조, 사림 주도의 개혁을 시도하다.

④ 장영실, 신분에서 벗어나 능력을 펼치다.

04

ㄱ에 들어갈 단어로 알맞은 것을 써 보자.

선조 때 사림의 중앙 진출이 활발해졌다. 이들은 학문적 입장이나 이념에 따라 동인과 서인 두 무리로 갈려졌다. 이와 같은 무리들을 [ㄱ]이라 한다.

05

한국사능력검정시험 31회 초급

(가)에 들어갈 내용으로 알맞은 것은 무엇일까?

조선 시대의 [(가)]에 대해 알려 줘.

가장 낮은 천민 신분에 속했어.

나라 또는 개인의 재산으로 여겨졌어.

사고팔 수 있었어.

① 역관　② 상인　③ 노비　④ 양반

06

밑줄 그은 신분의 생활 모습으로 알맞은 것은 무엇일까?

조선 시대에는 신분이 크게 양인과 천민으로 나뉘었어요. 양인은 양반, 중인, 상민으로 구분되었지요.

① 대부분 농사를 지었어요.
② 대대로 벼슬 생활을 했어요.
③ 사신의 통역관으로 일했어요.
④ 잡과를 통해 기술직 관리가 되었어요.

07

한국사능력검정시험 36회 중급

(가)에 들어갈 민속놀이로 알맞은 것은 무엇일까?

민속놀이 한마당

○○문화원에서는 임진왜란 때 이순신 장군의 전술에서 유래되었다고 전해 오는 [(가)] 행사를 개최합니다. 이웃과 손잡고 둥글게 돌며 노래 부르면서 풍성한 한가위를 보내세요. 유네스코 인류 무형 문화유산인 이 민속놀이에 관심 있는 분들의 많은 참여 바랍니다.

① 강강술래　　② 줄다리기
③ 놋다리밟기　④ 고싸움놀이

08　서술형 문제

사림은 네 차례의 사화 속에서도 꾸준히 힘을 길렀고, 선조 때에 이르러서는 중심 세력으로 성장했어. 사림이 성장할 수 있었던 배경을 간단히 써 보자.

[3점]

_____

_____

_____

_____

오늘은 신사임당의 초충도를 살펴보자!

신사임당? 명절에나 볼 수 있는 오만 원권의 주인공이잖아!

그런데 초충도가 뭐지?

풀 초(草), 벌레 충(蟲), 그림 도(圖)! 초충도는 풀과 벌레를 소재로 그린 그림이야.

이 그림은 신사임당이 그린 초충도 중 하나야. 수박과 여치가 그려져 있지.

수박과 여치가 눈앞에 있는 것처럼 생생해.

그림 속 수박이 너무 잘 익어 보여. 수박 먹고 싶다!

찌르르르…. 그림 속 여치가 우는 소리가 들려!

이 그림은 맨드라미와 개구리를 그린 그림이야. 저 파란 꽃은 도라지꽃이란다.

맨드라미꽃의 빨간색과 도라지꽃의 파란색이 눈에 확 띈다!

저 개구리 봐! 당장이라도 높이 뛸 것 같아.

신사임당의 초충도 그림은 오천 원권 뒷면에서도 볼 수 있어.

신사임당의 아들 이이가 그려져 있는 지폐네요!

엄마한테 초충도 좀 공부하게 오천 원만 달라고 해야겠다!

그 돈으로 떡볶이 사 먹으려는 건 아니고?

어이구…!

조선 시대 여성들의 사회 활동

조선 시대 여성들은 유교적 가치관에 얽매여 아이를 기르고 집안일을 하면서 평생을 보낼 수밖에 없었단다. 하지만 조선 시대에도 뛰어난 업적을 남긴 여성들이 있어. 신사임당과 허난설헌 등이 대표적이지. 신사임당은 어렸을 때부터 바느질과 그림에 재능이 있었고, 꾸준히 교육을 받아 학식이 높았어. 한편 허난설헌은 글재주가 좋아서 뛰어난 시를 많이 썼어. 하지만 여성이라는 이유로 조선에서는 좋은 평가를 받지 못하고 일찍 세상을 떠났어. 그녀의 시는 중국과 일본에서 높은 평가를 받았다고 해.

4. 임진왜란과 병자호란

한산도 앞바다(경남 통영)

임진왜란 때 이순신의 한산도 대첩이 벌어진 곳이야.
이순신은 이곳에 일본군을 유인해 학익진을 펼쳐 크게 승리했어.

여기가 이순신 장군이
일본군을 무찌른
한산도 앞바다야!

저 섬들 뒤로
조선군이 기다리고
있었겠지?

바다를 지킨
이순신 장군님
멋져!

두기야,
아까부터 뭘
그렇게 먹어?

충무 김밥!

냠
냠
냠

1592	1593	1623	1627	1636
임진왜란, 한산도 대첩	행주 대첩	인조반정	정묘호란	병자호란

전쟁의 분위기가 감돌다

조선은 세종 대 이후로 큰 전쟁 없이 100여 년이 넘는 시간을 평화롭게 보냈어. 반면 이웃나라 일본은 같은 시기에 각 지역의 영주들이 전쟁을 벌여 100년 가까운 시간 동안 내전이 계속되었어. 이 시기를 일본 역사에서는 **전국 시대**라고 해. 그런데, 16세기 말에 등장한 **도요토미 히데요시**가 전국 시대를 끝내고 일본을 통일했지.

도요토미 히데요시는 일본을 차지한 것에 만족하지 않고, 조선과 명나라를 삼킬 계획을 세웠어.

"일본 땅을 모두 통일했으니, 이제는 조선, 명나라 차례다!"

도요토미 히데요시가 조선과 명나라를 공격하려고 한 것은 여러 이유가 있었어. 가장 큰 이유는 <u>외부의 적을 만들어 일본 내의 불만을 안정시키기 위한 것이었다고 해.</u> 내전을 계속 치렀던 일본 사람들은 무력으로 통일이 되기는 했지만, 여전히 도요토미 히데요시에게 마음으로 항복하고 있지는 않았거든.

✔️ 서술형 단골 문제야!

게다가 도요토미 히데요시의 입장에서는 지방 영주들이 가지고 있는 무력도 고민이었어. 강제로 군대를 없애고 무기를 줄이라고 하면 영주들이 반발할 건 뻔한 일이었지. 그래서 외국과 전쟁을 벌여 지방 영주들의 힘이 빠지기를 바랐던 거야.

도요토미 히데요시는 조선과 일본 사이에 있던 쓰시마섬에 자신의 뜻을 조선에 전하라고 명령했어.

"명나라를 치려하니 길을 빌려 달라!"

 곽두기 사전

일본의 전국 시대 15세기 후반 무렵부터 일본의 지방 세력들은 서로 치열하게 싸웠어. 이러한 상황이 약 100년간 지속되었는데, 이 시기를 '전국 시대'라고 불러.

 영심이는 궁금해!

자기 권력을 강화하기 위해 전쟁을 일으켰단 말이에요?

맞아. 도요토미 히데요시에게는 지방 영주들의 무력과 불만을 해외로 돌릴 방법이 필요했어. 영주들이 계속 무력을 유지하고 있으면 자신은 물론 가문 전체가 위험해질 수 있었거든. 그 외에 전쟁을 일으켜서 당시 동아시아의 바다 무역을 장악하려던 의도도 있었다고 해.

더 알려 줄게!

쓰시마섬의 상황

쓰시마섬은 조선과 일본 사이에 끼어 있는 상태였어. 쓰시마섬은 일본의 영토였지만 고려 말부터 우리나라에 조공을 바치면서 지속적으로 교류하고 있었지.

영심이는 궁금해!

김성일은 왜 전쟁이 일어나지 않을 거라고 한 걸까요?

김성일도 전쟁이 일어날 수도 있다고 생각했어. 하지만 민심이 흉흉해질 것을 걱정하기도 했고, 또 서인들이 전쟁의 위험성을 과장하고 있다고 생각했어. 당시 서인들은 정치적으로 불리한 상황에 있었는데, 전쟁의 위험을 과장해 동인의 공격을 막아 보려고 했다는 거야. 전쟁이 일어나자 결국 김성일은 관직에서 쫓겨났어. 하지만 의병 활동에 참여하는 등 자신의 실수를 만회하기 위해 노력했단다.

조선은 일본의 터무니없는 요구에 제대로 대답도 하지 않았어. 그러자 쓰시마섬의 영주가 난처해졌지. 쓰시마섬은 조선과 일본이 평화롭게 지내면서 무역을 해야 그 가운데서 이익을 얻을 수 있는 입장이었거든. 쓰시마섬 영주는 조선이 일본에 사신을 파견해서 일본과 말로 잘 풀어 보길 간청했어.

쓰시마섬 영주의 거듭된 간청으로 조선은 **김성일**과 **황윤길**을 일본에 사신으로 파견했어. 그런데 도요토미 히데요시를 만나고 돌아온 두 사람이 전혀 다른 결론을 가지고 왔지.

"도요토미 히데요시를 보니 위험한 인물로 보였습니다. 대비하시옵소서!"

"아닙니다. 괜한 걱정으로 나라의 재산을 낭비하고 백성을 괴롭히지 마시옵소서."

황윤길은 도요토미 히데요시가 위험한 인물이고 곧 전쟁이 일어날 것이라고 생각했어. 하지만 김성일은 도요토미 히데요시가 허풍만 부리고 별 볼 일 없는 사람이라고 판단했지. 게다가 황윤길은 서인에 속했고, 김성일은 동인에 속해서 조정의 신하들이 둘로 나눠 갈등하자 **선조**도 결론을 못내리고, 전쟁에 대해서는 확실한 대비를 하지 못하게 되었어.

결국 일본은 전쟁을 일으켜 조선을 공격했어. 이 전쟁을 임진왜란이라고 불러. 조선은 일본을 '왜'라고 불렀는데, '임진년(1592년)에 왜가 일으킨 난리'라는 뜻으로 **임진왜란**이라고 이름을 붙이게 된 거야.

1592년 4월 일본군이 부산에 상륙하면서 전쟁이 시작되었어. **부산진**과 **동래성**을 손쉽게 차지한 일본군은 네 개의 길로 나눠 거침없이 조선의 수도 한양으로 향했지.

일본군의 공격에 조선이 속수무책으로 당한 건 몇 가지 이유가 있었어. 평화로운 시대를 거치면서 조선의 국방력이 많이 약화되었지. 특히 사람들이 군대를 가지 않고 나라에 세금만 바치고 있어서 싸울 군인이 없었어. 그에 반해 일본은 전국 시대 동안 쌓인 실전 경험과 신무기인 **조총**이 있었어. 임진왜란 초기 조선의 운명은 완전히 끝난 것처럼 보였지.

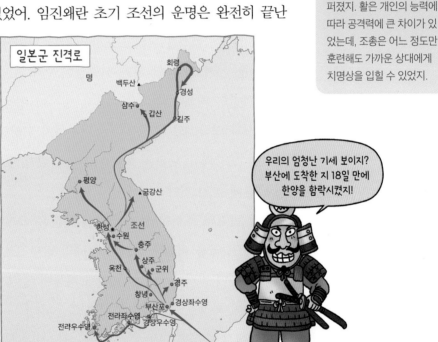

일본군 진격로

우리의 엄청난 기세 보이지? 부산에 도착한 지 18일 만에 한양을 함락시켰지!

곽두기 사전

조총 조총은 포르투갈 상인들이 일본에 전했어. 당시 전쟁 중이던 일본에서는 새로운 무기인 조총이 빠르게 퍼졌지. 활은 개인의 능력에 따라 공격력에 큰 차이가 있었는데, 조총은 어느 정도만 훈련해도 가까운 상대에게 치명상을 입힐 수 있었지.

용선생의 포인트

도요토미 히데요시가 조선을 침략해 임진왜란이 일어남.

임진왜란의 전개

일본군이 한양으로 밀려오고 있다는 소식을 들은 선조와 신하들은 당황해서 어쩔 줄을 몰랐어.

"일본군의 사나운 기세를 도무지 막을 수가 없구나!"

선조는 여진족과의 전투에서 많은 공을 세운 **신립**을 **충주**로 내려 보내 일본군의 진격을 막게 했어. 하지만 **탄금대**에서 **배수의 진**을 쳤던 신립의 패배 소식이 들려오자 선조는 한양을 떠나 피란을 가기로 결심했어.

국왕이 수도를 떠나 버리자 백성들은 두려움에 떨면서 동시에 왕과 신하들에 대해 불만도 커졌어.

"아니, 왕이 백성을 버리고 도망을 갔단 말이야?"

백성을 지켜 줘야 할 왕과 신하들이 먼저 도망을 치고 있으니 조선은 완전히 패배한 것처럼 보였지. 일본이 평양까지 진격하자 선조는 조선과 명나라의 국경에 있는 **의주**까지 도망쳤어. 선조는 아예 명나라로 도망해서 도움을 청하려고까지 했지. 조선은 정말 **절체절명**의 순간에 놓인 거야.

이때 반격의 소식이 들려왔어! 일본군은 육지에서 조선을 공격하는 동안 수군을 이용해 남해와 서해의 바닷길로 식량을 보급하려고 했어. 그런데 바다에서 이런 계획에 제동이 걸렸지.

"수군이 왜적을 크게 물리쳤다고 하옵니다!"

바다에서 승리를 거둔 것은 다름 아닌 **이순신**이었어. 이순신은 임진왜란이 일어나기 1년 전에 전라좌도 수군절도사가 되었어. 그는 전

곽두기 사전

배수의 진 등 뒤에 강이나 바다 등 물을 두고 군대를 배치하는 방법이야. 더 이상 도망갈 곳이 없으니 죽을 각오로 싸우겠다는 뜻이지.

곽두기 사전

절체절명 끊을 절(絶), 몸 체(體), 목숨 명(命). 몸과 목숨이 끝난 것처럼 몹시 절 박한 상황을 말해.

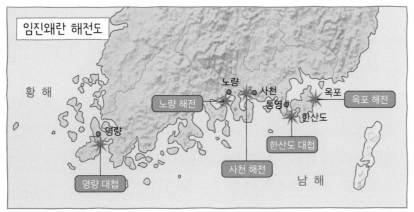

임진왜란 해전도

황해

노량
사천
옥포
통영
노량 해전
명량
한산도
옥포 해전

한산도 대첩

사천 해전
명량 대첩
남해

옥포 해전을 시작으로 조선 수군이 승리를 이어 가고 있어!

쟁의 분위기를 감지하고선 군량을 준비하고 배를 수리하면서 병사들을 훈련시켰지. 그리고 전쟁이 일어나자 함대를 이끌고 경상도 **옥포**로 가서 일본 함대를 격파했어. 조선 수군의 반격이 시작된 거지!

이순신은 그 뒤로 합포, 적진포 등에서 연이어 승리를 거뒀어. 7월에는 견내량에 있던 일본 수군을 한산도 앞바다로 유인한 뒤 **학익진**을 펼쳐 일본 수군에 대승을 거뒀지. 바로 **한산도 대첩**이야!

이순신이 일본 수군의 중심지였던 부산 앞바다까지 장악하자 일본군은 무척 곤란한 상황에 빠졌지. 그리고 이제는 육지에서도 반격할 차례가 된 거야.

🐟 더 알려 줄게!

조선과 일본 수군의 무기

조선 수군의 판옥선은 일본의 안택선에 비해 포를 배치하기 쉽고, 방향을 바꾸기 좋다는 장점이 있었어. 반면 일본 수군은 배 위에서 조총을 쏘거나 적의 배로 건너가 전투를 벌이는 방식을 선호했지. 그런데 조총은 화포에 비해 사정거리가 짧아서 먼 거리에서의 싸움에 불리했어.

콰 콰 콰 콰 쾅

적선들이 포위망에 걸려들었다! 화포를 발사하라!

▲ 칠백의총(충남 금산)
조헌과 영규가 이끄는 700명의 병사들이 금산에서 일본군과 싸워 모두 전사한 것을 기리는 큰 무덤이야. 700명의 의로운 사람들을 기리는 무덤이라고 해서 칠백의총이라 불러. 사적.

 더 알려 줄게!

사명 대사 유정
임진왜란이 일어나자 서산 대사 휴정을 시작으로 승병들이 일어나기 시작했어. 그중 사명 대사 유정이 유명했는데, 유정은 강원도에서 승병을 조직해 평양성 전투 등에서 큰 공을 세웠어. 유정은 일본 장수와의 회담을 주도하기도 했고, 전쟁이 끝난 후에는 일본에 가서 많은 포로들을 데려왔어.

육지에서 반격은 **의병**들이 시작했어. 의병은 나라를 지키기 위해 민간인들이 자발적으로 일어난 군대를 말해. 병사들은 주로 농민과 천민들이었고, 이들을 이끈 사람은 지방의 양반들이었어.

"우리 마을은 우리 힘으로 지킨다!"

곽재우와, **조헌** 등이 이끄는 의병 부대들은 일본군에 비해 규모가 크지 않았지만 일본군의 진로를 방해하며 타격을 주었어.

곽재우는 붉은 옷을 입어서 **홍의 장군**이라고도 불렸지. 곽재우의 부대는 관군과 연합해 일본에 맞서기도 했어. 일본군이 전라도로 가기 위해 길목에 있는 진주성을 공격하고 있을 때, 진주성에서 **김시민**이 이끄는 관군과 연합해 목숨을 걸고 열흘 동안 일본군에 맞서 싸웠지. 덕분에 곡창 지대였던 전라도를 지킬 수 있었어. 곽재우의 붉은 옷은 일본군 사이에서 공포의 대상이 되었는데, 곽재우는 이를 이용해 부하에게 붉은 옷을 입혀 적군을 혼란시키기도 했대.

조헌은 임진왜란이 일어나자 의병을 일으켜, 승병들과 합심해서 청주성을 되찾는 공을 세웠어. 하지만 **700인의 의병**들과 함께 금산으로 진격해 용감히 싸워 전원이 전사하고 말았지. 이후에 조헌의 제자들이 이들 700인의 유골을 모아 한 무덤에 모시고 '**칠백의총**'이라고 이름을 짓기도 했어.

승려들도 **승병**을 조직하여 일본군에 맞섰어. 금강산에서는 사명 대사 **유정**이 이름을 날렸고, 묘향산에서는 서산 대사 **휴정**이 승병들을 이끌었지.

한편, 조정에서는 **명나라**에 도움을 요청했어. 일본은 처음부터 조선을 거쳐 명나라를 공격하겠다고 했기 때문에 조선이 무너지면 명나라까지 피해가 미칠 것은 분명했지. 그래서 명나라도 전쟁에 참여하게 되었어.

▶「행주 대첩도」
관군, 의병, 승병은 힘을 합쳐 행주산성에서 일본군을 물리쳤어.

명나라 장군 **이여송**이 이끄는 명나라 군대는 **평양 전투**에서 일본군에 대승을 거두었어. 경기도 파주까지 일본군을 밀어냈지. 하지만 파주의 **벽제관** 부근에서 벌어진 전투에서 일본군의 역습에 참패하고 말았어.

쉽게 일본군을 이길 것이라고 자만하던 명나라 군대는 벽제관에서의 패배 이후 적극적으로 싸우려 하지 않았어. 명나라에 피해가 없도록 하는 게 그들의 1차적인 목표였으니까 말이야.

이 와중에 일본군과 조선군이 대규모 전투를 벌였는데, 바로 **행주 대첩**이었어. **권율**은 행주산성에 진을 치고 왜군과 맞섰어. 병사들은 물론 행주산성으로 피신한 백성들까지 모두 죽기를 각오하고 일본군에 맞서 싸워, 결국 조선군의 승리로 끝이 났지.

 더 알려 줄게!

행주 대첩의 행주치마?
행주치마는 원래 '그릇 등을 닦기 위해 앞에 두른 천'을 뜻해. 어떤 사람들은 행주 대첩 당시 부녀자들이 치마에 돌을 담아 날라 군사들을 도와줬다고 해서 그것을 기리기 위해 행주치마라고 부르게 되었다고도 하는데, 사실이 아니라고 해.

 용선생의 포인트

전쟁 초기에는 일본군에게 밀렸으나, 이순신이 이끄는 수군이 승리하면서 일본의 전략이 좌절됨. 육지에서도 조선군과 의병과 승병, 명나라군이 일본군과 맞서 싸움.

임진왜란이 막을 내리다

행주 대첩 이후 일본군은 경상도의 해안 지역으로 밀려났어. 그리고 명나라와 일본의 강화 협상이 시작되었지. 하지만 조선과 명나라, 일본 모두 전쟁에 대한 입장이 달라 협상은 쉽지 않았어.

조선은 일본을 한반도에서 완전히 몰아내는 것이 가장 중요했지. 명나라는 자신들이 전쟁에 이겼다고 주장했지만, 적당한 선에서 전쟁을 마무리 짓고 싶어 했어. 반면 일본은 자신들이 전쟁에서 이겼다고 주장하며 조선의 남부 지역을 자신들이 차지하겠다고 주장했지. 게다가 명나라 황제의 딸을 일본 천황에게 시집보낼 것까지 요구했는데, 명나라에서는 황제에게 아예 말도 꺼내지 못할 무리한 조건이었어.

결국 협상은 완전히 결렬되고 몇 년 뒤 일본은 또다시 대규모 병사들을 보내 조선을 공격하기 시작했어. 이 전쟁을 '정유년(1597년)에 다시 일어난 난리'라는 뜻으로 **정유재란**이라고 불러.

일본이 강력한 기세로 공격해 왔지만, 이번에는 조선도 만반의 준비가 되어 있었어. 명나라에서도 다시 군대를 보내 일본군에게 큰 승리를 거두었지.

한편 이때 이순신은 모함을 받아 관직에서 물러나 있었어. 하지만 사태가 급박해지자 다시 수군을 지휘하게 되었지. 이순신이 물러나 있는 동안 조선 수군은 일본의 계략에 빠져 참패를 당해 전선이 얼마 남아 있지 않았어. 그런 어려운 상황에서도 이순신은 지형의 이점을 최대한 활용해서 진도 앞바다인 **명량**에서 13척의 배로 열 배가 넘는 일본군 함대를 물리치는 기적 같은 승리를 얻어 냈지.

 영심이는 궁금해!

이순신이 모함을 받다니요?

선조는 이순신이 별로 마음에 들지 않았어. 왜냐하면 이순신이 조정의 지시를 따르지 않는 일이 많았거든. 게다가 원균이라는 장수는 이순신이 자신의 공을 가로챘다고 계속 이순신을 모함했지. 결국 선조는 이순신을 관직에서 끌어내렸어. 하지만 전세가 급박해지자 다시 수군을 통솔하게 된 거야.

조선과 명나라 연합군에게 패배한 일본군은 남해안의 성에 틀어박혀 성을 지키고만 있었어. 조선과 명나라의 연합군도 함부로 공격하지 못하고 대치하고 있는 상황이 몇 달째 이어졌지. 그러다 도요토미 히데요시가 죽자 일본군은 철수를 서둘렀어.

일본군은 본국으로 철수하기 위해 부산으로 집결했는데, 이순신은 다시는 이들이 전쟁을 일으키지 못하도록 마지막까지 이들을 공격하려고 했어. 이순신과 조선 수군은 노량에서 일본군의 배 수백 척을 무찔렀어. 하지만 이 전투에서 이순신은 총탄에 쓰러지고 말았지.

"싸움이 급하다. 내 죽음을 말하지 말라!"

그리고 **노량** 해전을 끝으로 기나긴 전쟁이 막을 내렸어(1598년).

임진왜란 동안 일본은 조선에 막대한 피해를 끼쳤어. 일본은 수많은 사람들을 죽였으며, 서책·도자기·불상 등 각종 문화재를 약탈했어. 특히 정유재란 때는 승리하기 어려워 보이자 조선 사람들을 끌고 가서 노예로 팔아넘기기도 했지. 임진왜란 때 죽은 사람은 조선에서만 약 26만 명, 일본군은 약 17만 명에 이르렀어.

✔ 서술형 단골 문제야!
전쟁 이후 동아시아의 정세도 크게 변화했어. 조선의 정치와 각종 제도들은 걷잡을 수 없이 혼란해졌지. 명나라도 국력이 크게 약해졌고, 일본에서는 도쿠가와 이에야스가 등장해서 새로운 정권이 세워졌어.

더 알려 줄게!

더 잔혹했던 정유재란
임진왜란을 일으킬 때 도요토미 히데요시는 조선을 앞잡이로 삼아 명나라를 공격하려 했어. 그래서 혹시 도움이 될지 모를 조선 백성들에 대한 학살을 자제했지. 하지만 명나라를 공격하거나 조선을 완전히 차지하는 것이 어렵다는 것을 깨닫자 정유재란 때는 조선 백성들을 보는 대로 코를 베어 일본으로 보냈어. 도요토미 히데요시가 조선인의 코를 베어 오면 공을 인정해 주겠다고 했던 거야! 그래서 정유재란은 훨씬 더 잔혹한 전쟁이 되었지.

용선생의 포인트
정유재란이 일어났으나 도요토미 히데요시의 죽음으로 일본이 물러가고 전쟁이 끝남.

후금의 성장과 광해군의 중립 외교

임진왜란의 상처가 아물기도 전에 조선은 또 다른 위협을 맞닥뜨렸어. 명나라가 힘이 약해진 사이에 만주의 **여진족**이 힘을 키운 거야. 고려 시대에도 만주의 여진족이 부족을 통일하고 금나라를 세워 고려와 송나라를 위협했지. 이때도 마찬가지였어. 큰 세력으로 성장한 여진족은 금나라의 영광을 재현하겠다는 뜻으로 나라 이름도 후금이라고 했어.

선조의 뒤를 이어 왕이 된 **광해군**은 조선의 운명을 두고 후금과 명나라 사이를 저울질해야 했어. 명나라가 후금을 공격하기 위해 조선에 군대를 보내 달라고 했거든. 명나라의 요청에 조선의 조정은 어떻게 할 것인가 의견이 나뉘었지.

"우리도 힘든 상황인데, 군대를 보내면 백성들이 더욱 힘들어할 것입니다."

"명나라가 임진왜란 때 우리를 도왔던 것을 잊어서는 안 됩니다!"

당시 신하들은 명나라와의 의리를 중요하게 생각해서 군대를 보내야 한다는 쪽이 많았지.

광해군은 고민 끝에 **강홍립**을 총사령관으로 삼아 1만 5천 명의 병력을 만주로 보냈어. 조선군은 후금의 군대와 싸워 많은 사상자를 냈고, 결국 강홍립은 후금에 항복했지.

광해군은 더 이상 명나라와 후금의 어느 편도 들지 않고 중립적인 자세를 취했어. 남의 나라 전쟁에 휘말리지 않고 조선의 내정에만 힘쓰겠다는 뜻이었지. 하지만 두 강대국 사이에서 중립적인 위치를 지

더 알려 줄게!

후금

명나라가 임진왜란에 참여한 틈을 타 누르하치가 만주 지역에서 부족들을 통합해 후금을 세웠어. 그 뒤 후금은 청나라로 이름을 바꾸었어.

키는 건 맘대로 되지 않았어.

철저하게 성리학의 **의리 명분**을 지키려는 신하들은 광해군의 **중립 외교**가 마음에 들지 않았어. 강홍립이 항복을 한 것도 신하들이 보기에는 명나라를 적극적으로 돕지 않은 것이라 생각했지.

게다가 신하들은 다른 문제로도 광해군을 공격했어. 광해군은 선조와 후궁 사이에서 태어난 아들이었지. 임진왜란 당시에 세자로 책봉되기는 했지만, 선조 말년에 정식 왕비가 낳은 이복동생 **영창 대군**이 태어나서 세자 자리가 위태로웠어.

선조가 갑자기 죽으면서 광해군이 왕이 될 수는 있었지만, 광해군을 지지한 신하들은 영창 대군이 광해군의 왕권에 위협이 된다고 봤어. 신하들은 영창 대군을 내쫓아 죽게 만들고, 그 어머니인 **인목 대비**는 대비 자리에서 내쫓았지.

서인을 중심으로 한 신하들은 광해군이 성리학의 질서를 어긴 것이라고 봤어. 결국 서인들은 반정을 일으켜 광해군을 쫓아내고 **인조**를 새로운 왕으로 세웠어(인조반정, 1623년). 광해군이 쫓겨나는 데 중립 외교가 큰 이유가 되었기 때문에 인조는 철저하게 명나라 편에 섰어. 이런 외교 정책은 후금을 크게 자극해서 훗날 전쟁의 불씨가 됐지.

 곽두기 사전

의리 명분 의리는 사람 간의 관계에서 지켜야 할 바른 도리를 뜻하고, 명분은 신분에 따라 지켜야 하는 도리를 말해.

▲ 세검정
서울 종로구에 있는 정자야. 정자 앞으로는 계곡물이 흐르는데, 인조를 왕으로 세우려는 사람들이 반란을 모의하고 여기에서 칼을 갈아 씻었다고 해. 그래서 씻을 세(洗), 칼 검(劍)을 써서 세검정이라고 이름 붙였다고 해.

 용선생의 포인트
광해군이 후금과 명나라 사이에서 중립 외교를 펼쳤지만 인조반정으로 쫓겨남.

병자호란이 일어나다

후금은 중국 전체를 차지하려는 생각을 갖고 있었어. 그런데 조선이 명나라와 더 친하게 지내자 불만이 많았지. 행여 조선이 명나라 편을 들어 자신들의 후방을 노리지 않을까 걱정이 되었어. 그래서 조선을 먼저 공격했지.

이 전쟁을 **정묘호란**이라고 해. 여진족을 비롯한 북방 민족을 '호'라고 불렀거든. 그래서 '정묘년(1627)에 북방 민족이 일으킨 난리'라는 뜻으로 정묘호란이라고 불러.

후금의 군대는 조선군을 격파하면서 황해도까지 내려왔어. 임진왜란 이후 나라를 제대로 정비할 여유도 없었던 조선은 속수무책으로 당했지. 게다가 후금은 명나라를 위협할 정도로 강했으니 후금의 군대를 막는 건 쉽지 않은 일이었어.

인조는 고려 때 몽골군을 피해 수도를 옮긴 것처럼 **강화도**로 피신했어. 그리고 곧 후금과 강화를 맺었지. 강화의 내용은 **후금이 형의 나라, 조선이 아우의 나라**가 되는 것이었어. 명나라와 의리를 지키자던 신하들은 몹시 못마땅했지만, 당장 전쟁에서 이길 수 없으니 어쩔 수 없이 강화를 맺었지.

하지만 평화는 오래갈 수 없었어. 조선이 항복하기는 했지만 계속 명나라 편을 들어 후금 몰래 명나라와 관계를 지속하기도 했거든. 하지만 이런 사실을 후금에서도 알게 되어 큰 반발을 불러왔지.

정묘호란이 일어난 지 10년이 채 안 됐던 1636년, 후금은 나라 이름을 **청나라**로 바꾸고 스스로 황제의 나라임을 선포하고 이를 조선에도 알렸어. 명나라를 황제의 나라로 받들던 조선은 크게 반발했지.

"천하에 황제는 명나라 황제 한 명뿐이다!"

화가 난 청나라의 황제 태종은 군사를 일으켜 또다시 조선을 공격했어. 이번에는 청나라의 황제가 직접 군대를 이끌고 쳐들어왔지. 병자년(1636)에 일어나서 **병자호란**이라고 부르는 전쟁이 시작된 거야.

청나라의 군대는 정묘호란 때와 다른 작전을 세웠어. 정묘호란 때 청나라 군대가 승승장구하기는 했지만, 조선을 완전히 항복시키지 못했던 것은 인조가 강화도로 피신해서 장기전을 펼쳤기 때문이었지. 전쟁이 길어지면 청나라 입장에서도 유리할 게 없었기 때문에 곧바로 인조가 있는 한양을 노렸어. 청나라는 기마병 중심의 군대로 빠른 기동력을 자랑했는데, 이동 속도가 어찌나 빨랐던지 인조가 침입 소식을 들었을 때는 이미 피란을 가기도 힘든 상황이 돼 버렸지. 인조는 청나라 군대가 길목을 막고 있다는 소식을 듣고 어쩔 수 없이 **남한산성**으로 향했어.

청 태종(1592~1643)
청나라의 두 번째 황제로, 이름은 홍타이지야. 아버지 누르하치를 이어 후금의 지배자가 되어 나라 이름을 청으로 바꾸고 자신을 황제라 칭했어.

◀ 남문

◀ 수어장대

▲ 남한산성 (경기 광주)
남한산성이 있던 지역은 지리적 요충지여서 통일 신라 때부터 큰 성이 있었다고 해. 인조는 즉위하자마자 남한산성을 쌓기 시작했어. 성에는 여러 군사 시설과 왕이 머물 수 있는 행궁도 지었어. 2014년 유네스코 세계 문화유산으로 지정되었지. 사적.

▲ 서울 삼전도비

청나라 태종이 인조의 항복을 받은 것을 기념하기 위해 세운 비석이야. 서울 송파구에 있어. 청 태종이 조선을 침공한 이유, 인조가 항복한 사실 등이 몽골어, 만주어, 한문으로 적혀 있어. 사적.

 더 알려 줄게!

청나라로 끌려간 사람들
병자호란 때 청나라로 끌려간 사람의 수는 수만에서 수십만에 이른다고 해. 이들 중 적은 수의 사람들만이 겨우 살아 돌아올 수 있었는데, 어렵게 돌아온 사람들을 사회적으로 차별해서 또 다른 사회 문제가 되었어.

남한산성은 당시 만든 지 얼마 되지 않은 최신식의 산성이었어. 방어 시설도 갖춰져 있고, 성 안에 왕이 머물 공간도 마련이 되어 있었지. 하지만 문제는 식량과 추운 날씨였어. 식량은 두 달을 못 버틸 상황인데다 눈보라 치는 추운 날씨에 얼어 죽는 사람까지 나왔어.

청나라 군대는 남한산성을 완전히 포위하고 조선에 항복을 요구해왔어. ☆ 시험에 꼭 나와! 남한산성 안에서 조선의 신하들은 의견이 엇갈리게 되었지.

"싸우다 죽을지언정 청나라에 무릎을 꿇을 수는 없습니다!"

"전하와 이 나라가 망할 것을 알면서도 싸울 수는 없습니다. 항복 말고는 다른 길이 없습니다!"

시간이 흐를수록 상황은 나빠졌어. 지방에서 왕을 구하기 위해 보낸 군대들도 청나라 군에 모두 패했지. 결국 인조는 모든 것을 포기하고 항복을 결심하게 됐어.

1637년 1월 30일, 인조는 남한산성을 나와 송파의 **삼전도**라는 나루터에서 청나라 태종에게 항복의 예를 올렸어. 조선의 왕인 인조가 세 번 절하고 아홉 번 머리를 조아리는 예를 올리며 굴욕적인 항복을 하게 된 거야.

청나라에게 항복한 조선은 청나라와 **임금과 신하의 관계**를 맺어야 했고, 왕자인 **소현 세자**와 **봉림 대군**을 청나라로 떠나보내야 했어. 또 수많은 조선 백성들이 포로로 끌려갔지. 수십 년 동안 임진왜란과 병자호란으로 조선은 큰 상처를 입었고, 이 상처를 어떻게 극복할 것인가가 조선의 과제로 남게 되었어.

앞으로 조선이 어떻게 되었는지 궁금하지?

2권을 기대해!

 용선생의 포인트
청나라가 병자호란을 일으켜 인조가 청나라에 항복함.

왕수재의 **역사 노트**

1. 임진왜란

① 배경: 일본의 전국 시대를 통일한 도요토미 히데요시의 침략 야욕

② 발발: 일본군의 부산 상륙(1592년) → 신립의 패배 후 선조가 의주까지 피란함.

③ 조선의 반격

수군	이순신이 이끄는 수군이 한산도 대첩 등에서 일본군에 이김.
의병과 승병	곽재우, 조헌 등 의병과 유정과 휴정 등 승병이 일본군과 맞서 싸움.
관군	권율이 행주산성에서 일본군을 크게 물리침(행주 대첩).
명나라	명나라의 피해를 막기 위해 전쟁에 참여함.

④ 협상이 결렬되자 일본이 또다시 전쟁을 일으켰으나(정유재란), 도요토미 히데요시가 죽자 철수함.

2. 광해군의 중립 외교

① 명나라가 임진왜란에 참전한 틈을 타 여진이 힘을 키워 후금을 세움.

② 명나라가 조선에 군대를 요청하자 광해군이 명나라와 후금 사이에서 중립을 지킴.

③ 중립 외교를 반대하고 성리학 질서를 강조한 신하들이 광해군을 쫓아냄(인조반정).

3. 병자호란

① 조선이 정묘호란 이후에도 명나라와 관계를 맺자 쳐들어옴.

② 인조가 청나라군을 피해 남한산성으로 피란함.

③ 항복을 두고 신하들의 의견이 엇갈림.

④ 인조의 항복으로 조선과 청나라가 신하와 임금 관계를 맺음.

> 조선이 어떤 나라의 침입을 받았는지 기억해 둬!

01

임진왜란이 일어나기 전 조선과 일본의 상황에 대한 설명으로 알맞지 <u>않은</u> 것은 무엇일까?

① 일본이 여진과 동맹을 맺었어요.

② 도요토미 히데요시가 일본을 통일했어요.

③ 전쟁 준비를 둘러싸고 동인과 서인이 갈등했어요.

④ 일본에 황윤길과 김성일을 파견해 일본의 상황을 살피게 했어요.

02
한국사능력검정시험 43회 초급

(가) 전쟁 중에 있었던 사실로 알맞지 <u>않은</u> 것은 무엇일까?

역사 돋보기

☐ (가) ☐ 일어나다!

1592년 일본군이 부산 앞바다로 쳐들어오면서 전쟁이 시작되었다. 부산에 상륙한 일본군이 동래성을 공격하자 조선군과 백성들이 이에 맞서 힘껏 싸웠지만 결국 함락되었다.

---

① 명나라가 지원군을 파병했어요.

② 인조가 남한산성으로 피란했어요.

③ 조헌이 의병을 이끌고 적을 물리쳤어요.

④ 이순신이 한산도 앞바다에서 승리했어요.

03
한국사능력검정시험 38회 초급

다음 가상 인터뷰의 주인공으로 알맞은 것은 무엇일까?

오늘은 임진왜란 때 홍의 장군이라 불렸던 인물을 만나보겠습니다.

나는 경상도 의령에서 의병을 일으켜 일본군과 맞서 싸웠습니다. 지역의 지형을 활용한 전술로 전투에서 이길 수 있었습니다.

① 계백　　　　　② 곽재우

③ 최무선　　　　④ 을지문덕

04

다음 인물과 관련된 전투를 〈보기〉에서 찾아 써 보자.

〈보기〉

귀주 대첩　　　　살수 대첩

명량 대첩　　　　행주 대첩

---

(1) 권　율: _____

(2) 이순신: _____

254

05 한국사능력검정시험 41회 초급

다음 탐구 주제에 대한 학생들의 대화 내용으로 알맞은 것은 무엇일까?

> **탐구 주제: 광해군의 대외 정책**

①
4군을 개척했어.

②
중립 외교를 펼쳤어.

③
쓰시마섬을 정벌했어.

④
쌍성총관부를 차지했어.

06

다음 빈칸에 들어갈 알맞은 인물은 누구일까?

> ☐☐☐는 삼전도에서 청나라 태종에게 항복을 하고 청나라와 임금과 신하의 관계를 맺었다.

① 선조   ② 세조
③ 인조   ④ 태조

07 중학교 학업 성취도

밑줄 친 <u>이곳</u>으로 알맞은 것은 무엇일까?

> 청나라가 조선을 공격하자 인조는 <u>이곳</u>으로 들어가 청나라에 대항했습니다.

① 안시성
② 처인성
③ 행주산성
④ 남한산성

08 서술형 문제

임진왜란이 끝나고 조선, 일본, 명나라는 모두 큰 변화를 겪었어. 전쟁 후 각 나라의 모습을 간단히 써 보자. [3점]

_____

_____

_____

_____

_____

역사반 **탐구 활동**

다들 큰 무대라고 떨지 말고 준비한 대로 알지?

선생님, 연기 천재 장하다만 믿으세요!

그만 좀 떨어!

청나라와 싸울 것인가, 항복할 것인가. 이를 두고 남한산성에서 치열한 싸움이 벌어 지는데….

백성들이 추위와 굶주림을 견디지 못하고 죽는구나.

전하. 이제 남아 있는 식량도 없습니다. 어서 항복해 전쟁을 끝내십시오.

어찌 임진왜란 때 우리를 도와주었던 명나라를 배신하고 청나라를 섬기자는 것이오?

청나라군은 강하고, 우리 군은 약합니다. 끝까지 싸운다면 우리 모두가 죽을 것입니다.

전하께서 청나라 황제에 고개를 숙이는 치욕을 겪게 하겠단 말이오?

의리만 챙기며 끝까지 싸우다 모두 죽자는 말씀입니까?

결국, 최명길과 김상헌의 싸움은 인조가 청나라에 항복하면서 끝나게 된다.

몇 년 뒤, 청나라의 출병 요구에 반대했던 김상헌은 청나라에 끌려가는데….

갑시다!

가노라 삼각산아,
다시 보자 한강물아.
고국산천을 떠나지만
시절이 수상해 다시 올 수
있으려나 모르겠구나.

부디 건강하게
돌아와 나라를 위해
힘써 주십시오.

이렇게 남한산성
연극은 끝!

감사합니다!

감사합니다!

짝짝 짝짝 짝짝 삐익

선생님 제 눈알이 눈에
잘 붙어 있는 지 봐주세요!
눈 뜨고 죽은 연기
너무 힘들어요.

크크. 정말 눈이
조금 빠진 것
같은데?

효종의 북벌 운동

병자호란 이후 청나라로 끌려갔던 봉림 대군이 돌아와 효종으로 즉위했어. 봉림 대군은 아버지 인조가 당했던 치욕을 씻고자 북쪽 나라인 청나라를 정벌한다는 의미인 '북벌'을 준비했지. 효종은 뜻을 같이하는 몇몇 신하들과 함께 군사를 기르고 군비를 모았어. 또한 당시 표류해온 네덜란드인 하멜과 그의 일행들에게 서양 무기를 만들게 해서 그 무기를 시험해 보기도 했어. 하지만 대다수의 신하들은 효종의 북벌 계획에 반대했어. 신하들의 지지를 얻지 못하자 효종의 북벌 운동은 점차 힘을 잃게 되었어. 게다가 청나라가 더욱 강해져서 조선의 힘으로는 도저히 치기 어려울 정도가 되었지. 몇 년 후 효종이 죽자 북벌 운동도 함께 막을 내리고 말았어.

-300만 년	**70만 년 전**	구석기 시대가 시작되다 [16쪽]
-20만 년		
-4000년		
-3000년	**기원전 2333년**	고조선이 세워지다(『삼국유사』) [32쪽]
-300년		
-200년	**기원전 108년**	고조선이 한나라의 공격으로 멸망하다 [39쪽]
-100년	**기원전 57년**	박혁거세가 신라를 건국하다 [50쪽]
	기원전 37년	주몽이 고구려를 건국하다 [49쪽]
	기원전 18년	온조가 백제를 건국하다 [50쪽]
1년		
300년	**371년**	근초고왕이 평양성을 공격하고 고국원왕을 죽이다 [52쪽]
400년	**427년**	장수왕이 수도를 평양으로 옮기다 [55쪽]
	433년	신라와 백제가 나제 동맹을 맺다 [56쪽]
500년	**553년**	진흥왕이 한강 하류 지역을 백제로부터 빼앗다 [59쪽]
600년	**612년**	을지문덕이 살수에서 수나라 군대를 크게 물리치다(살수 대첩) [71쪽]
	660년	백제가 멸망하다 [75쪽]
	668년	고구려가 멸망하다 [76쪽]
	676년	신라가 당나라를 물리치고 삼국 통일을 완성하다 [77쪽]
	698년	대조영이 발해를 건국하다 [85쪽]
800년		
900년	**900년**	견훤이 후백제를 세우다 [98쪽]
	901년	궁예가 후고구려를 세우다 [99쪽]
	918년	왕건이 고려를 세우다 [101쪽]
	936년	고려가 후삼국을 통일하다 [106쪽]
	993년	서희가 거란의 소손녕과 담판을 지어 강동 6주를 얻어내다 [121쪽]
1000년	**1019년**	강감찬이 귀주에서 거란군을 크게 물리치다(귀주 대첩) [124쪽]
1100년	**1170년**	무신 정변이 일어나다 [145쪽]
1200년	**1232년**	몽골이 쳐들어오자 수도를 강화도로 옮기다 [158쪽]
	1236년	팔만대장경을 제작하다(~1251년) [160쪽]
1300년	**1392년**	이성계가 조선을 건국하다 [187쪽]
1400년	**1443년**	세종이 훈민정음을 창제하다 [210쪽]
	1485년	『경국대전』이 완성되다 [221쪽]
1500년	**1592년**	임진왜란이 일어나다 [241쪽]
1600년	**1623년**	광해군이 쫓겨나고 인조가 왕위에 오르다(인조반정) [249쪽]
	1636년	병자호란이 일어나다 [251쪽]

한국사

세계사

390만 년 전	오스트랄로피테쿠스 아파렌시스가 등장하다
20만 년 전	호모 사피엔스가 등장하다
기원전 3500년경	메소포타미아에서 수메르 사람들이 국가를 만들다
기원전 3000년경	이집트 사람들이 국가를 만들고 문명을 건설하다
기원전 2500년경	중국에서 중국 문명이, 인도에서 인더스 문명이 시작되다
기원전 221년	진(秦)나라가 최초로 중국을 통일하다
기원전 202년	진나라가 무너지고 한나라가 중국을 다시 통일하다
기원전 27년	로마에서 아우구스투스에 의해 제정이 시작되다
기원전 4년경	예수가 탄생하다
375년	게르만족이 이동하다.
439년	게르만족의 일파인 프랑크족이 프랑크 왕국을 세우다
586년	수나라가 중국을 통일하다
610년	무함마드가 이슬람교를 창시하다
618년	당나라가 건국되다
645년	일본에서 다이카 개신이 일어나다
800년	프랑크 왕국의 카롤루스 대제가 서로마 제국의 황제가 되다
937년	거란이 나라 이름을 '요'로 고치다
960년	중국에서 송나라가 건국되다
962년	오토 1세가 신성 로마 제국의 황제에 오르다
1096년	이슬람 세력이 팽창하자 유럽이 십자군 전쟁을 일으키다
1206년	칭기즈 칸이 몽골을 통일하다
1279년	원나라가 중국을 차지하다
1368년	주원장이 명나라를 세우다
1453년	비잔티움 제국이 오스만 제국에 의해 멸망하다
1467년	일본에서 전국 시대가 시작되다(~1590년)
1492년	콜럼버스가 아메리카 대륙에 도착하다
1517년	마틴 루터가 교황청을 비판하는 글을 발표해 종교 개혁이 시작되다
1590년	도요토미 히데요시가 일본을 통일하다
1603년	도쿠가와 이에야스가 권력을 잡아 에도 막부를 세우다
1616년	여진족의 누르하치가 후금을 세우다

히 히 힝

1-1 선사 시대의 생활 모습

정답

26~27쪽

01 ④ **02** (1) 세기 (2) 기원 (3) 기원전 **03** ③ **04** ②
05 ④ **06** ③ **07** (1) ㉢ (2) ㉡ (3) ㉠ **08** ① 구석기 시대
에는 돌을 떼어 내서 만든 도구인 뗀석기를 사용한 반면, 신석
기 시대에는 돌을 갈아서 만든 간석기를 사용했다. ② 한편 구
석기 시대에는 동굴에 살며 이동 생활을 했지만, 신석기 시대
에는 강이나 바닷가에 움집을 짓고 마을을 이루어 사는 것으
로 거주의 모습이 바뀌었다. ①, ②를 모두 쓰면 3점, 하나만
쓰면 2점.

해설

01 주먹도끼는 구석기 시대에 만들어졌어. 구석기 시대에는 동굴
이나 바위 그늘 등에 살며 이동 생활을 했지.

02 시간을 백 년 단위로 쪼갠 것을 '세기'라고 해. 기준이 되는 1년
은 '기원'이라고 하며, 그 1년보다 앞선 시기는 '기원전'이라고
하지.

03 구석기 시대에는 재산에 따른 사람 간의 차이가 없었어. 이러한
차이는 청동기 시대에 들어 처음 나타났지.

04 (가) 시대는 신석기 시대야. 신석기 시대에는 빗살무늬 토기를
만들어 음식을 저장하고 조리하는 데 사용했어.

05 신석기 시대에는 처음으로 농경 생활이 시작되어 많은 변화가
일어났어.

06 고인돌은 청동기 시대에 만들어졌으므로 (가) 시대는 청동기 시
대야. 청동기 시대에는 청동기 농기구가 아니라 돌과 나무로 만
든 농기구로 농사를 지었지.

07 고인돌은 청동기 시대에 만들어졌으므로 ㉠은 청동기 시대야.
강이나 바닷가에 움집을 짓고 농사를 지었던 것은 신석기 시대
이므로 ㉡은 신석기 시대이지. 뗀석기를 사용했던 것은 구석기
시대이므로 ㉢은 구석기 시대란다.

08 구석기 시대와 신석기 시대는 도구의 종류와 주거의 모습에서
큰 차이가 있었어. 구석기 시대에는 뗀석기를 사용했던 반면 신
석기 시대에는 간석기를 사용했고, 도구의 종류도 더욱 다양해
졌어. 한편 구석기 사람들은 동굴이나 바위 그늘에서 살며 이동
생활을 했지만, 신석기 사람들은 농사나 고기잡이에 유리한 강
가나 바닷가에 움집을 짓고 마을을 이루어 살았단다.

1-2 고조선과 여러 나라

정답

44~45쪽

01 ④ **02** 고조선 **03** ③ **04** ② **05** ① **06** (1) ㉡ (2)
㉢ (3) ㉠ **07** ③ **08** ① 사람들이 각자 재산을 갖고 있었으
며 곡식을 돈처럼 사용했다. ② 또한 신분의 차이가 있는 사회
로, 노비가 존재했다. ①, ②를 모두 쓰면 3점, 하나만 쓰면 2
점.

해설

01 고조선의 문화 범위를 알려 주는 유물에는 비파형 동검, 탁자식
고인돌, 그리고 미송리식 토기가 있어.

02 우리 역사 속 최초의 국가로, 『삼국유사』에 건국 신화가 전해오
는 국가는 고조선이야.

03 단군왕검이 세운 나라는 고조선이야. 고조선은 8조의 법으로
백성을 다스렸지.

04 고조선 사회에서는 개인이 재산을 소유할 수 있었고, 곡식을 돈
처럼 사용했어. 또한 신분의 차이가 있었고 노비가 존재했단다.

05 위만이 왕이 되었던 (가) 나라는 고조선이야. 고조선에는 8조의
법이 있었어.

06 ㉠ 데릴사위제가 있었던 나라는 고구려야. ㉡ 순장 풍습이 있었
던 나라는 부여야. ㉢ 민며느리제는 옥저의 결혼 풍습이지.

07 단궁, 과하마 등의 특산물을 생산하고 고구려에 특산물을 바친
나라는 지금의 강원도 지역에 있던 동예야.

08 '남을 다치게 한 자는 곡식으로 갚는다'는 조항에서 개인이 재산
을 갖고 있었고, 곡식을 돈처럼 사용했음을 알 수 있어. 또한 '도
둑질한 자는 노비로 삼는다'는 조항에서 노비와 신분 질서가 있
었다는 것을 알 수 있지.

1-3 삼국과 가야의 건국과 발전

정답

66~67쪽

01 ④　**02** ③　**03** 장수왕　**04** ④　**05** ⓛ - ㉠ - ㉢　**06**
(1) 진흥왕 (2) 화랑도　**07** ②　**08** ① 왕은 불교를 받아들임
으로써 자신을 부처와 같은 권위를 가진 존재로 내세울 수 있
었다. ② 이를 통해 왕은 다른 귀족들보다 더 강한 권력을 가
질 수 있었다. ①, ②를 모두 쓰면 3점, 하나만 쓰면 2점.

해설

01 백제의 전성기를 이루고 평양성 전투에서 승리한 왕은 근초고왕
이야.

02 사진에 나오는 유물은 칠지도야. 칠지도는 백제의 왕세자가 왜
왕에게 선물한 칼로, 당시 백제와 왜의 관계를 잘 보여 주는 유물
이지.

03 광개토 대왕릉비를 세우고 수도를 평양으로 옮긴 고구려의 왕은
장수왕이야.

04 광개토 대왕은 한강 유역을 건너 백제를 공격해 백제 왕의 항복
을 받아 냈지.

05 6세기에 지증왕은 '마립간' 대신 '왕' 칭호를 사용하게 했어. 지
증왕의 뒤를 이은 법흥왕은 율령을 반포하고 불교를 받아들였으
며, 법흥왕의 뒤를 이은 진흥왕이 백제로부터 한강 하류 지역을
빼앗았지.

06 북한산 순수비는 신라의 진흥왕이 세운 비석이야. 진흥왕은 청
소년 단체인 화랑도를 국가 조직으로 개편했어.

07 신라에서는 골품에 따라 거주할 수 있는 집의 크기, 오를 수 있는
관직 등이 달랐어.

08 삼국의 왕들은 불교를 받아들여 자신의 권력을 강화하려 했어.
당시 삼국의 왕은 다른 귀족들에 비해 압도적인 권력을 갖지 못
했지. 그래서 자신의 권력을 강화하기 위해 더 높은 존재인 부처
의 권위를 빌리려 했던 거야.

1-4 삼국 통일과 발해의 건국

정답

90~91쪽

01 ④　**02** ③　**03** ④　**04** ①　**05** ②　**06** ②　**07** ③
08 ① 신라가 삼국을 통일하는 과정에서 고구려의 옛 땅을 대
부분 잃어버렸다는 한계가 있지만, ② 민족 문화 발전의 기반
을 마련하였다는 의의가 있다. ①, ②를 모두 쓰면 3점, 하나
만 쓰면 2점.

해설

01 살수에서 수나라 군대를 물리친 고구려의 장수는 을지문덕이야.

02 신라는 매소성과 기벌포 전투에서 당나라 군대를 무찔러 삼국
통일을 완성했어.

03 계백과 관창이 활약했던 전투는 황산벌 전투야.

04 전국의 행정 구역을 9주 5소경으로 정비하고 수도를 지키는 9서
당을 만든 왕은 신문왕이야. 신문왕은 국학을 세워 관리를 양성
했지.

05 신라의 대표적인 절로, 석가탑과 다보탑이 있는 절은 불국사야.

06 해동성국으로 불린 나라는 발해야. 발해의 건국에는 고구려 유
민들이 참여했어.

07 대조영이 세운 나라는 발해야. 발해에는 고구려의 유민들과 말
갈족 주민들이 함께 살았지. 이후에 발해는 고구려의 옛 땅을 대
부분 되찾고, 스스로 고구려를 계승한 나라라고 생각했어.

08 신라의 삼국 통일은 고구려의 옛 땅을 대부분 잃어버렸다는 점
에서 한계가 있어. 하지만 고구려와 백제의 문화를 흡수해 민족
문화 발전의 기반을 마련했다는 의의도 있지.

정답 및 해설

2-1 후삼국의 통일

정답

112~113쪽

01 ③ **02** ⊙ 견훤 ⓒ 궁예 **03** ① **04** ⊙ - ⓔ - ⓒ - ⓛ
05 ③ **06** ② **07** ③ **08** ① 왕건은 세금을 낮추어 백성들의 생활을 안정시키면서도 호족들을 후하게 대우해 주는 정책을 펼쳤다. ② 또한 견훤과 달리 신라를 도와주어 경순왕과 신라 사람들의 마음을 얻을 수 있었다. ①, ②를 모두 쓰면 3점, 하나만 쓰면 2점.

해설

01 신라 말에 지방에서 나타난 유력 세력을 호족이라고 해. 호족들은 스스로를 장군 혹은 성주라 칭하고 백성들에게 세금을 거두어 군사를 길렀지.

02 후백제를 세운 사람은 견훤이고 후고구려를 세운 사람은 궁예야.

03 후삼국 시대와 왕건에 관련된 인물은 보기 중에 궁예밖에 없어. 왕건은 궁예를 왕위에서 쫓아내고 고려를 건국했지.

04 왕건은 고려를 건국하여 후백제와 싸웠어. 왕건은 공산 전투에서 패배했지만, 고창 전투에서는 승리를 거두었지. 그러자 신라의 경순왕은 자기를 잘 대우해 주는 왕건에게 항복했어. 왕건은 신라 경순왕과 견훤의 항복을 받은 뒤 후백제로 쳐들어가 후삼국을 통일했지.

05 견훤은 아들 신검에 의해 금산사에 갇혔다가 탈출하여 왕건에게 항복했어. 왕건은 견훤의 항복을 받아들여 잘 대우해 주고 후백제 공격에 참여시켰지.

06 왕건은 호족들을 자기편으로 끌어들이기 위해 호족들의 딸과 결혼하고, 호족들에게 왕씨 성을 내려 주었어. 그 결과 왕건은 호족들을 통합할 수 있었지.

07 왕건의 훈요 10조는 다음과 같은 내용을 담고 있어. 1) 불교를 장려할 것, 2) 중국의 제도를 억지로 따르지 말고 거란의 제도를 본받지 말 것, 3) 연등회와 팔관회를 성대히 열 것. 따라서 ③번이 정답이야.

08 왕건은 호족들을 후하게 대우하면서도 세금을 가볍게 해서 백성들의 고통도 덜어 줄 수 있는 정책들을 시행했어. 또한 왕건은 견훤과 달리 신라를 도와주고 자기에게 항복해 오는 사람들을 잘 대우해 주었어. 그래서 신라의 경순왕이 왕건에게 항복하기로 결심할 수 있었던 거지. 호족들과 백성들의 지지를 얻고 신라의 항복을 받아 낸 왕건은 후백제를 멸망시키고 후삼국을 통일할 수 있었어.

2-2 고려의 발전과 활발한 대외 교류

정답

132~133쪽

01 ③ **02** ② **03** ③ **04** ② **05** ② **06** ① **07** ④
08 ① 거란은 송과 고려를 모두 함부로 공격하기 어려워졌다. ② 한편 송은 거란을 견제하기 위해 고려와 손을 잡으려 했다. 고려는 거란과 송 사이에서 유리한 쪽으로 외교를 이끌어 갈 수 있었다. ③ 그 결과 동아시아에 세력 균형이 이루어졌고 100여 년 동안 평화가 유지되었다. ①, ②, ③을 모두 쓰면 3점, ③만 있으면 2점, ①이나 ②만 있으면 1점.

해설

01 과거 제도를 처음 실시한 고려의 왕은 광종이야. 광종은 노비안검법을 시행하여 호족들의 힘을 약화시키려 했어.

02 고려의 중앙 정치 제도를 정비하고 지방에 관리를 파견한 왕은 성종이야.

03 윤관은 거란이 아니라 여진족을 정벌해 동북 9성을 쌓았어. 서희는 거란의 1차 침입 때, 양규는 2차 침입 때, 강감찬은 3차 침입 때 각각 활약한 인물들이야.

04 그림에서 설명하는 외교 담판은 서희의 외교 담판이야. 이 담판은 거란의 1차 침입 때 이루어진 것으로, 3차 침입 때 벌어진 귀주 대첩 이전의 사건이야.

05 고려 무역의 중심지로 외국 상인들이 자주 왕래했던 곳은 예성강 하구의 벽란도야. 개경으로 들어가는 입구에 위치해 있어 교통이 아주 편리했단다. 그래서 정답은 (나)야.

06 고려 시대에는 벽란도를 중심으로 송나라 등 여러 나라와 교류했어. 또한 멀리 아라비아의 상인들과도 교류했지. 한편 거란·여진과는 주로 육지를 통해 교류했는데, 고려는 이들에게 농기구나 곡식 등을 팔았어.

07 개경에서는 11월 보름, 서경에서는 10월 보름에 열렸던 국가적인 행사는 팔관회야. 2월 보름에 열려 연등을 달아 부처님께 소원을 빌었던 행사는 연등회야.

08 거란은 고려를 위협하여 송나라와의 관계를 끊게 하기 위해 고려를 침략했어. 하지만 고려는 3차에 걸친 거란의 침입을 잘 막아 냈어. 그 이후 거란은 고려를 의식하여 송나라를 함부로 공격하지 못했어. 한편 송나라는 거란을 견제하기 위해 고려에 손을 내밀었지. 고려는 거란과 송나라 사이에서 유리한 방향으로 외교를 이끌 수 있었어. 이렇게 세 세력이 균형을 이루자 동아시아에는 100여 년 동안 큰 전쟁이 없는 평화로운 시대가 지속되었어.

2-3 잇따른 반란으로 흔들리는 고려

152~153쪽

정답

01 ④　02 ①　03 ③　04 ④　05 ①　06 (1) ⓒ (2) ㉠
07 ④　08 무신집권기에 백성들이 일으킨 봉기로는 망이·망소이의 난과 만적의 난이 있다. ① 망이·망소이의 난은 '소'라는 특수 행정 구역에 살던 백성들이 차별 대우에 반대해 일으킨 봉기이다. ② 만적의 난은 만적을 비롯한 노비들이 신분에 따른 차별에 반대해 일으켰다. ①, ②를 모두 쓰면 3점, 하나만 쓰면 2점.

해설

01 고려의 귀족들은 청자로 그릇과 책상 등 생활용품을 만들어 생활했어.

02 별무반을 만들어 여진족을 정벌했던 사람은 윤관이야. 윤관은 여진족을 정벌하고 그 땅에 동북 9성을 쌓았어. 강동 6주를 획득한 것은 서희이고, 4군 6진을 개척한 것은 조선 시대의 최윤덕과 김종서야.

03 이자겸이 쫓겨나자 묘청이라는 스님이 나타나 수도를 서경으로 옮기자고 주장했어. 하지만 의견이 받아들여지지 않자 서경에서 반란을 일으켰지. 그러나 이 반란은 김부식이 이끄는 관군에 의해 진압되었어. 이 시기는 이자겸의 난이 일어난 이후인 (다) 시기야.

04 이자겸은 왕의 외척이 되어 권력을 휘두른 사람이야. 사위이자 외손자인 인종을 제거하고 왕이 되려 했지.

05 무신에 대한 무시와 차별 대우에 반발하여 무신들이 일으킨 사건은 무신정변이야.

06 무신 정권의 최고 권력자가 된 최충헌은 교정도감을 설치해 나랏일을 관리했어. 그 아들 최우는 자신의 집에 정방을 설치해 관리들을 마음대로 임명하고 나랏일을 결정했지.

07 향, 소, 부곡의 주민들은 일반 지역민에 비해 차별 대우를 받았어. 세금도 더 많이 내야 했지.

08 무신 집권기에 백성들이 일으킨 봉기로는 크게 망이·망소이의 난과 만적의 난이 있어. 망이·망소이의 난은 향, 소, 부곡 등 특수 행정 구역에 대한 차별에 반대하여 명학소의 주민이던 망이와 망소이가 일으킨 봉기야. 개경에서는 노비 만적이 "왕후장상의 씨가 따로 있지 않다"고 외치며 봉기를 일으켰어. 왕이나 귀족이라는 신분이 처음부터 정해진 것이 아니기 때문에 봉기를 일으켜 성공하면 자신들도 높은 벼슬자리를 차지할 수 있다고 생각했던 거야.

2-4 몽골과의 전쟁과 고려의 개혁

174~175쪽

정답

01 ④　02 (1) ○ (2) X (3) ○　03 ③　04 ③　05 ③　06 ④　07 ③　08 ① 최우는 강화도로 수도를 옮겼다. ② 기병 중심의 몽골군이 바다를 건너 공격하기 어려웠기 때문이다. ①, ②를 모두 쓰면 3점, 하나만 쓰면 2점.

해설

01 몽골과의 전쟁 당시 몽골군은 경주에 쳐들어가 황룡사 9층 목탑을 불태웠어. 강동 6주를 획득한 것은 거란과의 전쟁 때야.

02 (1) 몽골은 사신 저고여의 살해 사건을 빌미로 고려에 쳐들어왔어. (2) 최우는 몽골에 맞서기 위해 수도를 강화도로 옮겼어. (3) 김윤후는 처인성에서 몽골군을 막은 공을 인정받아 충주성을 지키는 장수가 되어 그곳에서도 몽골군을 물리쳤어.

03 고려 정부가 몽골에 항복해 수도를 다시 개경으로 옮기자 진도에 성을 쌓고 고려 조정과 몽골에 저항한 집단은 삼별초야.

04 고려가 원나라의 내정 간섭을 받던 시기는 원 간섭기야. 이 시기에 원나라는 고려에 정동행성을 설치해 고려의 정치에 간섭했고, 원나라의 힘을 믿고 횡포를 부리던 권문세족이 지배층이 되었지. 또한 변발이나 호복과 같은 몽골풍이 유행했어. 하지만 고려는 몽골을 도와 일본 정벌에 참여했기 때문에 일본과는 사이가 좋지 않았지.

05 친원파를 제거하고 원나라 풍습을 폐지하였으며, 쌍성총관부를 되찾은 사람은 공민왕이야.

06 공민왕이 개혁을 추진하기 위해 등용했던 승려는 신돈이야. 신돈은 권세가들이 빼앗은 땅을 백성들에게 돌려주고 억울하게 노비가 된 사람들을 양인으로 되돌려 주었어.

07 위에서 설명하는 책은 『직지심체요절』이야. 『직지심체요절』은 현존하는 가장 오래된 금속 활자본으로 알려져 있어. 부처님의 힘으로 거란의 침입을 막기 위해 만든 것은 『초조대장경』이야.

08 최우는 몽골의 강화 요구를 받아들일 수 없다고 생각해 수도를 개경에서 강화도로 옮겼어. 최우가 강화도로 수도를 옮긴 까닭은 몽골군이 기병 중심으로 이루어져있기 때문에 바다 건너 공격하기 어렵다고 생각한 거지.

3-1 조선의 건국

정답

196~197쪽

01 ② 02 ② 03 ③ 04 (1) ○ (2) ○ (3) X 05 ① 06
(1) 태종 (2) 관찰사 07 ③ 08 ① 정몽주 - 고려라는 나라를 유지하면서 잘못된 제도들을 고쳐 나가야 한다. ② 정도전 - 나라를 뿌리부터 개혁하기 위해서는 고려라는 나라를 무너뜨리고 새 나라를 세워야 한다. ①, ②를 모두 쓰면 3점, 하나만 쓰면 2점.

해설

01 이성계는 요동을 치러 가던 중 위화도에서 군사를 돌려 최영을 몰아내고 권력을 차지했어. 신진 사대부와 함께 과전법을 시행한 것은 최영이 아니라 이성계야.

02 위화도에서 회군한 이성계는 권력을 차지하고 새 나라를 세울 구상을 했어. 하지만 고려의 충신이었던 정몽주는 고려를 끝까지 지키려 했지. 그러자 이성계의 아들이었던 이방원이 정몽주를 죽이고 말아. 방해 세력이 없어진 이성계는 드디어 왕이 되어 조선을 세웠어.

03 조선의 건국을 주도하고 경복궁의 이름을 지은 사람은 정도전이야.

04 한양은 나라의 가운데에 있어 교통이 편리했고, 사방이 산으로 둘러싸여 있어 외적의 침입을 막기에 유리했어. 한양 근처에는 낙동강이 아니라 한강이 있지.

05 조선시대 역대 왕과 왕비의 신주를 모신 사당은 종묘야. 조선의 왕들은 여기에서 조상들에게 제사를 지냈어. 사직단은 토지와 곡식의 신에게 제사 지내던 곳이란다.

06 조선을 8개의 도로 나눈 왕은 태종이야. 태종은 각 도에 수령을 감독하는 관찰사를 파견했어.

07 보기에서 설명하고 있는 제도는 태종 때 시행된 호패법이야. 호패법으로 군대나 노동력을 동원하기 쉬워졌어.

08 정몽주와 정도전은 모두 고려를 개혁해야 한다는 것에는 동의하고 있었어. 그러나 정몽주가 고려라는 나라를 유지하면서 잘못된 정책들을 고쳐야 한다고 주장했던 반면 정도전은 고려라는 나라로는 진정한 개혁이 이루어질 수 없다고 생각했어. 그래서 고려라는 나라를 무너뜨리고 새 나라를 세워야 한다고 주장했던 거야.

3-2 세종 대의 문화와 과학

정답

214~215쪽

01 (1) ○ (2) X 02 ② 03 ② 04 (1) ㉠ (2) ㉢ (3) ㉡
05 ③ 06 자격루 07 ② 08 ① 훈민정음은 우리말을 제대로 표현하기 위해 만들었다. ② 한자보다 훨씬 배우기 쉬웠기 때문에 일반 백성들도 쉽게 글자를 배울 수 있게 되었다. ③ 백성들과 여성들 사이에서 점차 퍼져 지금의 한글로 이어졌다. ①, ② 또는 ①, ③을 쓰면 3점, ①만 쓰면 2점, ②나 ③만 쓰면 1점.

해설

01 조선은 명나라와 사대 관계를 맺어 명나라의 인정을 받고 관계를 안정시키려 했어. 한편 왜구의 본거지였던 쓰시마섬을 정벌하기도 했지.

02 세종은 압록강 유역으로 최윤덕을 보내 4군을, 두만강 일대에는 김종서를 보내 6진을 설치하게 했어.

03 세종은 우리나라 풍토에 맞는 농사법을 정리한 『농사직설』을 펴냈어. 망원경인 천리경은 조선 후기에 들어왔고, 전차는 대한제국 시기에 처음 운행했지.

04 『고려사』는 고려의 역사를 정리한 책으로, 조선 건국 초기부터 편찬하기 시작해서 세종이 죽은 다음 해에 완성되었어. 또 유교 윤리를 널리 퍼뜨리기 위해 도덕적으로 모범이 되는 이야기를 묶은 『삼강행실도』를 펴냈고, 전국 고을의 자세한 정보를 담은 『세종실록지리지』도 펴냈지.

05 사진에 나오는 조선의 문화유산은 세종 때 만든 측우기야. 같은 시기에 만들어진 것은 해시계인 앙부일구지.

06 장영실이 만든 기구 중 물의 흐름을 이용해 종, 북, 징 등을 자동으로 쳐서 시간을 알려주는 물시계는 자격루야.

07 훈민정음을 창제한 왕은 세종이야. 세종은 집현전을 운영해 학자들을 길렀어.

08 우리나라 말은 중국말과 달라서 중국 글자인 한자로는 우리말을 정확하게 표현할 수 없었어. 또한 한자는 공부하는 데 많은 시간과 노력이 필요했기 때문에 백성들이 배우기 어려웠지. 그래서 세종은 백성들이 한자를 몰라 자신의 생각과 말을 글로 표현하지 못하는 상황을 바로잡기 위해 훈민정음을 창제했어. 훈민정음은 비록 양반들에게는 박대를 받았지만 점차 일반 백성들과 여성들 사이에서 퍼졌고, 지금의 한글로 이어졌다는 의의가 있어.

3-3 조선 전기의 정치와 사회

정답　234~235쪽

01 ㉠, ㉣　02 ①　03 ③　04 붕당　05 ③　06 ②　07
①　08 ① 사림은 지방에서 향약 등을 통해 백성들에게 유교
윤리를 보급하고, ② 서원을 세워 제자들을 기르고 지방 선비
들의 의견을 모아 힘을 기를 수 있었다. ①, ②를 모두 쓰면 3
점, 하나만 쓰면 2점.

해설

01 세조는 조카인 단종을 몰아내고 왕위에 올랐어. 왕이 된 세조는
왕권을 강화하기 위해 6조가 의정부를 거치지 않고 직접 왕에게
보고하도록 했지. 사화를 일으켜 많은 사람들을 죽인 왕은 연산
군이야.

02 세조 때 만들기 시작하여 성종 때 완성된 조선의 기본 법전은 『경
국대전』이야.

03 중종에게 현량과 실시를 건의하고 공신들의 권한을 약화시키려
했던 사람은 조광조야. 조광조의 이러한 개혁 활동들은 기묘사
화의 원인이 되었지.

04 중앙으로 진출한 사림들은 학문적 입장이나 이념에 따라 동인이
나 서인 등의 붕당으로 갈라졌어.

05 천민에 속하고 나라나 개인의 재산으로 여겨져 사고팔 수 있었
던 사람들은 노비야.

06 양반은 조선 시대의 가장 높은 신분으로, 과거 시험을 통해 관리
가 되어 벼슬 생활을 했어. 물론 상민들도 과거 시험을 볼 수 있
었지만 현실적으로 어려웠지. 잡과를 통해 기술직 관리가 되거
나 통역관으로 일했던 사람들은 대체로 중인들이었어.

07 강강술래는 임진왜란 때 이순신 장군의 전술에서 유래되었다고
하는 얘기가 있어.

08 사림들은 네 차례의 사화 속에서도 지방에서 꾸준히 힘을 기를
수 있었어. 먼저 사림들은 향약을 만들고 시행해 백성들에게 유
교 윤리를 보급했어. 또한 사림들은 서원을 세워 학문을 닦고 제
자들을 길렀어. 서원에는 그 지방의 많은 유학자들이 모였는데,
사림들은 이들의 의견을 통합해 정치적으로 성장할 수 있었지.

3-4 임진왜란과 병자호란

정답　254~255쪽

01 ①　02 ②　03 ②　04 ⑴ 행주 대첩 ⑵ 명량 대첩　05
②　06 ③　07 ④　08 ① 조선은 전쟁으로 인해 막대한 피
해를 입었다. 많은 사람들이 죽거나 다쳤으며 정치, 경제, 사
회가 크게 혼란해졌다. ② 일본에서는 도쿠가와 이에야스가
등장해 새로운 정권을 세웠다. ③ 중국의 명나라는 국력이 많
이 약해졌고, 그 틈을 타 만주의 여진족이 성장했다. ①, ②,
③을 모두 쓰면 3점, 두 개를 쓰면 2점, 하나만 쓰면 1점.

해설

01 임진왜란이 일어나기 전, 도요토미 히데요시가 일본을 통일했
어. 조선은 황윤길과 김성일을 일본으로 보내 일본의 상황을 살
피려 했어. 그러나 전쟁 준비를 두고 동인과 서인이 대립하던 중
임진왜란이 일어나고 말았어. 일본이 여진과 동맹을 맺은 것은
아니야.

02 1592년에 일본군이 부산으로 쳐들어오면서 시작된 전쟁은 임
진왜란이야. 조선은 명나라의 지원군, 수군과 의병의 활약으로
일본군을 막아낼 수 있었지. 인조가 남한산성으로 피란한 전쟁
은 병자호란이야.

03 임진왜란 때 홍의 장군이라 불렸던 의병장은 곽재우야. 곽재우
는 경상도 의령에서 의병을 일으켜 일본군에 대항했지.

04 ⑴ 권율은 행주산성에서 관군과 백성들의 힘을 합쳐 일본군을
크게 무찔렀는데, 이것이 행주 대첩이야. ⑵ 이순신은 진도 앞바
다인 명량에서 많은 수의 일본군을 크게 무찔렀는데, 이 전투를
명량 대첩이라고 불러.

05 광해군은 명나라와 후금 사이에서 중립 외교를 펼쳤어. 4군을 개
척하고 쓰시마섬을 정벌한 것은 세종 때의 일이야.

06 삼전도에서 청나라 황제에게 항복하고 청나라와 임금과 신하의
관계를 맺은 왕은 인조야.

07 병자호란이 일어나자 인조는 남한산성으로 들어가 청나라에 대
항했어.

08 임진왜란이 끝나자 전쟁에 참여했던 조선, 일본, 명나라는 모두
큰 변화를 겪었어. 조선에서는 전쟁으로 인해 많은 사람들이 죽
거나 다치고 정치, 경제, 사회의 모든 면에 걸쳐 크게 혼란스러워
졌지. 일본에서는 도쿠가와 이에야스가 새로운 정권을 세웠어.
명나라는 힘이 많이 약해졌어. 그 틈을 타 만주의 여진족이 세력
을 키웠지.

찾아보기

ㄱ

간석기 18
강감찬 123~124, 134~135, 144
강동 6주 116, 121~124
강홍립 248~249
개태사 94, 106, 108
『경국대전』 218, 221
견훤 98, 102~107
계백 74~75
『고려사』 205
고려양 164
고려청자 125, 136, 139, 170
고인돌 10, 24, 28~29, 31, 46~47
고창 전투 103~104
골품제 61, 88
공민왕 95, 156, 165~169, 181~182, 184~185, 192
공산 전투 102~103
과거제 116, 118
과전법 183
곽재우 244
관찰사 193
관창 75
광개토 대왕 55~56
광종 116~119
광해군 248~249
교정도감 147
9서당 79
구석기 시대 10, 12, 16~17
국학 78
군장 10, 23~24, 29
궁예 98~101, 107
권문세족 165~166, 183~184, 198~199
권율 245
귀주 대첩 94, 116, 124
근초고왕 52~53, 55
금나라 138, 157, 248
기벌포 77

김부식 143~144, 155
김수로 48, 51
김유신 74
김윤후 158~159
김종서 203
김춘추 61, 74
김헌창 97

ㄴ

나당 동맹 74
나제 동맹 56, 74
남한산성 179, 251~252, 256~257
노비안검법 116~117
『농사직설』 206

ㄷ

단군왕검 30, 32~34
단종 219
당나라 72~77, 79~81, 84~87, 119
대조영 84~85
도방 147
도요토미 히데요시 239~240, 247
동녕부 163
동북 9성 138
동예 40~41
뗀석기 16, 18

ㅁ

마한 42, 52
만적 150
망이·망소이 136, 148~149
매소성 77
명나라 181~182, 201~202, 207, 239, 242, 244~251, 256
명학소 148~149
묘청 136, 142~143
무령왕 68~69

무신 정변 137, 145
무왕 69, 85
문왕 85~87
문익점 172

ㅂ

박혁거세 48, 50
법흥왕 57~58
벽란도 125~126
별무반 137~138
병자호란 179, 238, 251~252
부여 40~42, 49~50, 55
불국사 11, 81~82
붕당 225

ㅅ

4군 200, 203
사림 220, 222~225, 227
사화 218, 222~224
살수 대첩 70~71
『삼강행실도』 205, 226
『삼국사기』 73, 143
『삼국유사』 10, 30, 35
삼별초 161~162
3사 220, 223, 225
서원 224, 227
서희 120~121
석굴암 11, 81, 83
선덕 여왕 61, 63
선왕 86
선조 225, 240, 242, 246, 248~249
성균관 167, 184, 218
성리학 167, 224, 227, 249
세속오계 58
세조 219~222
세종 202~212, 219~220, 226, 239
소수림왕 54~55

수나라 71~72
신돈 166~167
신문왕 70, 78~79
신석기 시대 12, 18~21, 36
신진 사대부 167, 183~184, 190, 206, 221
쌍성총관부 163, 165, 169

◉

안시성 72~73
양계 119, 193
양규 122
여진족 121, 127, 137~138, 142, 157, 203, 242, 248, 250
연개소문 76
연등회 109, 128
연산군 222~223
5소경 78
옥저 40~41
온조 48, 50
왕건 96, 100~110, 114~115
왕자의 난 191, 192
우왕 168, 182, 185
웅진 55, 69
원나라 162~169, 172, 181, 183, 192, 206, 210
원효 80~81
위만 30, 34, 38~39
6두품 61, 88
6조 219, 221
6진 200, 203
윤관 137~138, 144
율령 54, 57
을지문덕 71
음서 118
의상 80~81
의자왕 74~75
의천 129

이방원 186, 190~191, 199
이성계 168~169, 182~187, 190
이순신 238, 242~243, 247
이자겸 136, 140~142,155
이차돈 58
임진왜란 179, 225, 238, 241~243, 247

ㅈ

장수왕 55, 56
장영실 207, 208
정도전 167, 183~187, 190~191, 198~199
정동행성 163, 165
정몽주 167, 184~187, 190, 198~199, 224
정묘호란 239, 250~251
정방 147
정유재란 246~247
정중부 144~148
조광조 223
주몽 35, 40, 48, 49
중립 외교 249
중종 218, 222~224, 226
지증왕 57, 58
『직지심체요절(직지)』 156, 171, 177
진골 61, 74, 88, 118
진흥왕 10, 48, 58~59, 74
집현전 200, 204, 211, 220

ㅊ

척준경 141
철기 30, 36~37, 39~40
청나라 248, 251~252, 256~257
청동기 시대 10, 18, 22~24, 28
초조대장경 160, 171
최무선 169
최영 168~169, 182

최우 147, 158
최윤덕 203
최충헌 146~147, 150
충주 고구려비 55, 56
칠지도 53
칭기즈 칸 157

ㅌ

탐라총관부 163
태조 190~191, 203
태종 189, 191~194
태종 무열왕 61, 74, 88

ㅍ

팔관회 109, 127~128
8도 193
팔만대장경 95, 160, 171
8조의 법 37

ㅎ

한산도 대첩 238, 243
한양 187~190, 199, 241, 242, 251
해동성국 86
행주 대첩 238, 245~246
향약 227
현량과 223
호족 96, 98, 100, 102~104, 106~107, 110
호패법 194, 219
홍건적 168~169, 181, 192
화랑도 58
황산벌 74~75
훈민정음 178, 200, 210~212, 216~217
「훈요 10조」 96, 109, 130

사진 제공

표지 전 신사임당필 초충도·청동 항해무늬 거울(국립중앙박물관), 얼굴무늬 수막새(국립경주박물관), 백제 금동대향로·무용총 무용도(북앤포토) | 10 강화 부근리 고인돌·북한산 진흥왕 순수비(북앤포토) | 11 석굴암 석굴(픽스타), 발해 용머리 상·장보고 동상(북앤포토) | 12 서울 암사동 움집(픽스타) | 16 슴베찌르개(충북대학교박물관), 주먹도끼(국립중앙박물관) | 17 스페인의 알타미라 동굴 벽화(Gonzalo Azumendi/agefotostock/pixta) | 18 갈돌과 갈판(경북대학교박물관), 이음낚시(문화재청), 돌괭이(국립공주박물관) | 19 신석기 시대 움집터(서울대학교박물관) | 20 가락바퀴(국립청주박물관), 뼈바늘(한양대학교박물관) | 21 빗살무늬 토기(국립중앙박물관) | 23 청동 방울(문화재청), 반달 돌칼(대구카톨릭대학교박물관) | 24 바둑판식 고인돌(북앤포토) | 30 강화 첨성단(북앤포토) | 31 미송리식 토기(북앤포토), 비파형 동검(국립중앙박물관) | 34 로마를 세운 로물루스와 레무스(0 Lupa Capitolina (2), Jean-Pol GRANDMONT, CC BY-SA 3.0) | 35『삼국유사』(중앙일보), 일연(삼성현역사박물관) | 36 옥 목걸이(국립대구박물관), 농경문 청동기(국립중앙박물관) | 44 단군왕검 우표(북앤포토) | 50 풍납 토성(서울연구데이터서비스) | 53 칠지도(북앤포토) | 56 광개토 대왕릉비·충주 고구려비(북앤포토) | 60 수산리 고분 벽화(사계절출판사) | 62 금동 연가 7년명 여래 입상(국립중앙박물관), 철제 갑옷과 투구(국립중앙박물관), 가야 인물형 토기(문화재청) | 63 경주 첨성대(북앤포토), 금동 미륵보살 반가사유상(국립중앙박물관), 목조 미륵보살 반가사유상(북앤포토) | 64 황남대총 유물(국립경주박물관) | 68 무령왕릉 내부 복원 모형(픽스타), 무령왕릉 꽃무늬 벽돌·무령왕릉 관·무령왕릉 출토된 중국 양나라 도자기·무령왕릉 출토된 중국 동전·무령왕릉 금제 장식(국립공주박물관) | 69 공주 공산성·부여 정림사지 5층 석탑·익산 미륵사지 석탑(북앤포토) | 70 경주 감은사지 동서 삼층 석탑(픽스타) | 75 낙화암(북앤포토) | 79 신라 촌락문서(북앤포토) | 82 불국사 삼층 석탑(문화재청), 다보탑(북앤포토), 불국사 전경(픽스타), 무구정광대다라니경(북앤포토) | 83 석굴암(문화재청) | 87 발해 석등·팔보 유리정(북앤포토) | 92 고구려 기와·발해 기와(국립중앙박물관), 고구려 치미(동북아역사재단), 발해 치미(북앤포토) | 93 목간(복제품)(국립중앙박물관) | 94 개태사 철확(북앤포토), 귀주 대첩 기록화(전쟁기념관) | 95 합천 해인사 장경판전(북앤포토), 공민왕과 노국공주 초상(국립고궁박물관) | 96 태조 왕건 동상(북앤포토) | 97 합천 해인사 길상탑(북앤포토), 합천 해인사 탑지(국립중앙박물관) | 103 안동 태사묘 삼공신 유물(사계절출판사) | 104 김제 금산사 미륵전(북앤포토) | 108 금동탑(리움미술관) | 116 논산 관촉사 석조 미륵보살 입상(북앤포토) | 126 건원중보·해동통보(국립민속박물관), 은병(북앤포토) | 128 평창 월정사 팔각 구층 석탑(북앤포토) | 129 대각 국사 의천(문화재청) | 136 청자 상감운학무늬 매병(간송미술문화재단) | 138「척경입비도」(고려대학교박물관) | 139 청자 상감 모란문 표주박 모양 주전자·청자 칠보 투각 향로(국립중앙박물관) | 143『삼국사기』(연합뉴스) | 154 청자 찻잔·청자 투각 고리문 의자(국립중앙박물관) | 159 처인성(북앤포토) | 160 초조대장경(국립중앙박물관), 대장경판(북앤포토) | 161 진도 용장성(목포대학교박물관) | 164 개성 경천사지 십층석탑(국립중앙박물관) | 166 현릉과 정릉(북앤포토) | 167「천산대렵도」(국립중앙박물관) | 170 나전 경함(국립중앙박물관) | 171『직지심체요절』(북앤포토) | 172 영주 부석사 무량수전(북앤포토) | 176 금속활자 앞면·뒷면(국립중앙박물관) | 178 종묘 정전(북앤포토),『훈민정음』「해례본」(간송미술문화재단) | 179「동래부 순절도」(육군박물관), 남한산성(한국일보/뉴스뱅크) | 180 경복궁 근정전(북앤포토) | 183 정도전(권오창) | 184 정몽주(국립중앙박물관) | 186 선죽교(연합뉴스) | 188 숙정문·사직단·경복궁 근정전(북앤포토), 숭례문(Getty Images Bank) | 189 창덕궁(북앤포토), 흥인지문(픽스타), 한양 도성(북앤포토) | 188~189「도성도」(서울대학교규장각한국학연구원) | 190 조선 태조 어진(문화재청) | 194 호패(국립중앙박물관) | 200『훈민정음』「해례본」(간송미술문화재단) | 204「혼일강리역대국도지도」(서울대학교규장각한국학연구원) | 205 정간보(서울대학교규장각한국학연구원), 갑인자(국립중앙박물관) | 207 간의·혼천의(북앤포토), 칠정산(서울대학교규장각한국학연구원) | 208 앙부일구(북앤포토) | 209 수표(북앤포토), 측우기(문화재청) | 212『훈민정음』「언해본」(독립기념관),『훈민정음』「해례본」(간송미술문화재단) | 218 성균관 명륜당(북앤포토) | 219 청령포(송세호) | 221『경국대전』(국립중앙박물관) | 224 소수 서원(게티이미지코리아) | 226『삼강행실도』(국립중앙박물관) 231 승경도(한국고미술(윤세호)) | 232 고싸움놀이(뉴시스/뉴스뱅크) | 236~237 신사임당「초충도」(오죽헌/시립박물관) | 238 한산도 앞바다(픽스타) | 244 칠백의총(북앤포토) | 245『행주대첩도』(문화재청) | 249 세검정(북앤포토) | 251 남한산성 남문·남한산성 수어장대(북앤포토) | 252 서울 삼전도비(북앤포토)

• 이 책에 쓴 사진은 해당 사진을 보유하고 있는 단체와 저작권자의 허락을 받아 게재한 것입니다.
• 저작권자를 찾지 못하여 게재 허락을 받지 못한 사진은 저작권자를 확인하는 대로 게재 허락을 받고, 출판사 통상 기준에 따라 사용료를 지불하겠습니다.

의 용선생 교과서 한국사 24일 완성!

활용법
- ★이름을 쓰고 공부 계획 세우기!
- ★밖에서 공부한 날짜를 모두 채우면 한국사 완성!
- ★매일 한 챕터씩 공부하고 날짜 쓰기!
- ★실력 다지기 점수가 6점 이하인 장은 다시 복습!

오늘부터 매일매일 한국사 공부 시작!

1 1권 1-1. 선사 시대의 생활 모습 / 실력 다지기 점수 / 날짜: 월 일

2 1권 1-2. 고조선과 여러 나라 / 실력 다지기 점수 / 날짜: 월 일

3 1권 1-3. 삼국과 가야의 건국과 발전 / 실력 다지기 점수 / 날짜: 월 일

4 1권 1-4. 삼국 통일과 발해의 건국 / 날짜: 월 일

고대의 여러 나라

5 1권 2-1. 후삼국의 통일 / 날짜: 월 일

6 1권 2-2. 고려의 발전과 활발한 대외 교류 / 실력 다지기 점수 / 날짜: 월 일

7 1권 2-3. 몽골의 침략과 고려의 개혁 / 실력 다지기 점수 / 날짜: 월 일

8 1권 2-4. 유교 윤리와 조선의 건국 / 날짜: 월 일

9 1권 3-1. 조선의 건국 / 실력 다지기 점수 / 날짜: 월 일

10 1권 3-2. 세종 대의 문화와 과학 / 실력 다지기 점수 / 날짜: 월 일

이제 고려 시대도 문제 없다고!

11 1권 3-3. 조선 전기의 정치와 사회 / 실력 다지기 점수 / 날짜: 월 일

12 1권 3-4. 임진왜란과 병자호란 / 실력 다지기 점수 / 날짜: 월 일

벌써 2권이구나!

13 2권 1-1. 전란의 극복과 붕당 정치 / 실력 다지기 점수 / 날짜: 월 일

14 2권 1-2. 조선 후기의 경제와 개혁 / 실력 다지기 점수 / 날짜: 월 일

15 2권 1-3. 세도 정치와 외세의 침입 / 날짜: 월 일

조선 후기에는 많은 것들이 바뀌었네!

16 2권 1-4. 근대 국가를 건설하려는 노력 / 실력 다지기 점수 / 날짜: 월 일

17 2권 2-1. 나라를 지키기 위한 노력 / 실력 다지기 점수 / 날짜: 월 일

18 2권 2-2. 3·1 운동과 대한민국 임시 정부 수립 / 실력 다지기 점수 / 날짜: 월 일

19 2권 2-3. 8·15 광복과 대한민국 정부 수립 / 실력 다지기 점수 / 날짜: 월 일

20 2권 2-4. 민족 말살 정책과 의제의 패망 / 날짜: 월 일

21 2권 3-1. 8·15 광복과 대한민국 정부 수립 / 실력 다지기 점수 / 날짜: 월 일

22 2권 3-2. 민족의 상처, 6·25전쟁 / 실력 다지기 점수 / 날짜: 월 일

23 2권 3-3. 민주주의의 시련과 극복 / 실력 다지기 점수 / 날짜: 월 일

24 2권 3-4. 남북의 평화와 대한민국의 발전 / 실력 다지기 점수 / 날짜: 월 일

축하해~ 용선생 교과서 한국사 24일 완성!